Dieter Cieplik
Horst-Dietmar Kirks
Hans Tegen

ERLEBNIS Physik / Chemie 2

Ein Lehr- und Arbeitsbuch
7./8. Schuljahr

Schroedel

ERLEBNIS Physik/Chemie 2
7./8. Schuljahr

Herausgegeben von
Dieter Cieplik
Horst-Dietmar Kirks
Hans Tegen

Bearbeitet von

Karl Burckgard	Fritz Lepold
H. Michael Carl	Barbara Spies
Dieter Cieplik	Hans Tegen
Michael Dahl	Reiner Wagner
Willi Gouasé	Reinhard Wendt-Eberhöfer
Ute Jung	Erwin Werthebach
Horst-Dietmar Kirks	

unter Mitarbeit der Verlagsredaktion

Illustrationen:
Tom Menzel

Fotos:
Hans Tegen
Michael Fabian

Grundlayout und Pinnwände:
Atelier *tiger*color Tom Menzel

Umschlaggestaltung:
Cordula Hofmann

ISBN 3-507-76905-0

Druck A $^{5\ 4\ 3\ 2\ 1}$ / 2005 2004 2003 2002 2001

Alle Drucke der Serie A sind im Unterricht parallel verwendbar, da bis auf die Behebung von Druckfehlern untereinander unverändert. Die letzte Zahl bezeichnet das Jahr dieses Druckes.

Gedruckt auf Papier, das nicht mit Chlor gebleicht wurde. Bei der Produktion entstehen keine chlorkohlenwasserstoffhaltigen Abwässer.

Satz/Repro: O & S Satz GmbH, Hildesheim
Druck: Universitätsdruckerei H. Stürtz AG, Würzburg

Licht

Stromkreise

Nutzung von elektrischer Energie

Chemie – umwandeln und verändern 116

Wasser

Hier findest du zusätzlich Bilder und Informationen zum jeweiligen Thema und Aufgaben, die du selbstständig bearbeiten und lösen kannst.

Hier findest du weitere Informationen zu Themen, die in anderen Bereichen und Fächern von großer Bedeutung sind.

Hier findest du Versuche, Aufträge und Bastelanleitungen, die du selbstständig oder mit deinen Mitschülerinnen und Mitschülern ausführen kannst.

Ein Projektthema wird in mehrere Aufträge unterteilt. Eine Gruppe bearbeitet jeweils einen Auftrag. Am Ende stellt jede Gruppe ihre Ergebnisse vor.

Hier findest du die Inhalte des Kapitels in kurzer und übersichtlicher Form dargestellt.

Hier findest du vielfältige Aufgaben zum Wiederholen und Vertiefen der Inhalte des Kapitels. Die Lösungen stehen am Ende des Buches.

Pinnwand

Streifzug durch die ...

Praktikum

Projekt

Auf einen Blick

Prüfe dein Wissen

Licht

1 Licht macht Dinge sichtbar

Ein aufregender und spannender Tag in der Eissporthalle: Heute findet das Schaulaufen der Meisterschaften im Eiskunstlaufen statt. Jeder Zuschauer möchte gut sehen können. Jede Figur und jede Drehung der Läufer sollen gut zu beobachten sein.

Das ist eine Herausforderung für die Beleuchter. Mit den großen Leuchten in der Halle wird die Eisfläche beleuchtet. Die Eiskunstläuferin selbst wird zusätzlich mit mehreren Spots beleuchtet. Dazu werden Scheinwerfer so mitbewegt, dass ihr Licht immer auf die Läuferin gerichtet ist. Das vom Scheinwerfer ausgehende Lichtbündel weitet sich nach unten auf und auf der Eisfläche bildet sich ein Lichtfleck.

Außer einem Scheinwerfer gibt es noch eine große Zahl anderer **Lichtquellen.** Dazu gehören die Sonne, Glühlampen und Kerzen, aber auch Glühwürmchen. Das alles sind **selbstleuchtende Körper.**
Andere Dinge kannst du nur sehen, wenn sie angestrahlt werden. Es sind **beleuchtete Körper.** Erde und Mond gehören ebenso dazu wie die Eiskunstläuferin auf dem Eis.

1 Sonnenlicht im Wald

A1 Beschreibe Bild 1.

V2 Stich in ein Stück Alufolie viele kleine Löcher. Decke damit eine leuchtende Taschenlampe ab. Halte ein Papier vor die Lampe. Verfolge die Lichtausbreitung. Beschreibe deine Beobachtungen.

V3 a) Stelle 6 Pappscheiben mit runden Löchern in der Mitte als Lochblenden her. Die Löcher müssen unterschiedliche Größen haben. b) Beleuchte einen Schirm mit einer Taschenlampe. Stelle nacheinander alle Lochblenden in einer Reihe zwischen Lampe und Schirm wie in Bild 2 auf. Dabei soll die Lochgröße von der Lampe aus abnehmen. Beschreibe, wie sich der Lichtfleck auf dem Schirm nacheinander verändert.

1.1 Lichtausbreitung

An einem schönen Sommertag dringt das Licht der Sonne durch die Bäume bis auf den Waldboden. Dabei kannst du deutlich sehen, welchen Weg es nimmt. Wie ein Fächer weiten sich die Lichtbündel nach unten auf. Jedes einzelne Lichtbündel ist **geradlinig** begrenzt.

Befindet sich eine Lampe unter einer Abdeckung mit vielen Löchern, so kannst du über jedem dieser Löcher solch ein Lichtbündel sehen. Das Licht geht durch jede der Öffnungen hindurch, es breitet sich nach **allen Seiten** aus.

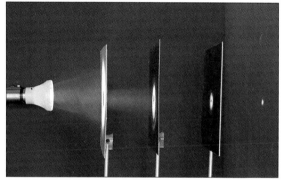

2 Blenden engen das Licht ein.

Was sind Lichtstrahlen?

Wird ein Lichtbündel durch Lochblenden mit kleiner werdenden Löchern immer weiter eingeengt, so wird es immer schmaler. Wenn du dir vorstellst, dass vor einer Lampe unendlich viele solcher Lochblenden stehen, dann hättest du hinter der letzten Blende ein Lichtbündel, das keinen Durchmesser mehr hätte. Ein solches gedachtes Lichtbündel heißt **Lichtstrahl.** In Wirklichkeit ist dies nicht zu erreichen. Es bleibt immer ein Lichtbündel mit einem geringen Durchmesser übrig. Der Lichtstrahl ohne Durchmesser ist also ein *physikalisches Modell*.

> Licht breitet sich nach allen Seiten geradlinig aus. Ein Lichtstrahl existiert nicht wirklich. Er ist ein physikalisches Modell.

1 Warum kannst du mit einem Scheinwerfer eine Kurve nicht vollständig ausleuchten?

2 Warum breitet sich Licht nicht bei allen Lampen allseitig aus?

A4 Wie würde der Lichtfleck in V 3 aussehen, wenn du die Anzahl der Blenden verdoppelst?

A5 Vergleiche die Ergebnisse von V 2 und V 3 mit Bild 1. Was kannst du über die Ausbreitung von Licht aussagen?

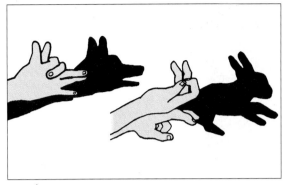

1 Schattenspiel

A1 Wie entstehen die Tierbilder in Bild 1?
V2 a) Stelle einen Holzklotz zwischen eine Kerze und einen Schirm. Beschreibe den Schatten des Klotzes auf dem Schirm.
b) Verändere den Abstand zwischen Klotz und Schirm. Beschreibe, wie sich der Schatten verändert.

2 Schattenraum hinter einem Hindernis

V3 a) Beleuchte einen Klotz mit zwei Kerzen und beschreibe den Schatten.
b) Verändere den Abstand der beiden Kerzen voneinander. Wie verändert sich der Schatten?
c) Verändere den Abstand zwischen dem Klotz und den Kerzen. Wie verändert sich der Schatten?

3 Kernschatten und Halbschatten

1.2 Licht und Schatten

Auf der Wand versucht der Hund einen Hasen zu fangen. Die Bilder der Tiere entstehen als **Schatten.** Die Finger werden von einer Lampe beleuchtet. Durch eine bestimmte Haltung der Finger sieht deren Schatten wie Hund und Hase aus.
Die Hände des Schattenspielers befinden sich also zwischen der Lichtquelle und der Wand. Sie lassen das Licht nicht durch. Auf der Wand sehen dann die Umrisse der Hände wie die Bilder von Tieren aus. Der Bereich zwischen einer Hand und der Wand wird **Schattenraum** genannt, das Bild auf der Wand ist der *Schatten*. Die Wand außerhalb des Schattens ist hell, denn sie wird beleuchtet.

Schattengröße

Hältst du statt deiner Hände einen Holzklotz zwischen die Lichtquelle und den Schirm und bewegst den Klotz hin und her, so kannst du eine Veränderung der Größe des Schattens beobachten. Je näher du mit dem Holzklotz an die Lichtquelle herankommst, desto größer wird der Schatten. Wenn du den Klotz von der Lichtquelle entfernst, wird der Schatten kleiner. Da sich das Licht geradlinig ausbreitet, ist der Schattenraum auch immer geradlinig begrenzt.

Fällt das Licht von zwei Lichtquellen auf den Holzklotz, so bilden sich hinter ihm zwei Schatträume (Bild 3). Beide Lichtquellen erzeugen je einen Schatten des Gegenstandes auf dem Schirm. In der Mitte überschneiden sich die beiden Schatten. Dorthin kommt also kein Licht. Es entsteht ein **Kernschatten.** Dieser ist immer dunkel. Daneben liegen zwei **Halbschatten.** Ein Halbschatten entsteht, wenn von der einen Lampe kein Licht dort hinfällt, die andere Lampe aber diese Stelle beleuchtet. Daher sind diese Schattenbereiche aufgehellt. Das Licht beider Lichtquellen beleuchtet den Rest des Schirmes, der daher außerhalb der Schatten hell ist.

> Hinter einem lichtundurchlässigen beleuchteten Gegenstand entsteht ein dunkler Bereich, der geradlinig begrenzte Schattenraum.

1 Fertige eine Zeichnung zu Versuch 2 an. Dabei soll ein größerer Schatten als in Versuch 2 entstehen.
2 a) Fertige eine Zeichnung zu Versuch 3 an, sodass es keinen Kernschatten gibt.
b) Wie verändert sich die Schattengröße, wenn der Schirm von Lampe und Klotz weit entfernt ist?

Sonne und Mond

Der Mond sieht immer anders aus

Wenn du im Verlauf eines Monats den Mond betrachtest, so kannst du eine scheinbare Veränderung seiner Gestalt beobachten. Etwas mehr als 12-mal im Jahr wechselt sie von Neumond über Vollmond wieder zu Neumond. Diese unterschiedlichen Erscheinungsbilder heißen **Mondphasen.** Die Ursache ist die Bahn, auf der der Mond in 29,5 Tagen die Erde umkreist.
Schon früh nutzten die Menschen den Wechsel der Mondphasen für die Einteilung eines Jahres. Noch heute hat zum Beispiel der islamische Kalender 12 Monate, die immer mit dem Neumond beginnen. Die Jahreslänge beträgt daher nur 354 Tage. Im Gegensatz zu unserem Kalender wandert also der Jahresanfang im Laufe der Jahre langsam durch die Jahreszeiten.

Der Mond selbst ist kein leuchtender Körper, sondern er wird von der Sonne beleuchtet. Von der Erde aus ist immer nur der Teil des Mondes zu sehen, auf den das Sonnenlicht trifft und der der Erde zugewandt ist.
In Bild 1 siehst du die Mondphasen während eines Umlaufs. Bei Vollmond fällt das Licht der Sonne an der Erde vorbei auf den Mond, weil Sonne, Mond und Erde meistens nicht auf einer Linie liegen.

Finsternisse

Manchmal liegen bei Vollmond oder Neumond Sonne, Erde und Mond für einige Stunden aber doch genau auf einer Linie.

Steht der Mond zwischen Sonne und Erde, so verdeckt er die Sonne. Es entsteht eine **totale Sonnenfinsternis,** wie auf dem Bild oben zu sehen ist. Zuletzt war ein solches Ereignis im Süden von Deutschland am 11. August 1999 zu beobachten.
Allerdings ist der Mond zu klein, um große Flächen auf der Erde mit seinem Schatten zu bedecken. Daher ist eine totale Sonnenfinsternis immer nur an wenigen Orten der Erde zu beobachten.

Eine **totale Mondfinsternis** entsteht, wenn sich die Erde zwischen Sonne und Mond befindet. Sie kann von allen Orten auf der Nachtseite der Erde gleichzeitig beobachtet werden. Dabei bedeckt der Erdschatten den Mond vollständig.

Bei einer **partiellen Finsternis** liegen Mond oder Erde jeweils im Halbschatten, sodass noch ein Teil vom Mond oder von der Sonne zu sehen ist.

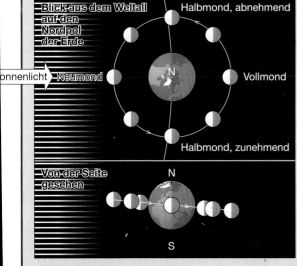

1 *Entstehung der Mondphasen*

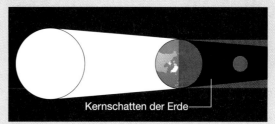

2 *Entstehung der totalen Mondfinsternis*

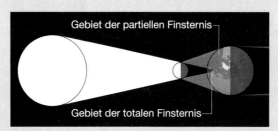

3 *Entstehung einer Sonnenfinsternis*

1 Licht ist nicht sichtbar.

A1 Erkläre Bild 1. Wo ist das Licht im Kasten?
V2 a) Beleuchte in einem verdunkelten Raum die Wand mit einer Taschenlampe. Was siehst du in dem Raum zwischen Lampe und Wand?
b) Bewege ein Stück Papier in dem Raum zwischen Lampe und Wand. Beschreibe deine Beobachtung.
V3 Lege Pappstreifen verschiedener Farbe und einen kleinen Taschenspiegel wie in Bild 2 vor eine aufrecht stehende weiße Pappscheibe. Beleuchte die Flächen schräg von oben. Was siehst du auf der Pappscheibe? Was schließt du daraus?

2 Verschiedene Materialien werden beleuchtet.

A4 Zähle Gegenstände auf, die das Licht nur in eine Richtung zurückwerfen.
A5 Zähle Gegenstände auf, die das Licht in verschiedene Richtungen zurückwerfen.
V6 Stelle nacheinander eine Pappscheibe, eine Milchglasscheibe und eine Glasscheibe zwischen dich und eine brennende Kerze. Beschreibe deine Beobachtung.
A7 Nenne Einsatzmöglichkeiten für Milchglasscheiben oder andere nicht durchsichtige Glasscheiben.

2 Licht kommt vom Wege ab

2.1 Reflexion und Streuung

Im Dunkeln kannst du nichts sehen. Erst wenn Licht im Raum ist, werden Gegenstände sichtbar. Sie werden beleuchtet und werfen Licht in dein Auge. Zwischen der Lampe und einem Gegenstand siehst du nichts. Das Licht selbst ist unsichtbar.

Beleuchtest du einen Spiegel, siehst du entweder die Lichtquelle darin oder einen Lichtfleck an der Wand. Spiegel und andere Gegenstände mit glatter, heller Oberfläche werfen das Licht in einer bestimmten Richtung zurück, sie **reflektieren** es.
Körper mit rauen, hellen Oberflächen werfen das Licht ebenfalls zurück. Anders als bei einem Spiegel wird das Licht aber in viele verschiedene Richtungen zurückgelenkt. Diese Körper **streuen** das Licht.

Gegenstände mit schwarzer Oberfläche kannst du in einem dunklen Raum nicht sehen, auch wenn du sie beleuchtest. Sie verschlucken das Licht und werfen nichts zurück. Das Licht wird **absorbiert.** Es erwärmt dadurch den Körper. Darum sind schwarze Autos im Sommer innen und außen wesentlich wärmer als weiße Autos.
Ein Gegenstand mit grauer Oberfläche absorbiert einen Teil des auffallenden Lichts, den anderen Teil streut er zurück. Ein Gegenstand ist umso besser zu sehen, je heller er ist.

Durchsichtig – undurchsichtig

Durch Fensterscheiben kannst du ungehindert hindurchsehen, sie sind **durchsichtig.** Die Eingangstür einer Wohnung ist meistens aus Holz. Dieses Material ist **undurchsichtig.** Durch das Milchglas einer Haustür kannst du oft nicht hindurchsehen, es lässt aber Licht in das Haus fallen. Ein solches Material ist **durchscheinend.**

> Gegenstände sind nur sichtbar, wenn das von ihnen ausgehende oder zurückgeworfene Licht ins Auge fällt. Gegenstände können Licht reflektieren, streuen oder absorbieren. Sie können durchsichtig, undurchsichtig oder durchscheinend sein.

1 Warum sollte im Sommer helle Kleidung getragen werden?
2 Beschreibe den Unterschied zwischen durchsichtig, undurchsichtig und durchscheinend.

2.2 Licht wird reflektiert

Die Überschrift über diesem Kapitel kannst du nur gut lesen, wenn du einen Spiegel geschickt daneben hältst. Sicher ist dir im Straßenverkehr schon einmal aufgefallen, dass viele Krankenwagen vorn so beschriftet sind, dass der Schriftzug nur im Spiegel zu lesen ist. Autofahrer beobachten ja den Verkehr hinter sich im Rückspiegel. Sie erkennen dann die Aufschrift am Krankenwagen schneller. Spiegel erzeugen **seitenverkehrte Bilder.**

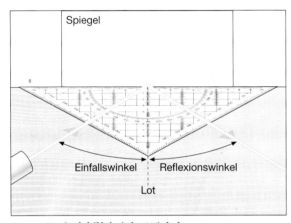

1 Das Dreieck hilft bei der Winkelmessung.

Die Bildbeschriftungen: Spiegel, Einfallswinkel, Reflexionswinkel, Lot

Reflexionsgesetz

Ein schmales Lichtbündel fällt in einem bestimmten Winkel auf einen Spiegel. In Bild 1 zeigt das Dreieck die Richtung an, in der das Licht reflektiert wird. Die Mittellinie steht senkrecht auf dem Spiegel, sie bildet das **Lot.** Der einfallende und der reflektierte Strahl gehen auf beiden Seiten des Lotes durch dieselbe Winkelzahl. Der Winkel zwischen dem Lot und dem einfallenden Strahl ist der **Einfallswinkel.** Der Winkel zwischen dem Lot und dem reflektierten Strahl ist der **Reflexionswinkel.** Für alle Einfallsrichtungen gilt: Der Einfallswinkel ist gleich dem Reflexionswinkel. Dieser Zusammenhang ist das **Reflexionsgesetz.**

> An einem Spiegel entstehen seitenverkehrte Bilder.
> Das Reflexionsgesetz lautet: Einfallswinkel ist gleich Reflexionswinkel.

1 Nenne Anwendungsbeispiele für Spiegel.

A1 Nimm einen Spiegel und lies die Kapitelüberschrift.

V2 Lege dein Zeichendreieck wie in Bild 1 an einen Spiegel. Lass dann schmale Lichtbündel aus verschiedenen Richtungen auf den Spiegel fallen. Beschreibe und erkläre deine Beobachtung.

A3 Vergleiche in Bild 2 den Teddy vor dem Spiegel mit dem Teddy im Spiegel. Warum erscheint das Spiegelbild seitenverkehrt?

2 Der Spiegel bildet seitenverkehrt ab.

V4 Stelle dich vor einen senkrecht aufgehängten, großen Spiegel. Vergleiche deine Größe mit der Größe deines Spiegelbildes, indem du einen Zollstock neben dich stellst.

V5 Stelle eine brennende Kerze vor eine Glasscheibe. Stelle eine gleich große Kerze in ein mit Wasser gefülltes Becherglas hinter die Glasscheibe. Verschiebe nun die brennende Kerze so lange, bis auch die Kerze unter Wasser zu brennen scheint (Bild 3).
Stelle fest, wie weit die beiden Kerzen von der Scheibe entfernt sind und formuliere ein Ergebnis.

3 Wo befindet sich das Spiegelbild?

V6 a) Baue 2 Spiegel so auf, dass du damit von unten über einen Tisch sehen kannst. Zeichne diesen Aufbau und erkläre ihn.
b) Wo werden solche Geräte eingesetzt?

1 Stimmt die Tanzhaltung?

2.3 Spiegelbilder

Petra besucht eine Ballettschule. Im Übungsraum ist eine Stange vor einem riesigen Spiegel angebracht. So können Petra und ihre Freundinnen ständig ihre Bewegungen im Spiegel verfolgen und korrigieren. Die Oberfläche dieses Spiegels ist eben. Es ist ein **ebener Spiegel.** Die Bilder in einem solchen Spiegel sind aufrecht und ebenso groß wie die Gegenstände vor ihm.

Im Garten hat Petras Vater eine Rosenkugel aufgestellt. In ihr spiegelt sich der Garten der Familie. Das Spiegelbild ist aufrecht und verkleinert. Die Oberfläche der Kugel ist nach außen gebogen, sie ist ein **Wölbspiegel.**

V1 Betrachte dein Spiegelbild
a) in einem Wandspiegel,
b) in der Außenfläche einer glänzenden Suppenkelle,
c) in der Innenfläche derselben Kelle.
Beschreibe die Spiegelbilder. Welche Unterschiede stellst du fest?

V2 Betrachte dein Spiegelbild in einem Kosmetikspiegel. Verändere dabei den Abstand zwischen dir und dem Spiegel. Beschreibe deine Beobachtungen.

V3 Biege ein blankes rechteckiges Stück Blech so, dass die folgenden Wölbungen entstehen und betrachte dann dein Spiegelbild:
a) senkrechte Wölbung nach außen,
b) waagerechte Wölbung nach außen,
c) senkrechte Wölbung nach innen,
d) waagerechte Wölbung nach innen.
Beschreibe jeweils dein Spiegelbild. Wie wird es durch die verschiedenen Wölbungen verändert?

A4 Betrachte das Spiegelbild der Umgebung in einer Rosenkugel. Mit welchem der Bilder aus V 1 bis V 3 ist es vergleichbar?

Einen anderen Spiegel findet Petra im Bad. Es ist ein Vergrößerungsspiegel. Seine Oberfläche ist nach innen gebogen. Solche Spiegel heißen **Hohlspiegel.** Sitzt Petra dicht vor diesem Spiegel, so sieht sie sich vergrößert und aufrecht. Geht sie aber weiter weg, so ist ihr Spiegelbild plötzlich verkleinert und steht auf dem Kopf. Die Entfernung, in der sich das Bild umkehrt, heißt **Brennweite.** Als **Brennpunkt** wird die Stelle bezeichnet, an der sich das Bild umdreht.

2 Rosenkugel

Beim ebenen Spiegel ist das Spiegelbild aufrecht und so groß wie der Gegenstand. Beim Wölbspiegel ist das Spiegelbild aufrecht und verkleinert.
Beim Hohlspiegel ist das Spiegelbild aufrecht und vergrößert, wenn der Gegenstand innerhalb der Brennweite steht. Steht der Gegenstand außerhalb der Brennweite des Hohlspiegels, so ist das Spiegelbild umgekehrt und verkleinert.

1 Nenne Beispiele für alle drei Spiegelarten.
2 Betrachte dein Bild in einer glänzenden Metallkanne. Beschreibe es und erkläre, wie es zustande kommt.

3 Kosmetikspiegel

2.4 Hohlspiegel als Empfänger und Sender

Im Sommer kannst du Essen mithilfe eines Sonnenkochers erhitzen. Das ist ein großer Hohlspiegel, der genau zur Sonne hin ausgerichtet ist. Das Sonnenlicht wird in den Brennpunkt des Spiegels reflektiert. Genau in diesem Punkt steht eine Pfanne mit einem schwarz beschichteten Boden, der die Wärme der Sonnenstrahlen absorbiert. Der Sonnenkocher hat also die Wirkung einer kleinen Kochplatte.

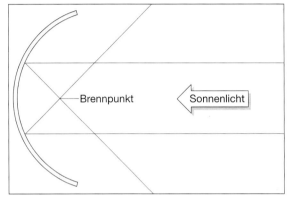

1 Reflexion am Hohlspiegel

Satelliten-Schüsseln und Scheinwerfer

Auch Radiostationen verwenden Hohlspiegel. Darüber strahlen sie ihre Sendungen aus. Über eine **Satelliten-Schüssel** kannst du diese empfangen. Das ist auch ein Hohlspiegel. Hier wird die Strahlung in den Brennpunkt zum Empfangsgerät reflektiert.

Beim Fahrrad oder Auto findest du ebenfalls Hohlspiegel. Die **Scheinwerfer** sind nämlich innen verspiegelt, sodass das Licht der Lampe nach vorne reflektiert wird. Die Lampe steht genau im *Brennpunkt* dieses Hohlspiegels. So wird alles Licht in eine Richtung gelenkt. Durch Drehung des Spiegels kann die Richtung des Lichtes so eingestellt werden, dass die anderen Verkehrsteilnehmer nicht geblendet werden.

2 Hohlspiegel erzeugen paralleles Licht.

Am Hohlspiegel wird Sonnenlicht zum Brennpunkt reflektiert. Steht eine Lampe im Brennpunkt eines Hohlspiegels, so wird das von ihr ausgehende Licht in eine Richtung reflektiert.

3 Sonnenkocher beim Camping

V1 Stelle einen Hohlspiegel so auf, dass er direkt zur Sonne zeigt. Bewege einen Papierstreifen vor dem Spiegel vor und zurück und suche damit den Brennpunkt. Erkläre die Bezeichnung dieses Punktes.

V2 Lass wie in Bild 1 Licht auf die Innenseite eines gebogenen Metallstreifens fallen. Dabei soll das Licht den Untergrund streifen. Beschreibe den Verlauf des Lichtes.

V3 Decke eine Lampe so ab, dass sie nur zu einem Hohlspiegel hin Licht abgibt. Verschiebe sie dann vor dem Hohlspiegel. Beschreibe den Lichtfleck, den das reflektierte Licht auf einem Schirm erzeugt.

V4 Stelle zwei große Hohlspiegel einander parallel gegenüber. Stelle in den Brennpunkt des einen Spiegels eine helle Lampe, in den des anderen ein Streichholz. Beschreibe und erkläre die Beobachtung.

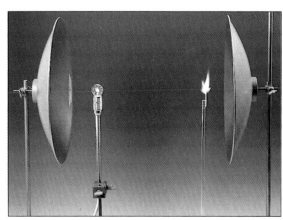

4 Licht entzündet ein Streichholz.

1 Erkläre mit dem Ergebnis von V 4 den Begriff Brennpunkt.

2 Wo überall werden Hohlspiegel eingesetzt?

Pinnwand

SPIEGEL SICHERN DEN STRASSENVERKEHR

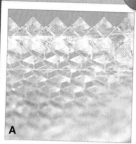

A

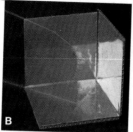

B

Ein Tripelspiegel besteht aus drei Spiegeln, die aufeinander senkrecht stehen. Auf Bild B ist die Reflexion dargestellt: Ganz gleich, von wo das Licht kommt, es wird immer genau in die ursprüngliche Richtung zurückgeworfen.

Jeder Autofahrer muss den Verkehr vor und hinter seinem Fahrzeug beobachten. Vor allem beim Abbiegen oder beim Spurwechsel muss zunächst festgestellt werden, ob der Weg frei ist. Zur Beobachtung des Verkehrs hinter dem Auto dienen Innen- und Außenspiegel.

Im Dunkeln sind Fußgänger für Autofahrer schwer zu sehen. Du solltest daher immer helle Kleidung tragen oder reflektierende Streifen oder Anhänger verwenden. So bist du im Scheinwerferlicht besser zu erkennen.
Die Begrenzungspfähle am Straßenrand werden mit Tripelspiegeln sichtbar gemacht. Auch bei Fahrrädern befinden sich an mehreren Stellen Reflektoren aus Tripelspiegeln.

An unübersichtlichen Straßenecken oder Einfahrten werden Spiegel aufgestellt. Sie haben eine gewölbte Oberfläche. Autofahrer bekommen durch sie einen größeren Überblick über den Straßenverkehr auch an unübersichtlichen Stellen.

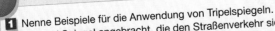

1 Nenne Beispiele für die Anwendung von Tripelspiegeln.
2 Wo sind Spiegel angebracht, die den Straßenverkehr sicherer machen?
3 Warum muss ein Auto außer dem Innenspiegel noch mindestens einen Außenspiegel haben?

Sicheres Fahrrad – verkehrssichere Kleidung

Unfälle mit dem Fahrrad passieren leider immer wieder. Um sie möglichst zu vermeiden, müssen Fahrräder verkehrssicher ausgerüstet sein. Außerdem sollte immer die richtige Kleidung getragen werden.

Bei Unfällen mit dem Fahrrad treten häufig Kopfverletzungen auf. Daher solltest du immer einen Fahrradhelm tragen.

Deine Kleidung sollte hell oder mit reflektierenden Streifen versehen sein, damit du im Scheinwerferlicht der Autos gut zu erkennen bist.

Weite Hosenbeine musst du durch Reflektorbänder oder Metallklammern zusammenhalten, damit der Stoff beim Fahren nicht in die Kette gerät und dich zum Stürzen bringt.

Vorder- und Hinterradbremse müssen gut funktionieren, damit du in gefährlichen Situationen schnell zum Stehen kommen kannst.

Die Fahrradlampe muss bereits in der Dämmerung eingeschaltet werden. Dadurch wirst du für andere Verkehrsteilnehmer sichtbar. Du kannst aber auch unerwartete Hindernisse rechtzeitig erkennen.

Die roten und weißen Katzenaugen leuchten im Scheinwerferlicht auf und machen dich für Autofahrer besser sichtbar. Außerdem musst du auch die Rückleuchte bereits in der Dämmerung eingeschaltet haben.

Gelbe Rückstrahler an den Pedalen und in den Speichen reflektieren das Licht der Scheinwerfer anderer Verkehrsteilnehmer. Dadurch werden deine Sichtbarkeit und deine Sicherheit erhöht.

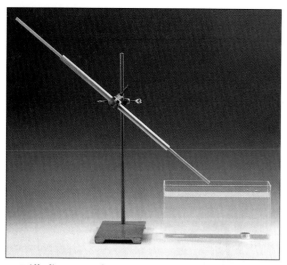

1 Trifft die Stange den Gegenstand?

V1 Baue den Versuch aus Bild 1 auf. Peile die Münze auf dem Boden durch das Rohr an. Schraube das Rohr am Stativ fest und lass einen dünnen Stab durch das Rohr gleiten. Beschreibe das Ergebnis.

V2 a) Lass ein schmales Lichtbündel wie in Bild 2 etwas schräg auf die Wasseroberfläche fallen. Beschreibe den Verlauf des Lichtes.

b) Ändere den Einfallswinkel und bestimme jeweils den Winkel zwischen dem Lot und dem Lichtbündel im Wasser. Formuliere das Ergebnis in einem Je-desto-Satz.

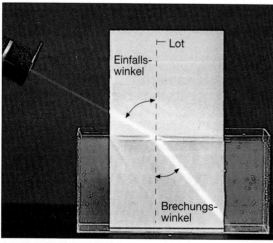

2 Licht wird beim Übergang in Wasser abgelenkt.

V3 Baue den Versuch aus Bild 3 mit einem Halbzylinder aus Glas auf. Verändere den Einfallswinkel des Lichtbündels. Beschreibe deine Beobachtung. Vergleiche sie mit dem Ergebnis aus V 2.

2.5 Licht wird gebrochen

Max peilt durch ein Rohr die Münze auf dem Boden des Aquariums an. Er will sie unbedingt treffen, denn dann darf er sie behalten. Aber als er einen Stab durch das Rohr gleiten lässt, trifft er daneben. Er ist sehr verwundert. Max ist davon ausgegangen, dass er die Münze nur sehen kann, wenn das Licht von der Münze geradlinig in sein Auge fällt. Was passiert also mit dem Licht?

Fällt Licht wie in Bild 2 schräg auf das Wasser, so kannst du sehen, dass das Lichtbündel an der Wasseroberfläche abknickt. Das Abknicken wird umso stärker, je flacher das Licht auftrifft. Dies wird als **Brechung** des Lichtes bezeichnet.

In Bild 2 ist das Lot gekennzeichnet. Du erkennst, dass der Einfallswinkel in Luft größer ist als der **Brechungswinkel** im Wasser. Beim Übergang des Lichtes von Luft in Wasser wird das Licht *zum Lot hin* gebrochen.
Fällt das Licht senkrecht in das Wasser, so hat es genau die Richtung des Lotes. In diesem Fall wird das Licht nicht gebrochen.

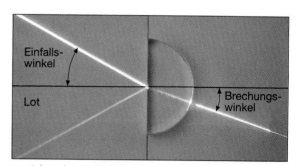

3 Licht geht von Luft in Glas.

Fällt ein Lichtbündel wie in Bild 3 auf die ebene Fläche eines Halbzylinders aus Glas, so kannst du ebenfalls eine Brechung beobachten. Die Brechung ist umso stärker, je flacher das Lichtbündel einfällt. Die Brechung erfolgt auch beim Übergang von Luft in Glas zum Lot hin.

> Licht wird beim Übergang von Luft in Wasser oder Luft in Glas zum Lot hin gebrochen. Je flacher das Licht auftrifft, desto stärker ist die Brechung.

1 Nenne Gegenstände, an denen Licht gebrochen wird.

2 Siehst du einen Gegenstand im Wasser höher oder tiefer, als er tatsächlich liegt? Begründe.

2.6 Der umgekehrte Übergang

Max wusste, dass ein Gegenstand nur dann sichtbar ist, wenn das vom Gegenstand ausgehende Licht in sein Auge trifft. Er traf daneben, obwohl er die Münze genau angepeilt hatte. Was passiert mit dem Licht beim Übergang von Wasser in Luft?

In Bild 2 kannst du sehen, dass das Licht sowohl beim Übergang von Luft in Wasser als auch beim Übergang von Wasser in Luft an der Wasseroberfläche gebrochen wird.
Da im Bild 2 das Lot markiert ist, kannst du auch die Winkel vergleichen. Beim Übergang von Wasser in Luft erfolgt die Brechung *vom Lot weg*. Der Brechungswinkel in Luft ist größer als der Einfallswinkel im Wasser. Auch hier wächst der Brechungswinkel, wenn der Einfallswinkel zunimmt.

Fällt ein Lichtbündel wie in Bild 1 senkrecht auf die runde Seite eines Halbzylinders aus Glas, so kannst du an der ebenen Seite beim Austritt des Lichtes von Glas in Luft ebenfalls eine Brechung beobachten.

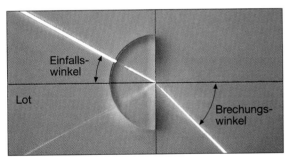

1 Licht geht von Glas in Luft.

Durch die Drehung des Halbzylinders kannst du den Einfallswinkel des Lichtes im Glas verändern. Die Brechung beim Übergang von Glas in Luft ist umso stärker, je flacher das Lichtbündel einfällt. Die Brechung des Lichtes erfolgt wie beim Übergang vom Wasser in Luft vom Lot weg.

> Licht wird beim Übergang von Wasser in Luft oder Glas in Luft vom Lot weg gebrochen. Je flacher das Licht einfällt, desto stärker ist die Brechung.

1 Lege eine Münze auf den Boden einer Tasse. Halte die Tasse so, dass du die Münze gerade eben nicht sehen kannst. Fülle dann Wasser in die Tasse. Beschreibe und erkläre deine Beobachtung.

V1 a) Lege einen Spiegel auf den Boden des Aquariums. Lass dann ein Lichtbündel so auf die Wasseroberfläche auftreffen, dass der gebrochene Strahl den Spiegel trifft (Bild 2). Unter welchem Winkel tritt der reflektierte Strahl aus dem Wasser aus?
b) Verändere den Einfallswinkel im Wasser. Wie verändert sich der Brechungswinkel? Formuliere das Ergebnis in einem Je-desto-Satz.

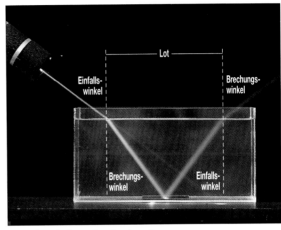

2 Licht wird zweimal gebrochen.

V2 Führe den Versuch aus Bild 1 mit einem Halbzylinder aus Glas durch. Verändere dabei den Einfallswinkel. Beschreibe deine Beobachtung und vergleiche sie mit dem Ergebnis aus V 1.

A3 Beschreibe, wie ein eingetauchtes Paddel aussieht. Erkläre die Beobachtung.

A4 In Bild 3 siehst du die Brechungen an einem Glasquader. Beschreibe die Brechungen an den Übergängen Luft-Glas und Glas-Luft. Vergleiche den Weg des einfallenden Lichtbündels mit dem Weg des zweimal gebrochenen Lichtbündels. Was fällt dir auf?

3 Zweifache Brechung

1 *Licht wird gebrochen und reflektiert.*

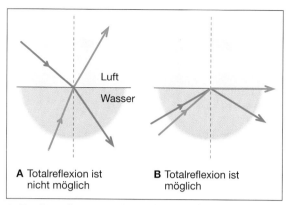

A Totalreflexion ist nicht möglich

B Totalreflexion ist möglich

2 *Zwei Brechungen – eine Reflexion*

A1 Beschreibe Bild 1.

V2 Lass wie in Bild 3 schmale Lichtbündel auf die runde Seite eines Halbzylinders aus Glas fallen. Das Licht muss dabei den Mittelpunkt der geraden Seite treffen. Der Einfallswinkel an der geraden Seite soll zunächst sehr klein sein. Drehe dann den Glaskörper so, dass sich der Einfallswinkel vergrößert. Wie verläuft das Licht bei verschiedenen Einfallswinkeln? Notiere deine Beobachtungen.

Einfallswinkel >42°

Lot

3 *Totalreflexion*

2.7 Eine besondere Reflexion

Auf Bild 1 fallen viele Lichtbündel aus dem Wasser auf die *Grenzschicht* zur Luft. Erstaunlicherweise werden aber nicht alle gebrochen, einige laufen wie bei einer Reflexion ins Wasser zurück.

Der Brechungswinkel ist beim Übergang des Lichtes von Wasser in Luft immer größer als der Einfallswinkel. Bei einem bestimmten Einfallswinkel, etwa 49°, beträgt der Brechungswinkel genau 90°. Das ist der **Grenzwinkel.** Dann verläuft der gebrochene Strahl auf der Grenzschicht. Bei noch größeren Einfallswinkeln wirkt die Wasseroberfläche wie ein Spiegel, an dem das Licht vollständig reflektiert wird. Diese **Totalreflexion** tritt nur beim Übergang von Wasser oder Glas in Luft auf.

Die Totalreflexion wird in der *Glasfasertechnik* genutzt. Bei der Fernsehlampe in Bild 4 tritt das Licht unten in die Glasfäden ein und wird an den Innenflächen immer wieder reflektiert. Daher leuchten die Spitzen der Glasfasern.

A3 a) Welche Arten der Lichtablenkung treten in V2 auf?
b) Welche Einfallswinkel gehören zu jeder der beiden Arten?

A4 Bei der Glasfaserlampe in Bild 4 tritt das Licht unten in die Glasfasern ein. Kleine Lichtpunkte sind dann nur an den Spitzen der Glasfasern zu sehen.
Erkläre mit dem Ergebnis von V2 und dem Bild 2, warum das Licht nicht an den Seiten aus den Glasfasern austreten kann.

4 *Glasfaserlampe*

Totalreflexion tritt auf, wenn Licht aus Wasser oder Glas in Luft übergeht und der Einfallswinkel größer ist als der Grenzwinkel.

1 Erkläre die Totalreflexion.
2 Nenne Beispiele für die Anwendung von Totalreflexion.
3 Warum tritt keine Totalreflexion ein, wenn das Licht von Luft in Wasser übergeht?

Glasfasertechnik

Lichtleitkabel

Spezielles Glas wird zu ganz dünnen Glasfasern gezogen. Sie sind sehr biegsam. Licht, das an einem Ende in eine solche Glasfaser fällt, bleibt aufgrund der Totalreflexion im Glas. Es kann erst am anderen Ende wieder austreten.

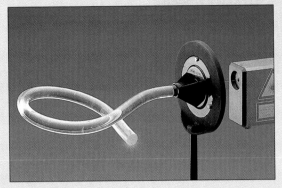

1 Lichtleiter

Viele solcher Fasern werden zu Lichtleitkabeln gebündelt. Diese Lichtleitkabel dienen zur Übermittlung von Informationen.

Informations-übertragung

Früher dienten ausschließlich Kupferkabel der Informationsübermittlung. Die zunehmende Informationsmenge verlangt aber eine neue Technik. Glasfaserkabel können in der gleichen Zeit erheblich mehr Signale übertragen als die Kupferkabel. Jede Information muss erst in elektrische Signale und dann in Licht umgesetzt werden, das beim Empfänger wieder umgewandelt wird.

Medizinische Endoskopie

Selbst kleine chirurgische Eingriffe waren früher immer mit großen Wunden verbunden. Die Glasfasertechnik ermöglicht heute den Ärzten, Untersuchungen und auch Operationen sehr schonend durchzuführen. Das dabei verwendete Gerät heißt **Endoskop.**

In einem dünnen Kabel befinden sich zwei getrennte Glasfaserstränge. Dieses Kabel wird zum Beispiel durch die Speiseröhre in den Magen eingeführt. Durch den einen Strang wird der zu untersuchende Bereich beleuchtet, der andere Strang überträgt ein Bild dieses Bereichs nach außen auf einen Bildschirm. Der behandelnde Arzt erhält so ein deutliches Bild von der Mageninnenwand.

Werkzeug

Glasfaserkabel zum Beleuchten

Glasfaserkabel zum Betrachten

2 Endoskop

Auf dieselbe Weise können auch andere Organe wie die Gallenblase und die Lunge oder Gelenke und die Wirbelsäule untersucht werden.
In vielen Fällen ist die Endoskopie nicht nur bei Untersuchungen nützlich. Auch viele Operationen werden schon endoskopisch durchgeführt.

Technische Endoskopie

Endoskopie wird auch in der Technik angewandt. Viele technische Geräte müssen in regelmäßigen Abständen untersucht werden, ohne dass sie dazu auseinander genommen werden können. Hier können Innenaufnahmen mit einem Endoskop gemacht werden.

Im technischen Bereich werden endoskopische Verfahren immer dann eingesetzt, wenn Hohlräume zu untersuchen sind. Vielfach erfolgt hier eine Kopplung mit Videogeräten, damit die Ergebnisse später im Labor betrachtet und notwendige Maßnahmen veranlasst werden können.

Sogar der Zustand von Holzbalken in älteren Häusern kann endoskopisch untersucht werden, ohne dass die Balken zerstört werden.

Das für die Endoskopie verwendete Glas muss sehr rein sein, weil sonst Fehler bei der Übertragung auftreten. Außerdem muss es sehr lichtdurchlässig sein.

1 Licht wird gebündelt.

3 Licht brechendes Glas mit verschiedenen Formen

3.1 Das Brennglas

Mithilfe des Sonnenlichts kannst du Papier anzünden. Dazu brauchst du ein **Brennglas.** Das ist ein gewölbter Glaskörper, der in der Mitte dicker ist als am Rand. Er sammelt das Licht von der Sonne auf einen sehr kleinen Lichtfleck. Deshalb heißt der Glaskörper **Sammellinse.**

Eine solche Sammellinse siehst du in Bild 1. Dieses Bild zeigt auch den Verlauf des Lichts, wenn die Sonne die Lichtquelle ist. Von der Experimentierleuchte fällt paralleles Licht auf die Sammellinse und wird hinter der Linse auf einen Punkt, den **Brennpunkt,** gesammelt. Der Abstand von der Mitte der Linse bis zum Brennpunkt ist die **Brennweite f.** Sie wird in Millimeter oder Zentimeter angegeben.

V1 Halte wie in Bild 2 eine Lupe ins Sonnenlicht. Versuche das Papier zu entzünden. Beschreibe wie du vorgegangen bist.

V2 Lass wie in Bild 1 paralleles Licht auf eine Linse fallen. Den Lichtweg kannst du mit Wasserdampf sichtbar machen.
a) Was passiert mit dem Licht an der Linse?
b) Vergleiche den Verlauf des Lichtes mit dem aus Bild 2.

A3 Begründe den Begriff Brennpunkt in Bild 1.

A4 Welcher Abstand von der Linse heißt Brennweite?

V5 a) Lege eine linsenförmig gekrümmte Glasscheibe wie in Bild 3 auf ein weißes Blatt Papier. Lass am Papier entlang paralleles Licht auf die Linse fallen. Miss die Brennweite.
b) Wiederhole den Versuch mit einer Linse mit anderer Krümmung. Vergleiche die Brennweiten miteinander.

A6 Zeichne Linsen und Lichtbündel aus V 5 auf dem Papier nach. Formuliere in einem Satz den Zusammenhang zwischen Linsenkrümmung und Brennweite.

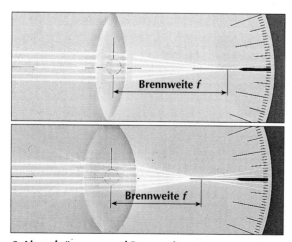

2 Jedes Brennglas hat einen Brennpunkt.

Die Brennweite hängt von der Krümmung der Linse ab. Bild 3 zeigt den Zusammenhang. Je weniger die Linse gekrümmt ist, desto größer ist die Brennweite.

> Eine Linse, die in der Mitte dicker ist als am Rand, heißt Sammellinse. Sie sammelt parallel einfallendes Licht im Brennpunkt. Der Abstand von der Linse zum Brennpunkt ist die Brennweite f.

1 Beschreibe eine Sammellinse und begründe ihren Namen.

2 Wie kannst du die Brennweite einer Sammellinse mithilfe des Sonnenlichtes bestimmen?

So bekommst du paralleles Licht:

1. Richte das Licht einer Taschenlampe mit einstellbarem Reflektor auf eine Wand. Drehe den Kopf der Lampe so lange, bis der Lichtfleck auf der Wand möglichst klein ist.
2. Bei einer Experimentierleuchte benutzt du eine Vorsatzlinse, einen **Kondensor.** Verschiebe die Lampe im Gehäuse, bis du auf einer weit entfernten Wand das Bild der Wendel siehst.

Brennweite f

Brennweite f

3 Linsenkrümmung und Brennweite

1 Eine Sammellinse erzeugt Bilder.

3.2 Linsen erzeugen Bilder

Mit einer Sammellinse kannst du wie mit einer Lochblende das Bild einer leuchtenden Kerze auf einem Schirm erzeugen. Die Kerze sendet Licht auf die Sammellinse. Von dieser werden die Lichtbündel gebrochen, das Licht fällt wie in Bild 1 auf den Schirm. Dabei werden oben und unten, rechts und links vertauscht. So entsteht bei einem bestimmten Abstand zwischen Linse und Schirm ein umgekehrtes und seitenverkehrtes scharfes Bild. Dieser Abstand heißt **Bildweite.** Ob es sich dabei um ein verkleinertes oder vergrößertes Bild handelt, hängt von der **Gegenstandsweite** ab. Das ist der Abstand zwischen Kerze und Linse (Bild 3).

Der Tageslichtprojektor

Mit einem Tageslichtprojektor kannst du Bilder auf Folien vergrößert an eine Wand projizieren. Die einzelnen Teile des Projektors erkennst du in Bild 2. Die Folie wird von unten beleuchtet. Das Licht, das durch die Folie hindurchgeht, trifft auf den Projektionskopf. Darin befinden sich eine Sammellinse und darüber ein Spiegel, mit dem das Licht zur Wand umgelenkt wird.
Damit bei einer bestimmten Bildweite ein scharfes Bild entsteht, musst du durch Verstellen des Projektionskopfes die Gegenstandsweite anpassen.

> Sammellinsen erzeugen von Gegenständen umgekehrte und seitenverkehrte Bilder. Deren Größe hängt von der Gegenstandsweite und von der Bildweite ab.

1 Nenne Geräte, die wie der Tageslichtprojektor Bilder auf eine Wand projizieren.

V1 Baue den Versuch aus Bild 1 auf. Verschiebe die Linse zwischen Kerze und Schirm, bis du ein scharfes Bild auf dem Schirm erhältst. Beschreibe das Bild.
V2 Verschiebe in V1
a) die Kerze
b) den Schirm.
Wie verändert sich jeweils das Bild?
A3 Erkläre die Begriffe Gegenstandsweite, Bildweite, Bildgröße und Gegenstandsgröße mit Bild 3.
A4 Beschreibe den Aufbau eines Tageslichtprojektors. Benenne dabei die für die Abbildung nötigen Bauteile.
V5 Verändere bei einem Tageslichtprojektor die Stellung des Spiegels. Beschreibe, welche Funktion er hat. Wo würde das Bild ohne Spiegel entstehen?
V6 Verändere bei einem Tageslichtprojektor die Höhe des Projektionskopfes. Beschreibe, wie sich das Bild verändert.
V7 Verschiebe den Tageslichtprojektor. Stelle das Bild jeweils scharf.
a) Welche für die Abbildung wichtigen Größen werden verändert?
b) Beschreibe den Zusammenhang zwischen den Größen in einem Je-desto-Satz.
A8 Welche beiden physikalischen Vorgänge werden bei der Erzeugung des Bildes ausgenutzt?

2 Tageslichtprojektor

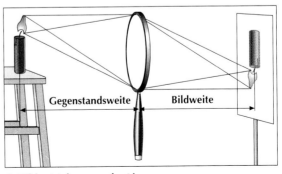

3 Bildentstehung an der Linse

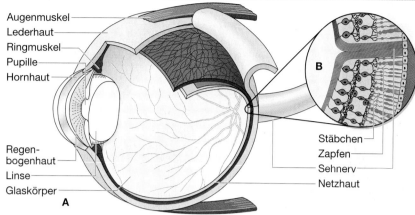

Augenmuskel
Lederhaut
Ringmuskel
Pupille
Hornhaut

Regen-
bogenhaut
Linse
Glaskörper

A

B

Stäbchen
Zapfen
Sehnerv
Netzhaut

1 Auge: Aufbau (A); Netzhaut (B)

3.3 Das Auge

Den Aufbau des Auges kannst du Bild 1 A entnehmen. Licht, das von einem Gegenstand ausgeht und ins Auge fällt, wird von Hornhaut und Linse gebrochen und trifft an der Augenrückwand auf die Netzhaut. Sie besteht aus den *Sehzellen*. Das sind etwa 125 Millionen **Stäbchen** und 5 Millionen **Zapfen** (Bild 1 B).

Auf der Netzhaut erzeugen Hornhaut und Linse das **Bild des Gegenstandes.** Wie bei jeder Linse ist es seitenverkehrt und steht auf dem Kopf. Die Stäbchen nehmen *Helligkeitsunterschiede* des Bildes wahr und melden sie über den Sehnerv ans Gehirn. Die unterschiedlichen *Farben* des Bildes werden von den Zapfen registriert und weitergemeldet.

Die Leistung des Auges hat Grenzen

Das gesunde Auge kann Gegenstände aus der Nähe und aus der Ferne wahrnehmen. Dazu muss Licht vom Gegenstand ins Auge fallen. Je mehr Licht ankommt, desto stärker werden die Sinneszellen gereizt. Wird es dunkel, stellen die farbempfindlichen Zapfen zuerst die Arbeit ein, während die lichtempfindlichen Stäbchen weiterarbeiten. Daher kannst du im *Dämmerlicht* keine Farben mehr wahrnehmen. Du siehst dann alle Gegenstände in unterschiedlichen Grautönen.

Eine zweite Grenze des Auges liegt in der *Größe des Netzhautbildes*. Du erkennst einen Gegenstand noch, wenn von ihm aus Lichtbündel auf mindestens vier benachbarte Sehzellen fallen. Deshalb darf ein Gegenstand nicht zu klein sein oder zu weit vom Auge weg stehen. Je kleiner die Gegenstandsweite ist, desto größer ist das Netzhautbild (Bild 2). Die äußeren Strahlen, die durch den Mittelpunkt der Linse laufen, bilden den **Sehwinkel.** Je größer der Sehwinkel ist, desto größer ist das Bild auf der Netzhaut.

> Das Auge bildet mithilfe von Hornhaut und Augenlinse Gegenstände auf die Netzhaut ab. Dafür muss ausreichend Licht zur Verfügung stehen. Der Gegenstand darf nicht zu klein und nicht zu weit entfernt sein.

A 1 Schreibe aus Bild 1 die Bezeichnungen am Auge und ihre Bedeutung in eine Tabelle. Kreuze dann diejenigen Begriffe an, die für die Entstehung eines Bildes im Auge von Bedeutung sind.

A 2 Welche Aufgabe für das Sehen erfüllen die Stäbchen und welche die Zapfen?

V 3 a) Betrachte den Umschlag des Schulbuches bei abnehmender Helligkeit. Was kannst du über die Farben des Bildes aussagen?
b) Was siehst du bei Dunkelheit? Begründe deine Antwort.

A 4 Zeichne für drei verschiedene Entfernungen zwischen Gegenstand und Auge Sehwinkel und Netzhautbild.

V 5 Stelle das Buch senkrecht und betrachte Bild 2. Wie ändert sich die Abbildung mit zunehmender Entfernung?

1 Wie sieht die Welt von Menschen aus, bei denen die Zapfen der Netzhaut ihre Aufgabe nicht erfüllen?

2 Was bedeutet das Sprichwort „Nachts sind alle Katzen grau."?

3 Was kannst du tun, um eine sehr kleine Schrift noch lesen zu können?

4 Welche Bedeutung hat der Sehwinkel für das Sehen? Wie ändert er sich mit zunehmender Entfernung?

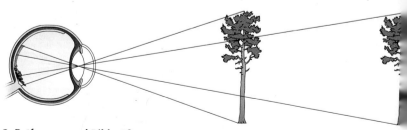

2 Entfernung und Bildgröße

1 Eine Brille hilft beim Sehen.

3.4 Linsen als Sehhilfen

Du kannst eine Sammellinse nicht nur zum Feueranzünden benutzen. Du kannst damit auch kleine Gegenstände vergrößert sehen. Dann benutzt du die Sammellinse als **Lupe.** Wichtig ist, dass sich der Gegenstand innerhalb der Brennweite der Sammellinse befindet. Die Vergrößerung V einer Lupe kannst du berechnen, wenn du die Brennweite der Sammellinse kennst. Der Wert 25 cm ist für die Berechnung eine feste Zahl.

$$V = 25 \text{ cm} : \text{Brennweite } f; (f \text{ in cm})$$

So hat eine Sammellinse mit der Brennweite $f = 10$ cm eine Vergrößerung $V = 2,5$fach.

A1 Warum müssen manche Menschen Brillen tragen?

V2 Halte eine Sammellinse als „Brillenglas" vor dein Auge. Betrachte einen entfernten Gegenstand. Vergleiche dann, wie du ohne „Brille" siehst. Beschreibe.

V3 Wiederhole V2 mit einer Zerstreuungslinse. Vergleiche und beschreibe.

A4 Erkundige dich bei Brillenträgern nach der Art der Brillengläser. Ordne zu: weitsichtig/kurzsichtig zu Sammellinse/Zerstreuungslinse.

V5 Betrachte die Kästchen eines Rechenblattes mit dem linken Auge durch eine Lupe und gleichzeitig mit dem rechten Auge ohne Lupe. Suche mit dem rechten Auge ein Kästchen. Wie viele Kästchen siehst du dann mit dem linken Auge? Wie stark vergrößert deine Lupe?

A6 Berechne die Vergrößerung V einer Lupe mit 5 cm Brennweite.

V7 Benutze eine Zerstreuungslinse als Lupe. Was stellst du fest?

Die Sammellinse bei der Brille

Weitsichtige Personen halten zum Lesen ohne Brille die Zeitung weit von sich. Bei Weitsichtigen ist der Augapfel zu kurz. Sie sehen Gegenstände unscharf, die nahe vor dem Auge sind (Bild 2 A). Dieser Augenfehler lässt sich durch eine Brille korrigieren, die **Sammellinsen** enthält.

Die Zerstreuungslinse

Eine Linse, die in der Mitte dünner ist als am Rand, heißt **Zerstreuungslinse.** Bei ihr gibt es keinen Brennpunkt. Das Licht wird hinter der Linse zerstreut.

Auch die Zerstreuungslinse dient als Brillenglas. Zerstreuungslinsen werden von Kurzsichtigen benötigt. Bei denen ist der Augapfel zu lang (Bild 2 B). Sie sehen Gegenstände unscharf, die vom Auge weit entfernt sind.

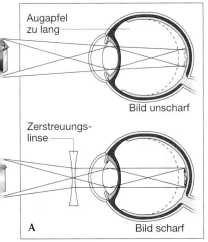

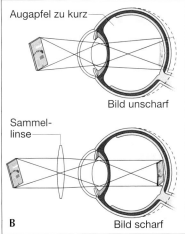

2 Kurzsichtigkeit A, Weitsichtigkeit B

Eine Lupe ist eine Sammellinse, bei der der Gegenstand innerhalb der Brennweite f liegt. Sammellinsen und Zerstreuungslinsen dienen als Sehhilfen.

1 Welche Linsenart kann als Lupe verwendet werden? Probiere beide Arten aus.

2 Überlege, welche Linse als Lupe stärker vergrößert, die mit der Brennweite $f = 5$ cm oder $f = 20$ cm.

3 Beschreibe den Unterschied zwischen Kurzsichtigkeit und Weitsichtigkeit anhand von Bild 2.

1 Eine „camera obscura" von 1671

V1 In der Verdunkelung eines Zimmers befindet sich ein kleines Loch. Halte einen großen weißen Karton in verschiedenen Abständen vor das Loch. Wie verändert sich das Bild, das auf dem Karton zu erkennen ist?

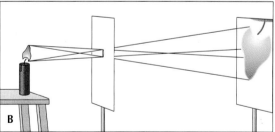

2 Modellversuch zur Lochkamera

V2 a) Stelle wie in Bild 2 einen Karton mit einem Loch (Durchmesser 1,5 mm) als Lochblende zwischen eine Kerze und einen Bildschirm. Beschreibe das Bild der Kerze auf dem Schirm.
b) Puste von der Seite leicht gegen die Kerzenflamme. Wie verändert sich das Bild der Flamme?
c) Verschiebe die Lochblende in Richtung zur Kerze und zurück. Wie verändert sich das Bild?
V3 Wiederhole V2 mit einer Lochblende mit einem Lochdurchmesser von 5 mm. Wie verändert sich jetzt das Bild?

4 Fotografie

4.1 Löcher erzeugen Bilder

In einem verdunkelten Raum kannst du an einem sonnigen Tag manchmal etwas Überraschendes beobachten. Wenn die Verdunkelung des Fensters ein kleines Loch hat, fällt Licht hindurch. Auf der gegenüber liegenden Wand siehst du als Bild, was draußen passiert. Das Bild ist allerdings seitenverkehrt und steht auf dem Kopf.

Diese Erscheinung kannten Zeichner und Maler schon vor vielen hundert Jahren. Sie benutzten für ihre Arbeit transportable, geschlossene Kisten, in die sie sich hineinsetzen konnten. Mithilfe des kleinen Lochs in der Vorderseite der Kiste entstanden die Bilder von Städten oder Landschaften, die sie dann leicht abzeichnen konnten. Sie nannten die Kisten „camera obscura", das heißt „dunkle Kammer".
Eine kleine, tragbare camera obscura wird **Lochkamera** genannt. Daher kommt auch das Wort *Kamera* als Bezeichnung für einen Fotoapparat.

Für die Entstehung der Bilder spielt das kleine Loch in der Wand die entscheidende Rolle. Jede Stelle eines sichtbaren Gegenstands sendet Licht nach allen Seiten aus. Von jeder Stelle trifft deshalb auch ein schmales Lichtbündel durch das Loch und fällt auf die gegenüberliegende Wand. Dort entsteht das Abbild der zugehörigen Stelle des Gegenstandes.

Jeder Gegenstandspunkt erzeugt so einen Bildpunkt. Auf diese Weise setzt sich aus den vielen gut geordneten Bildpunkten das ganze Bild zusammen. Dies ist auf Bild 2 dargestellt. Hier wird anstelle der Lochkamera eine *Lochblende* eingesetzt.

Leider ist das Bild sehr lichtschwach, da durch das kleine Loch nur wenig Licht hindurchfallen kann. Bei einem größeren Loch wird das Bild zwar heller, dafür aber unscharf. Anstelle der Bildpunkte entstehen jetzt größere Lichtflecke, die sich überlagern.

> Mit einem Loch in der Verdunkelung eines Raumes oder mit einer Lochblende lassen sich Bilder erzeugen. Sie sind seitenverkehrt und stehen auf dem Kopf.

1 Wo bleibt das Bild, das in einem verdunkelten Raum zu sehen ist, wenn Licht eingeschaltet wird?

4.2 Bilder aufzeichnen ist keine Zauberei

„Wenn sich die schönen Bilder der camera obscura doch von selber malen könnten!" Das dürfte mancher vielbeschäftigte Maler vor 300 Jahren gedacht haben. Aber damit sich Bilder „von selber malen", werden Stoffe gebraucht, die sich im Licht verändern.

Du kennst solche Stoffe, etwa Holz, das dunkel wird, oder Zeitungspapier, das im Sonnenlicht vergilbt. Bilder lassen sich damit aber nicht aufzeichnen, denn diese Veränderungen gehen sehr langsam vor sich.

Im 18. Jahrhundert wurde jedoch entdeckt, dass sich bestimmte silberhaltige Stoffe im Licht schnell verändern. Diese Stoffe zerfallen bei Lichteinwirkung. Dabei wird das Silber frei. Es ist fein verteilt und sieht schwarz aus. Damit wurde das **Fotografieren** möglich. Fotografieren heißt wörtlich „mit Licht schreiben".

Die silberhaltigen, lichtempfindlichen Stoffe wurden auf Glasplatten oder Papier aufgetragen. Sie mussten viele Minuten lang belichtet werden. Bei modernen Filmen genügen Bruchteile von Sekunden.

Auf solchen silberhaltigen Schichten beruht die Fotografie bis heute. Über zwei Drittel des weltweit verarbeiteten Silbers werden zur Herstellung von Filmen und Fotopapieren verbraucht. Erst in unserer Zeit beginnt die elektronische Fotografie diese „Silberfotografie" allmählich abzulösen.

> Manche silberhaltigen Stoffe werden durch Lichteinwirkung schwarz. So lassen sich Bilder aufzeichnen.

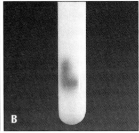

1 Silbersalze sind lichtempfindlich.

V1 a) Fülle zwei Reagenzgläser zur Hälfte mit Kochsalzlösung. Gib bei gedämpftem Licht in jedes Glas einige Tropfen Silbernitratlösung und schüttle die Gläser. Es entsteht ein weißes Silbersalz, das Silberchlorid.
b) Setze ein Reagenzglas danach hellem Licht aus und bewahre das zweite im Dunkeln auf.
c) Vergleiche die Reagenzgläser nach einigen Minuten und beschreibe das Versuchsergebnis.

V2 a) Stelle wie in V 1 a) erneut eine Silbersalzlösung her. Dicke sie mit Kreidepulver oder Stärke an.
b) Umwickele das Glas mit lichtdichtem Papier, aus dem ein Buchstabe ausgeschnitten ist (Bild 1 A). Beleuchte das Reagenzglas mit hellem Licht.
c) Entferne die Umhüllung bei gedämpftem Licht und beschreibe das Versuchsergebnis.

A3 Zähle weitere Stoffe außer Holz und Zeitungspapier auf, die sich bei Lichteinwirkung verändern.

1 Warum dürfen Bilder, die aus lichtempfindlichen Silbersalzen entstanden sind, bei Licht betrachtet werden?

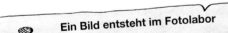
Ein Bild entsteht im Fotolabor

A In der Dunkelkammer wird bei gelbgrünem, für die Fotoschicht unwirksamem Licht ein Gegenstand auf ein Fotopapier gelegt und mit weißem Licht kurz belichtet.

B Das belichtete Fotopapier wird in die Entwicklerlösung gelegt. Belichtete Stellen werden dabei schwarz, unbelichtete Stellen bleiben weiß.

C Mit einer Bilderzange wird das entwickelte Foto erst durch Wasser, dann durch ein Stoppbad gezogen. Hier wird die Entwicklung des Bildes unterbrochen.

D In einem Fixierbad wird das Bild lichtunempfindlich und haltbar. In einem Wasserbad wird das Bild abschließend gewässert und an der Luft getrocknet.

Projekt   Bau einer Lochkamera

Eine Lochkamera könnt ihr leicht selbst herstellen. Ihr benötigt dazu ein Gehäuse, eine Lochblende und eine *Mattscheibe.* Das ist eine durchscheinende Fläche, auf der das Bild aufgefangen und von hinten betrachtet werden kann. Dabei müsst ihr allerdings beachten, dass das Bild der Lochkamera sehr lichtschwach ist. Deshalb darf kein anderes Licht von außen auf die Mattscheibe fallen.

1 Material für die Lochkamera

Material

– für die **Lochblende:** dünner schwarzer Karton oder starke Aluminiumfolie;
– für die **Löcher:** mittelgroße Nähnadeln (Lochdurchmesser 1 mm, 2 mm und 3 mm);
– für die **Mattscheibe:** transparentes Zeichenpapier;
Hinweis: Damit es glatt liegt, sollte es auf einen Rahmen aufgeklebt werden.
– für das **Gehäuse:** a) fester Pappkarton;
Hinweis: Lochblende und Mattscheibe auf gegenüberliegenden Seiten anbringen.
Nachteil: Hierbei muss das Bild unter einem dunklen Tuch betrachtet werden.
b) Zwei ineinander passende Pappröhren;
Hinweis: An der äußeren Röhre die Lochblende, an der inneren die Mattscheibe anbringen.
Vorteil: So fällt wenig Streulicht auf die Mattscheibe.

2 Blende

3 Mattscheibe

c) feste Pappröhre als Innenrohr, schwarzer Karton für das Außenrohr.
Hinweis: Das Innenrohr dient als Passform zum Zusammenkleben des Außenrohrs.

Beobachtungsaufgaben

1. a) Betrachtet mit den Lochkameras eine leuchtende Klarglas-Glühlampe.
b) Blickt durch ein Fenster nach draußen.

2. Probiert bei den ausziehbaren Kameras verschiedene Auszuglängen aus.

3. Vergleicht die Veränderung der Abbildungen bei unterschiedlichen Lochdurchmessern.

4 Lochkamerabilder bei verschiedenen Lochgrößen: 1 mm (A); 2 mm (B); 3 mm (C)

Bilder aus der Keksdose

Die einfache Lochkamera ist zum Fotografieren ungeeignet. Dazu wird ein Gerät benötigt, das vollständig lichtdicht ist. Auf die lichtempfindliche Schicht darf nur das Licht fallen, das während der Aufnahme vom Motiv ausgeht.

Eine solche Foto-Lochkamera lässt sich leicht aus einer Blechdose herstellen, die einen lichtdichten Deckel besitzt.

1 Die Dosenkamera

Materialliste:
– Dose mit Deckel (Keksdose oder Kaffeedose)
– Lochblende, Lochdurchmesser 1 mm bis 1,5 mm
– schwarzer Karton, Klebestreifen, Kreppband
– mattschwarze Farbe, zum Beispiel Abtönfarbe

Bauanleitung:
Male alle Innenflächen der Dose mit der schwarzen Farbe an. Schlage dann mit einem dicken Nagel ein Loch in die Mitte der Bodenfläche. Klebe die passend zugeschnittene Lochblende lichtdicht darüber. Befestige mithilfe von Klebestreifen ein Stück schwarzen Karton als beweglichen Verschluss über der Lochblende.

Die Aufnahme:
Schneide in der Dunkelkammer bei gelbgrünem Licht ein Stück Fotopapier passend zu. Klebe es mit der Schichtseite nach oben auf die Innenseite des Deckels und schließe die Dose.

Suche ein Aufnahmemotiv, möglichst draußen in der Sonne. Befestige die Kamera für die Aufnahme zum Beispiel an einem Stativ. Öffne den Verschluss und belichte eine Minute lang.

Das Bild:
Entwickle das Lochkamerafoto. Das Bild ist ein *Negativ*, denn alle hellen Stellen des Motivs sind dunkel, alle dunklen Stellen hell abgebildet. Wiederhole die Aufnahme mit doppelter Belichtungszeit, wenn das Foto nach zwei Minuten Entwicklung noch zu hell ist. Wiederhole die Aufnahme mit halber Belichtungszeit, wenn das Foto zu dunkel geworden ist.

Lege dieses Negativ zum *Umkopieren* mit der Schichtseite auf ein weiteres Fotopapier. Beschwere es mit einer sauberen Glasplatte und belichte einige Sekunden mit weißem Licht (Bild 2).

Entwickle auch dieses Foto und vergleiche es mit dem ursprünglichen Lochkamerabild.

2 Umkopieren des Negativs

3 Lochkamerabild: *Negativ (A); Positiv (B)*

1 Kameratypen: Von der Profikamera bis zur vollautomatischen Kompaktkamera

2 Schnitt durch eine Spiegelreflexkamera

A1 Welche Vorteile hat eine Spiegelreflexkamera?

V2 a) Stelle eine Fotoserie von bewegten und unbewegten Motiven mit sehr kurzen und sehr langen Belichtungszeiten her. Fotografiere dabei mit einer einstellbaren Kamera ohne Stativ.
b) Fotografiere verschiedene Motive mit sehr großer und sehr kleiner Blende. Schraube die Kamera auf ein Stativ. Achte dabei auf die richtige Belichtung des Films.

4.3 Moderne Kameras

Zum praktischen Fotografieren ist eine Lochkamera sicher nicht geeignet. Vor allem ist das Bild viel zu dunkel.

Eine moderne Kamera hat ein festes, lichtdichtes **Gehäuse.** Anstelle des kleinen Lochs bei der Lochkamera ist ein Linsensystem, das **Objektiv,** eingebaut. Damit entsteht ein sehr viel helleres Bild. Um mithilfe des Objektivs ein scharfes Bild zu erzeugen, muss allerdings die *Entfernung* zum Aufnahmegegenstand genau eingestellt werden.

Eine verstellbare **Blende** regelt die einfallende Lichtmenge. Je größer die Öffnung ist, desto kleiner ist die Blendenzahl. Mit dem **Verschluss** lässt sich eine bestimmte Belichtungszeit einstellen. Im Zusammenspiel von *Blendenöffnung* und *Belichtungszeit* sorgt ein **Lichtmesssystem** für die richtige Belichtung des Films.

Ein **Sucher** zeigt als Bildausschnitt, was fotografiert werden soll. Unerlässlich ist außerdem die **Transporteinrichtung** für den Film. Sie wird oft mit einem Motor angetrieben.
Eine vollautomatische Kamera stellt die Entfernung, die Blende und die Belichtungszeit selbstständig ein. Der Transport des Films erfolgt ebenfalls automatisch.

Die Wirkung der verschiedenen Einstellmöglichkeiten lässt sich allerdings nur bei einer Kamera mit „Handbedienung" erkennen, zum Beispiel an einer **Spiegelreflexkamera** wie in Bild 2.
Damit lässt sich zeigen, wie sich unterschiedliche Einstellungen von Blende und Belichtungszeit auf die Bildschärfe und Helligkeit auswirken. Je kürzer die Belichtungszeit ist, desto schärfer wird ein bewegter Gegenstand abgebildet. Je kleiner die Blendenöffnung ist, desto größer ist der Bereich, in dem das Bild vom Vordergrund bis zum Hintergrund scharf erscheint.

3 Verschiedene Verschlusszeiten: $\frac{1}{1000}$ s (A); $\frac{1}{4}$ s (B)

4 Verschiedene Blendenzahlen: 2,8 (A); 22 (B)

Die digitale Kamera

Eine **digitale Kamera** entspricht einer normalen Fotokamera, nur wird das Bild nicht auf einen Film sondern auf einen *digitalen Bildsensor* (CCD-Chip) abgebildet. Der Bildsensor zerlegt das Bild in viele Bildpunkte. Die Informationen werden von dort auf eine auswechselbare Speicherkarte übertragen.

Die Qualität der digitalen Fotos hängt von der Anzahl der Bildpunkte ab. Bei den ersten Kameras waren es 300 000, mittlerweile sind es viele Millionen Bildpunkte. Deshalb unterscheiden sich Digitalfotos kaum noch von herkömmlichen Fotos. Elektronische Bilder kannst du sofort nach der Aufnahme auf einem Monitor betrachten und ausdrucken. Sie können am Computer bearbeitet oder im Internet versandt werden.

> Mit Kameras werden Bilder mithilfe eines Films oder eines digitalen Bildsensors aufgenommen und gespeichert.

1 Vergleiche herkömmliche mit digitalen Kameras und nenne Vor- und Nachteile beider Systeme.

CCD-Sensor
der elektronische „Film"

5 Digitale Kamera und Bildsensor

300 000 Bildpunkte   **3 000 000 Bildpunkte**

6 Digital aufgenommene Fotos

EINIGE FOTOTIPPS FÜR BESSERE PERSONENAUFNAHMEN   **Pinnwand**

Zu weit weg!
Personen groß abbilden, nah herangehen. Bei Zoom-Objektiven lange Brennweite nutzen.

Rote Augen geblitzt!
Den eingebauten Blitz sparsam benutzen, besser hochempfindliche Filme einsetzen.

Hintergrund beachten!
Auf den Hintergrund achten. Es dürfen keine Zweige aus den Ohren wachsen.

So könnte es gehen!

Eine Kamera mit Linse

Aus einer Lochkamera kannst du eine Kamera mit Linse herstellen. Damit erhältst du viel hellere Bilder. Im Unterschied zur Lochkamera liefert diese „Linsenkamera" aber nur dann ein scharfes Bild, wenn die Mattscheibe einen bestimmten Abstand zur Linse hat. Das muss bei den Maßen der Kamera berücksichtigt werden.

1 Material für die Kamera mit Linse

Material:
– schwarzer Karton, Klebeband, Klebstoff
– Linse mit 10 cm bis 20 cm Brennweite
– Lochkamera aus zwei ineinander verschiebbaren Pappröhren, mit einem abnehmbaren Deckel für die Lochblende und einem zweiten, stabilen Deckel für die Linse. Die Kamera-Röhre sollte etwa doppelt so lang sein wie die Brennweite der Linse.
Hinweis: Als Linsen eignen sich gebrauchte Brillengläser (Sammellinsen!) vom Optiker. Die „Brechkraft" von Brillengläsern wird in „Dioptrien" angegeben: 20 cm Brennweite entsprechen 5 Dioptrien, 10 cm Brennweite entsprechen 10 Dioptrien.

Bauanleitung:
Schneide aus der Mitte des für die Linse vorgesehenen Deckels ein rundes Loch aus. Der Durchmesser des Lochs sollte etwa 15 mm kleiner sein als der Durchmesser der Linse.

Befestige die Linse auf der Innenseite des Deckels mit einem Ring aus Pappe und Klebeband über dem Loch. Fertige zusätzlich aus schwarzem Karton eine Blende mit kreisförmigem Loch von 5 mm Durchmesser an.

Beobachtungsaufgaben:
1. Betrachte mit der „Linsenkamera" ein Motiv, möglichst draußen in der Sonne. Versuche ein scharfes Bild einzustellen. Befestige dann die 5 mm-Blende mit Klebeband so auf dem Deckel, dass das Loch genau in der Mitte der Linse liegt. Betrachte wieder das Motiv und vergleiche die Abbildungsqualität.
2. Betrachte dasselbe Motiv mit einer Lochkamera von gleicher Länge mit einem Blendendurchmesser von 0,5 mm. Vergleiche die Bilder. Was fällt dir auf?
3. Betrache mit der Linsenkamera weitere Motive. Versuche jeweils einen Gegenstand möglichst groß abzubilden.

2 Das gleiche Motiv, auf unterschiedliche Weise abgebildet: mit 0,5 mm-Lochblende (A); mit Linse (B); mit Linse und 5 mm-Lochblende (C)

Das Auge ist kein Fotoapparat

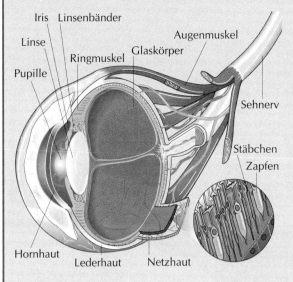

1 Aufbau des Auges

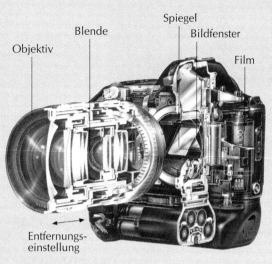

2 Aufbau des Fotoapparates

Das **Auge** ist fast kugelförmig. Es ist mit einer durchsichtigen Masse, dem *Glaskörper,* gefüllt. Die Außenwand des Augapfels wird von der zähen *Lederhaut* gebildet. Sie geht vorn in die durchsichtige *Hornhaut* über. Dahinter liegt die Regenbogenhaut, auch Iris genannt. Sie lässt in der Mitte eine veränderbare Öffnung frei, die *Pupille.* Ihre Größe hängt von der Helligkeit ab. Hinter ihr liegt die *Augenlinse.* Hornhaut und Augenlinse bilden die Gegenstände auf die *Netzhaut* ab. Dort werden Helligkeit und Farben durch lichtempfindliche Sinneszellen, die *Stäbchen* und *Zapfen,* aufgenommen und als elektrische Impulse durch den Sehnerv in das Sehzentrum des Gehirns geleitet.

Ein **Fotoapparat** hat zwar äußerlich nur wenig Ähnlichkeit mit einem Auge, doch findest du leicht die Teile, die denen beim Auge entsprechen.

Das *Objektiv,* das die Gegenstände auf die Kamerarückwand abbildet, entspricht der *Hornhaut* mit der *Augenlinse.* Die verstellbare *Blende* im Kameraobjektiv, die die Lichtmenge regelt, entspricht der Iris. Der *Film* – oder bei Digitalkameras der *Bildsensor* – entspricht der *Netzhaut.*

Ein wesentlicher Unterschied zwischen Auge und Kamera ist die Scharfeinstellung. Bei der Kamera wird das Objektiv verschoben, beim Auge wird dazu die Augenlinse verändert. In der Naheinstellung, zum Beispiel beim Lesen oder Schreiben, wird die Linse durch den Ringmuskel stark gekrümmt. In der Ferneinstellung werden die Linsenbänder gespannt und die Linse wird flach gezogen.

Linsenbänder entspannt
Ringmuskel angespannt

Linsenbänder angespannt
Ringmuskel entspannt

3 Nah- und Ferneinstellung der Augenlinse

Die Kamera ist dem Auge in der Bildqualität zwar überlegen. Doch zusammen mit dem Gehirn leistet das Auge unvergleichlich mehr, denn das eigentliche Sehen findet im *Sehzentrum* des Gehirns statt. Hier werden die Sinneswahrnehmungen der Sehzellen wie von einem Super-Hochleistungscomputer verarbeitet und bewertet. Hier entsteht dann das, was wir als sichtbares Bild unserer Umwelt erkennen.

1 Ein selbst gebautes Fernrohr

5 Optische Geräte

5.1 Fernrohre

Um Gegenstände, die weit von dir entfernt sind, besser erkennen zu können, benutzt du ein **Fernrohr.** Ob es ein Schiff am Horizont oder ein Stern am Nachthimmel ist, du möchtest die Gegenstände vergrößert sehen.

In einem Fernrohr erzeugt eine Sammellinse mit großer Brennweite das Bild eines weit entfernten Gegenstandes. Das Bild ist sehr klein. Mit einer Lupe siehst du das Bild größer. Die Anordnung findest du in Bild 1. Dieses **astronomische Fernrohr** hat den Nachteil, dass du das Schiff auf dem Kopf fahren siehst. Die erste Linse, das *Objektiv,* verdreht rechts und links, oben und unten. Die zweite Linse, das *Okular,* benutzt du als Lupe. Sie vergrößert das Bild.

V 1 a) Baue ein Fernrohr wie in Bild 1 auf. Benutze als vordere Linse eine Sammellinse mit $f = 40\,\text{cm}$. Bilde einen weit entfernten Gegenstand auf der Mattscheibe ab. Betrachte dieses Zwischenbild mit einer Sammellinse mit $f = 10\,\text{cm}$ oder $f = 5\,\text{cm}$ als Lupe.

Zur Beobachtung auf der Erde eignet sich ein Fernrohr, bei dem du statt der Lupe eine Zerstreuungslinse benutzt. Die Zerstreuungslinse wird so gewählt, dass sie die Wirkung der Augenlinse aufhebt. Das vom Objektiv erzeugte Bild entsteht also gleich auf der Netzhaut. Es ist größer, als wenn du das Schiff mit bloßem Auge betrachten würdest. Ein solches Fernrohr heißt **galileisches Fernrohr,** benannt nach dem italienischen Astronomen GALILEO GALILEI (1564–1642).

b) Entferne nach der Scharfeinstellung des Bildes die Mattscheibe. Vergleiche die Zwischenbilder mit und ohne Mattscheibe.

A 2 Schätze ab, wievielmal größer dir ein Gegenstand mit Fernrohr erscheint als ohne.

V 3 a) Ersetze beim Fernrohr aus V 1 die Lupe durch eine Zerstreuungslinse mit $f = -20\,\text{cm}$ oder $f = -10\,\text{cm}$. Betrachte wieder den Gegenstand aus V 1.

b) Was hat sich am Bild gegenüber V 1 geändert?

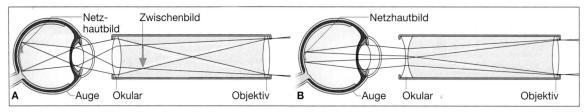

2 Fernrohr

Fernrohre dienen dazu, entfernte Gegenstände vergrößert abzubilden. Das astronomische Fernrohr eignet sich für Himmelsbetrachtungen, das galileische Fernrohr auch für Beobachtungen auf der Erde.

1 Welche Aufgaben haben Objektiv und Okular beim astronomischen Fernrohr?

2 Bei welchem Fernrohr ist das Netzhautbild größer als bei der Beobachtung ohne Fernrohr?

3 Wodurch unterscheiden sich astronomisches und galileisches Fernrohr?

A Netzhautbild   Zwischenbild   Auge   Okular   Objektiv   **B** Netzhautbild   Auge   Okular   Objektiv

3 Verlauf der Lichtbündel im astronomischen Fernrohr (A) und im galileischen Fernrohr (B)

5.2 Das Mikroskop

Ein optisches Gerät, mit dem du sehr kleine Gegenstände vergrößert betrachten kannst, ist das **Mikroskop.** Es besteht wie das astronomische Fernrohr aus zwei Sammellinsen. Diese haben aber sehr kleine Brennweiten. Den Aufbau des Mikroskops und den Verlauf des Lichtes kannst du Bild 3 entnehmen.

Das *Objektiv* erzeugt ein Zwischenbild vom Gegenstand. Das Zwischenbild liegt im Rohr, dem *Tubus.* Es ist schon wesentlich größer als der Gegenstand auf dem Objekttisch. Mithilfe einer Lupe, dem *Okular,* wird es noch einmal vergrößert betrachtet. Die Scharfeinstellung erfolgt am Mikroskop durch das Drehen an zwei Rändelschrauben. Damit wird der Abstand zwischen Gegenstand und Objektiv, also die Gegenstandsweite, verändert.

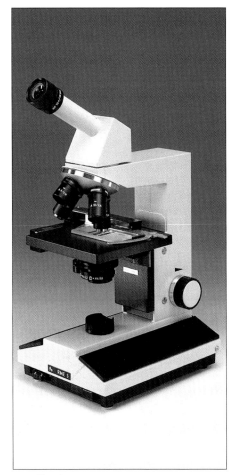

1 *Mikroskop*

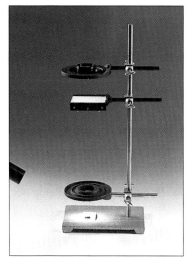

2 *Ein Modellmikroskop*

A1 Wo sind beim Mikroskop Objektiv und Okular?
V2 a) Baue wie in Bild 2 ein Mikroskop auf. Lege eine Briefmarke auf den Stativfuß und beleuchte sie von schräg oben. Benutze als untere Linse eine Sammellinse mit $f = 5\,cm$. Bilde damit die Briefmarke scharf auf der Mattscheibe ab.
b) Betrachte das Zwischenbild mit einer Sammellinse als Lupe mit $f = 10\,cm$.
c) Entferne die Mattscheibe. Vergleiche das Bild mit dem vorigen Bild auf der Mattscheibe.

> Beim Mikroskop wird das schon vom Objektiv vergrößerte Zwischenbild noch zusätzlich durch eine Lupe, das Okular, vergrößert.

1 Welche Möglichkeiten gibt es, bei einem Mikroskop den betrachteten Gegenstand zu beleuchten?
2 Nenne Gemeinsamkeiten und Unterschiede von astronomischem Fernrohr und Mikroskop.
3 Bei manchen Mikroskopen lässt sich der Objekttisch, bei anderen der Tubus verschieben. Was wird dadurch jeweils verändert?

Vergrößerung beim Mikroskop

Die Gesamtvergrößerung beim Mikroskop hängt von der Vergrößerung durch das Objektiv und von der Vergrößerung durch das Okular ab. Die Werte findest du aufgedruckt. Trägt das Objektiv die Angabe 1 : 25, vergrößert es 25fach. Beim Okular kann als Vergrößerung x6 angegeben sein. Die Gesamtvergrößerung V am Mikroskop ist das Produkt der beiden Werte. Beim gewählten Beispiel ist sie also $V = 6 \times 25 = 150$.

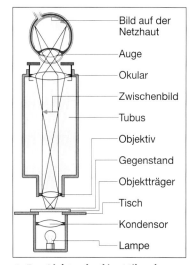

3 *Der Lichtverlauf im Mikroskop*

Bild auf der Netzhaut — Auge — Okular — Zwischenbild — Tubus — Objektiv — Gegenstand — Objektträger — Tisch — Kondensor — Lampe

Licht

1. Lichtquellen sind selbstleuchtende Körper. Alle anderen Körper sind beleuchtete Körper.

2. Licht breitet sich nach allen Seiten geradlinig aus.

3. Gegenstände sind nur sichtbar, wenn das von ihnen ausgehende Licht ins Auge fällt. Licht selbst ist unsichtbar.

4. Hinter jedem lichtundurchlässigen beleuchteten Körper entsteht ein geradlinig begrenzter Schattenraum.

5. Wird ein Gegenstand von zwei Lichtquellen beleuchtet, können hinter ihm ein Kernschatten und zwei Halbschatten entstehen.

6. Reflektierende Oberflächen werfen das Licht in eine bestimmte Richtung zurück. Streuende Oberflächen werfen das Licht in alle Richtungen zurück.

7. Bei der Reflexion gilt: Einfallswinkel gleich Reflexionswinkel.

8. In einem ebenen Spiegel ist das Bild eines Gegenstandes gleich groß, rechts und links sind vertauscht.

9. Im Wölbspiegel ist das Bild des Gegenstandes verkleinert.

10. Parallel einfallendes Licht wird von einem Hohlspiegel durch den Brennpunkt reflektiert. Der Abstand des Brennpunktes vom Spiegel heißt Brennweite.

11. Von einem Gegenstand, der innerhalb der Brennweite des Hohlspiegels steht, ergibt sich ein aufrechtes, vergrößertes Bild. Steht er außerhalb der Brennweite, ist das Bild umgekehrt und verkleinert.

12. Beim Übergang von Luft in Wasser oder in Glas wird Licht zum Lot hin gebrochen. Beim umgekehrten Übergang wird das Licht vom Lot weg gebrochen.

13. Wenn Licht aus Wasser oder Glas unter einem bestimmten Winkel auf die Grenzfläche zu Luft fällt, erfolgt Totalreflexion.

14. Sammellinsen vereinigen paralleles Licht im Brennpunkt. Der Abstand des Brennpunktes von der Linse ist die Brennweite.

15. Sammellinsen erzeugen Bilder von Gegenständen. Die Größe des Bildes hängt von der Entfernung des Gegenstandes zur Linse, der Gegenstandsweite, ab.

16. Beim Tageslichtprojektor muss die Gegenstandsweite passend zur Bildweite eingestellt werden.

17. Das menschliche Auge nimmt mithilfe der Stäbchen Helligkeit, mithilfe der Zapfen Farben wahr.

18. Die Größe des Netzhautbildes hängt vom Sehwinkel ab. Bei sehr kleinem Sehwinkel lässt sich der Gegenstand nicht erkennen.

19. Eine Sammellinse kann als Lupe zum Vergrößern von Bildern benutzt werden.

20. Linsen dienen als Brillengläser. Weitsichtige benötigen Sammellinsen, Kurzsichtige benötigen Zerstreuungslinsen.

21. Moderne Kameras erzeugen Bilder mit Linsensystemen.

22. Mit lichtempfindlichen Silbersalzen oder digitalen Bildsensoren lassen sich Bilder aufzeichnen.

23. Das astronomische Fernrohr hat zwei Sammellinsen. Ein Gegenstand erscheint darin umgekehrt.

24. Das galileische Fernrohr hat als Objektiv eine Sammellinse, als Okular eine Zerstreuungslinse. Das Bild ist aufrecht.

25. Ein Mikroskop hat als Objektiv und als Okular Sammellinsen. Das Okular wirkt als Lupe.

Brennpunkt

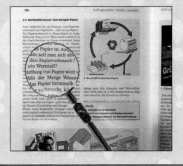

Licht

1 Zähle selbstleuchtende Körper auf.

2 Wodurch wird der Weg des Lichtes einer Taschenlampe im Nebel sichtbar?

3 Erkläre mithilfe einer Zeichnung, welchen Einfluss der Abstand von Gegenstand und Lichtquelle auf die Schattengröße hat.

4 Erkläre an einer Zeichnung das Entstehen von Halbschatten.

5 Zeichne die Stellung von Sonne, Erde und Mond bei Halbmond.

6 Warum ist die Vorderseite mancher Ambulanzwagen in Spiegelschrift beschriftet?

7 Beschreibe die Brechung des Lichtes beim Übergang von Luft in Wasser und von Wasser in Luft.

8 Beschreibe die Wirkung von Speichenreflektoren.

9 Warum sieht ein Gegenstand, der zur Hälfte in Wasser eintaucht, anders aus als in Luft? Beschreibe sein Aussehen.

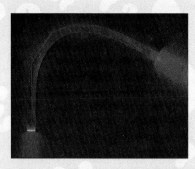

10 Nenne Anwendungsbeispiele für die Totalreflexion.

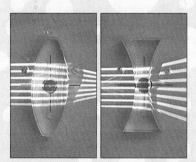

11 Beschreibe die Form einer Sammellinse und einer Zerstreuungslinse.

12 Was geschieht mit dem Licht, das auf eine Sammellinse fällt?

13 Zeichne eine Sammellinse, auf die paralleles Licht fällt. Welcher besondere Punkt wird erkennbar?

14 Eine Sammellinse erzeugt von einem leuchtenden Gegenstand ein Bild. Beschreibe das Bild im Vergleich zum Gegenstand.

15 Beschreibe, wie du eine Linse halten musst, damit du eine Briefmarke vergrößert sehen kannst.

16 Beschreibe den Augapfel von kurzsichtigen und weitsichtigen Menschen. Begründe daran jeweils die Form der Brillengläser.

17 Wo befindet sich beim Tageslichtprojektor die Sammellinse? Was hat sie für eine Aufgabe? Wozu dient der Spiegel?

18 Erkläre mithilfe einer Zeichnung, wie in einer Lochkamera das Bild einer Kerze entsteht.

19 Worin unterscheiden sich das Negativ und das Positiv eines fotografierten Gegenstandes?

20 Nenne Vorteile und Nachteile der digitalen gegenüber der herkömmlichen Fotografie.

21 Beschreibe, wie du den Brennpunkt einer runden Suppenkelle finden kannst.

22 In einem Hohlspiegel siehst du dich vergrößert. Warum eignet er sich nicht als Rückspiegel am Fahrrad?

23 In einem ebenen Spiegel siehst du bei einem Gegenstand rechts und links vertauscht. Probiere aus, ob das bei einem Hohl- und Wölbspiegel auch gilt.

24 Wie verändert sich die Farbe eines roten Gegenstandes
a) bei Dämmerung,
b) wenn du bei Dämmerung eine Glühlampe anschaltest?

25 Welche Art von Fernrohr eignet sich zur Beobachtung von Sternen, welche zu Beobachtungen auf der Erde?

26 Vergleiche den Aufbau von Mikroskop und Fernrohr.

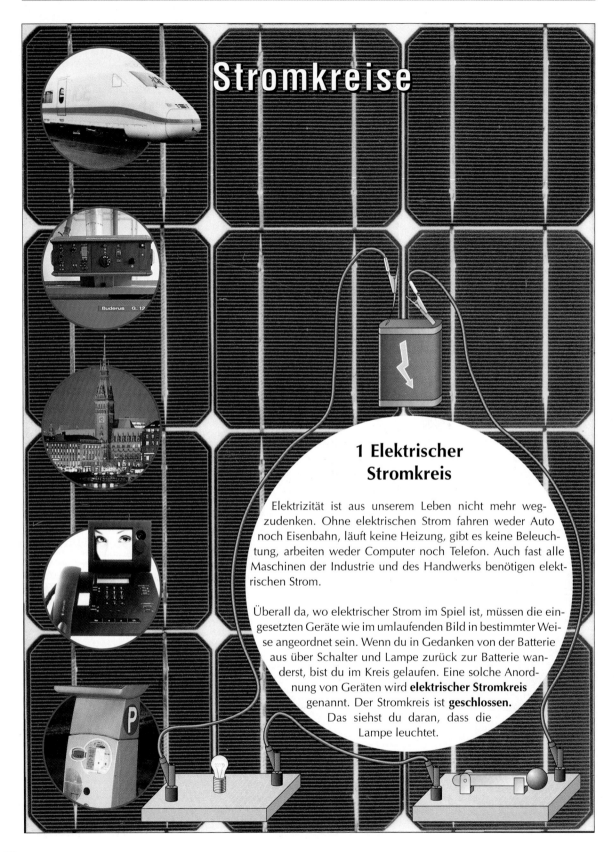

Stromkreise

1 Elektrischer Stromkreis

Elektrizität ist aus unserem Leben nicht mehr wegzudenken. Ohne elektrischen Strom fahren weder Auto noch Eisenbahn, läuft keine Heizung, gibt es keine Beleuchtung, arbeiten weder Computer noch Telefon. Auch fast alle Maschinen der Industrie und des Handwerks benötigen elektrischen Strom.

Überall da, wo elektrischer Strom im Spiel ist, müssen die eingesetzten Geräte wie im umlaufenden Bild in bestimmter Weise angeordnet sein. Wenn du in Gedanken von der Batterie aus über Schalter und Lampe zurück zur Batterie wanderst, bist du im Kreis gelaufen. Eine solche Anordnung von Geräten wird **elektrischer Stromkreis** genannt. Der Stromkreis ist **geschlossen.** Das siehst du daran, dass die Lampe leuchtet.

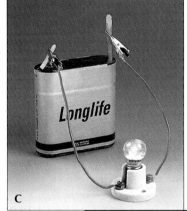

1.1 Woraus bestehen Stromkreise?

Der einfachste Aufbau eines Stromkreises besteht aus der **Batterie** und einer **Lampe** (Bild 2 A). In Bild 2 B siehst du zusätzlich noch eine **Leitung,** die die Batterie mit der Lampe verbindet. Bild 2 C zeigt den gleichen Aufbau. Die Lampe ist jetzt in eine Fassung geschraubt. Hier brauchst du zwei Leitungen. Die bisher betrachteten Stromkreise bestehen also aus einer Batterie, die Elektrizität liefert, und einer Lampe, die Strom anzeigt. Beide Teile sind mit Leitungen verbunden, damit der Stromkreis geschlossen ist.

Ein weiterer Bestandteil eines Stromkreises ist ein **Schalter** (Bild 2 D). Mit ihm lässt sich der Stromkreis öffnen oder schließen. Das könntest du auch dadurch erreichen, dass du eine Leitung von der Batterie oder der Lampe trennst. Bequemer geht es aber mit dem Schalter. Um den Schalter einzubauen, musst du den Stromkreis an einer beliebigen Stelle auftrennen.

Bild 1 zeigt einen ähnlichen Stromkreis wie Bild 2 D. Du erkennst eine flache Taschenlampe mit Batterie, Lampe und Schalter. Alle drei Bauteile sind in ein Gehäuse eingebaut. Die Lampe leuchtet, wenn der Schalter den Stromkreis schließt.

V1 Bringe eine 3,5 V-Glühlampe
a) an einer Flachbatterie,
b) an einer runden Batterie zum Leuchten.
V2 Schraube die Glühlampe in eine Fassung. Schließe sie erneut an die Flachbatterie an. Beschreibe und vergleiche die notwendigen Materialien mit denen aus V 1.
A3 Wie musst du in V 2 vorgehen, um die Lampe aus- und einschalten zu können?
V4 Baue in den Stromkreis aus V 2 einen Schalter an verschiedenen Stellen ein. Schalte die Lampe ein und aus. Was stellst du fest?
A5 Welchem Aufbau aus deinen Versuchen entspricht der Stromkreis in Bild 1? Begründe.

> Ein Stromkreis besteht aus einer Batterie als Stromversorgung, einer Lampe als Stromanzeiger und Leitungen. Zusätzlich kann ein Schalter zum Öffnen und Schließen des Stromkreises eingebaut sein.

1 Welche Teile der Stromkreise in Bild 2 A bis D dienen der Stromversorgung, welche der Stromanzeige?
2 Wozu sind Stromleitungen nötig?
3 Welche Stromleitungen siehst du in Bild 2 A?

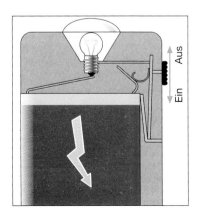

1 Stromkreis in einer Taschenlampe

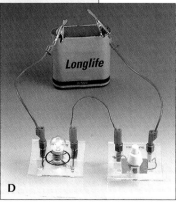

2 Ein Stromkreis, bestehend aus Lampe und Batterie (A), mit einer Leitung (B), mit zwei Leitungen (C) und mit Schalter (D)

Praktikum Austauschen von Bauteilen in Stromkreisen

Stromversorgungsgeräte

STELLTRAFO / POWER SUPPLY

5 10

0 15

0/12 V   0/12 V   0/12 V   0/12 V
5 A   5 A   Max 5 A   Max 5 A

Stromanzeiger

Schalter

Leitungen/Verbindungen

Kurzschlussstecker   Verbindungsstecker

Verbindungsstücke   Stecker

Krokodilklemmen   Lüsterklemmen

Der Stromkreis wurde bisher aus folgenden Bestandteilen aufgebaut:
– Batterie zur *Stromversorgung*
– Lampe zur *Anzeige des Stromes*
– Schalter zum *Schließen* oder *Öffnen* eines Stromkreises
– Leitungen zum *Verbinden* der Einzelteile.
Alle diese Teile lassen sich durch andere ersetzen, die die gleiche Aufgabe erfüllen. Beispiele dafür findest du im abgebildeten Schrank.

In dieser Übung sollst du verschiedene Bauteile jeweils zu einem Stromkreis zusammenfügen. Dabei müssen die gewählten Bauteile zusammenpassen. Auf vielen elektrischen Geräten findest du dafür eine wichtige Angabe, z. B. 1,5 V. Der Buchstabe „V" ist die Abkürzung für Volt. Beim Aufbau eines Stromkreises musst du darauf achten, dass das Stromversorgungsgerät und das Anzeigegerät zueinander passen.

V 1 Aufbau verschiedener Stromkreise

Baue jeweils aus Geräten für die Stromversorgung und die Stromanzeige sowie aus Schaltern und Leitungen Stromkreise auf. Überlege vorher und überprüfe, ob die Bauteile zusammenpassen. Wenn ein Stromkreis richtig aufgebaut ist und die Teile richtig gewählt sind, dann leuchtet die Glühlampe oder die Diode, läuft der Motor, fährt die Lok oder läutet die Klingel. Beim Experimentieren mit Leuchtdioden musst du darauf achten, dass du sie nur kurz zum Leuchten bringst.

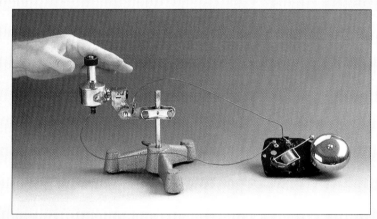

1 Fahrradlichtmaschine als Stromversorgung

Stelle in einer Tabelle die Bauteile jedes Stromkreises zusammen. Notiere, ob Strom angezeigt wird, ob die Teile also zueinander passen.

Batterien unterscheiden sich in ihrer Form und haben alle einen Aufdruck, z. B. 1,5 V, 9 V, 12 V. Dieser Wert ist für ihre Verwendung sehr wichtig. Das **Stromversorgungsgerät** kann auf verschiedene Werte für V eingestellt werden. Auch ein **Spielzeug-Trafo** kann geregelt werden. **Eine Solarzelle** liefert Elektrizität, wenn Licht darauf fällt, die **Fahrradlichtmaschine**, wenn du sie drehst.

Es gibt vielfältige Formen und Größen von **Glühlampen**. Alle tragen einen Aufdruck wie z. B. 3,5 V, 6 V, 230 V. Dieser Wert ist bei ihrem Einsatz zu beachten.
Eine **Leuchtdiode** muss immer mit dem längeren Beinchen an den ⊕-Pol angeschlossen werden. **Motor, Spielzeuglokomotive** und **Klingel** sind ebenfalls Stromanzeiger.

Schalter gibt es in den verschiedensten Ausführungen. Einfache Schalter kannst du auch selbst bauen.
Ein interessanter Schalter ist der **Reed-Schalter**. Ihn kannst du mit einem Magneten betätigen. Du findest ihn z. B. in elektrischen Zahnbürsten oder in Alarmanlagen.

Zum Experimentieren werden farbige **Leitungen** mit Steckern benutzt. In der Elektrotechnik werden verschiedene Arten von Kabeln verwendet. Ein Kabel enthält mindestens zwei Leitungen.
Zum Basteln kannst du **Klingeldraht** nehmen. Als Verbindungsstücke dienen Krokodilklemmen, Lüsterklemmen, Bananenstecker und Buchsen.

Stromversorgungsgerät	Stromanzeiger	Schalter	Leitung	Strom wird angezeigt
1,5 V-Batterie	Klingel	Hebelschalter	Klingeldraht	nein

1.2 Stromkreise – schnell gezeichnet

Wenn du immer alle Einzelteile von Stromkreisen so zeichnen müsstest wie sie aussehen, würde das sehr lange dauern. Zum Glück hat man sich in Physik und Technik schon frühzeitig auf einfache Zeichen für elektrische Bauteile geeinigt. Diese heißen **Schaltzeichen.** Sie werden weltweit verstanden. Einige lernst du hier kennen.

2 Schaltplan eines elektrischen Stromkreises

A1 Welche Bauteile sind im Schaltplan in Bild 2 als Schaltzeichen dargestellt?
V2 Baue die Schaltung aus Bild 2 auf.

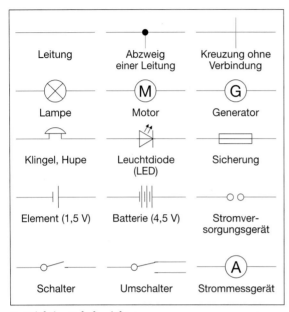

Leitung	Abzweig einer Leitung	Kreuzung ohne Verbindung
Lampe	Motor	Generator
Klingel, Hupe	Leuchtdiode (LED)	Sicherung
Element (1,5 V)	Batterie (4,5 V)	Stromversorgungsgerät
Schalter	Umschalter	Strommessgerät

1 Wichtige Schaltzeichen

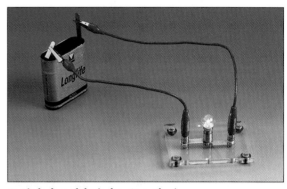

3 Einfacher elektrischer Stromkreis

Schaltplan

In einem Stromkreis werden elektrische Bauteile zusammengeschaltet. Du kannst ihn jetzt mit den Schaltzeichen der einzelnen Bauteile einfach und schnell darstellen. Eine solche Zeichnung des Stromkreises ist dann der **Schaltplan.**
Beachte: Beim Zeichnen eines Schaltplanes solltest du jeweils an einem Anschluss der Stromquelle beginnen. Die Leitungen zwischen den einzelnen Bauteilen des Stromkreises werden mit einem Lineal gezeichnet. Der Strom*kreis* wird als *Rechteck* dargestellt (Bild 2).

> Zu jedem elektrischen Bauteil gibt es international festgelegte Schaltzeichen. Sie werden in Schaltplänen zum Zeichnen von Stromkreisen verwendet.

1 Welche Vorteile hat das Zeichnen von Stromkreisen mit Schaltzeichen?
2 Zeichne den Schaltplan für die flache Taschenlampe.

A3 Zeichne zum Aufbau aus Bild 3 den Schaltplan.
A4 Begründe, warum für beide Stromkreise in Bild 2 und nach A3 derselbe Schaltplan gezeichnet wurde.
V5 Baue den Stromkreis aus Bild 2 nach und setze einen Schalter ein. Zeichne den Schaltplan des veränderten Stromkreises.
A6 Zeichne den Schaltplan für den Stromkreis in Bild 4. Als Stromversorgung dient ein Generator.

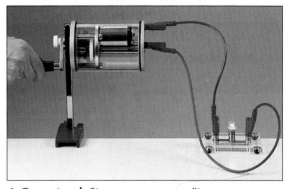

4 Generator als Stromversorgungsgerät

1.3 Elektrizität fließt „im Kreis"

Auf Bild 1 siehst du eine Menschenmenge, die an einem Marathonlauf teilnimmt. Wir könnten hier von einem **Menschenstrom** sprechen. Die Menschen bewegen sich auf der Straße gemeinsam in einer Richtung.
Du kennst weitere Ströme: Wasser strömt den Rhein hinunter, viele Autos fahren auf der Autobahn, beim Föhn benutzt du den Luftstrom zum Trocknen der Haare.

Was ist elektrischer Strom? In den elektrischen Bauteilen und den Leitungen bewegen sich kleine Elektrizitäts-Teilchen. Diese Teilchen heißen **Elektronen.** Sie sind überall vorhanden. Wenn du zum Beispiel eine Taschenlampe anschaltest, *strömen* die Elektronen in den Leitungen. Das ist *elektrischer Strom.*

Elektrischer Stromkreis

Damit du dir einen elektrischen Stromkreis besser vorstellen kannst, vergleichst du ihn am besten mit einem „Wasserstromkreis" (Bild 2). Wasser befindet sich in einem geschlossenen Rohr. Zunächst passiert nichts. Wenn aber jemand die Pumpe anstellt, drückt sie das Wasser durch das Rohr in die Turbine. Diese beginnt sich zu drehen. Das Wasser strömt weiter, nichts geht dabei verloren. Wird das Ventil aber geschlossen, strömt kein Wasser mehr, auch wenn die Pumpe noch läuft.

Ähnlich ist es beim elektrischen Stromkreis (Bild 3). In den Leitungen und in den elektrischen Bauteilen befinden sich Elektronen. Durch die Verbindung von der Batterie über die Lampe und den Schalter zurück zur Batterie entsteht ein geschlossener Kreis. Die Batterie treibt die Elektronen an. Diese strömen durch die *Hinleitung* zur Lampe und lassen sie aufleuchten. Die Elektronen bleiben aber nicht dort, sondern bewegen sich durch die *Rückleitung* zum anderen Anschluss der Batterie. Sie strömen also im Kreis. Den Elektronenstrom kannst du unterbrechen, wenn du den Schalter öffnest.

> Elektronen strömen im Kreis, wenn der Stromkreis geschlossen ist und eine Stromversorgung, zum Beispiel eine Batterie, die Elektronen antreibt.

1 Zähle die Bedingungen auf, die für einen elektrischen Strom erfüllt sein müssen.
2 Bilden die Schüler auf dem Schulhof während der Pause auch einen Strom? Begründe.
3 Wie müssten sich Autos bewegen, damit aus ihrem Verkehrsstrom ein Stromkreis wird?

1 Ein Menschenstrom

A1 Welche „Teile" strömen auf Bild 1? Was leitet diesen Strom?
A2 Nenne die Leitung für einen Wasserstrom und einen Verkehrsstrom.

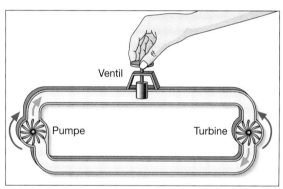

2 Ein Wasserkreislauf

A3 Wasser strömt „im Kreis". Welches Gerät treibt die Wasserteilchen an? Warum können keine Wasserteilchen verloren gehen?
A4 Nenne die Teile im Schaltplan (Bild 3), die der Pumpe, der Turbine, dem Ventil und dem Rohr in Bild 2 entsprechen.

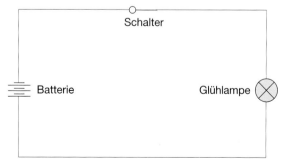

3 Ein elektrischer Kreislauf

1 Lichterkette

2 Schaltungen

2.1 Reihenschaltung

Eine Lichterkette gibt eine tolle Beleuchtung für dein Lieblingsposter. Ärgerlich ist nur, wenn ein Lämpchen „durchbrennt". Dann ist möglicherweise die ganze Herrlichkeit zu Ende. Wie kommt das?

Wenn du den Stromkreis von der Steckdose aus von einer Lampe zur nächsten verfolgst, stellst du fest, dass jede Lampe durch eine einzige Leitung mit der benachbarten Lampe verbunden ist. Erst von der letzten Lampe führt wieder eine Leitung zur Steckdose. Alle Lampen sind hintereinander geschaltet. Diese Schaltung heißt daher *Hintereinanderschaltung* oder **Reihenschaltung.**

A1 Besorge dir eine Lichterkette und verfolge die Anschlüsse der einzelnen Lampen. Wie viele Leitungen laufen jeweils zwischen zwei benachbarten Lampen?

V2 Baue die Schaltung aus Bild 2 auf. Drehe eine Lampe locker. Was passiert? Erkläre.

A3 Zeichne den Schaltplan zum Aufbau in V 2.

Die Elektronen fließen auch hier im Kreis nacheinander durch alle Lampen. Ein einfaches Beispiel für Reihenschaltung siehst du in Bild 2. Wenn du in diesem Aufbau eine Lampe herausdrehst, erlöschen alle. Du hast dadurch den Stromkreis unterbrochen.

In Bild 2 sind zwei Lampen in Reihe geschaltet. Bild 3 zeigt die Erweiterung auf drei Lampen. Du erkennst, dass du beliebig viele Lampen in Reihe schalten könntest. Bei jedem Aufbau genügt es, eine Lampe aus der Fassung zu lösen, um alle Lampen auszuschalten.

Du wirst allerdings beobachten, dass die Helligkeit der Lampen in einer Reihenschaltung abnimmt, je mehr du hintereinander schaltest.

Es gibt auch Lichterketten, bei denen die anderen Lampen weiter leuchten, wenn eine ausfällt. Bei diesen Lichterketten liegt dann aber eine andere Schaltungsart vor.

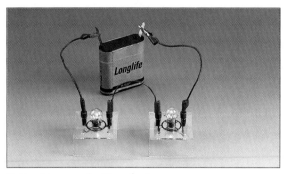

2 Zwei Lampen im Stromkreis

> In einer Reihenschaltung ist ein Stromkreis über zwei oder mehr Lampen geschlossen. Jede Lampe ist dabei mit einer einzigen Leitung mit der nächsten verbunden.

V4 Baue den Versuch in Bild 3 auf. Welche Lampe musst du herausschrauben, damit alle ausgehen? Zeichne den Schaltplan zum Aufbau.

1 Wiederhole Versuch 4 mit einer Fahrradlichtmaschine. Benutze zuerst eine Lampe. Schalte dann zwei Lampen und anschließend drei in Reihe. Beschreibe deine Beobachtung.

2 Begründe die Bezeichnung „Reihenschaltung" mit dem Versuchsaufbau nach Bild 3.

3 Warum sollte bei einer Lichterkette wie in Bild 1 keine Reihenschaltung vorliegen?

4 Welche elektrischen Bauteile sind in einer flachen Taschenlampe in Reihe geschaltet? Begründe die Reihenschaltung anhand des Schaltplans.

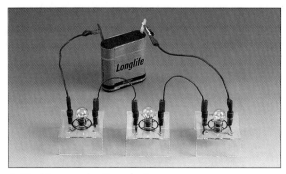

3 Drei Lampen im Stromkreis

2.2 Parallelschaltung

Bei der Halogenbeleuchtung, die du auf Bild 1 siehst, sind mehrere Lampen zusammengeschaltet. Aber diese Schaltung unterscheidet sich deutlich von der Reihenschaltung der Lichterkette. Hier ist jede Lampe mit *zwei* Anschlüssen an die beiden Zuleitungen angeschlossen. Diese Schaltung heißt **Parallelschaltung.**

Zwei oder mehr Glühlampen lassen sich wie in Bild 2 so an eine Batterie anschließen, dass jede mit zwei Leitungen mit der Batterie verbunden ist. Beide Lampen leuchten. Wenn du eine Lampe herausschraubst, leuchtet die andere weiter. Die Lampen leuchten also unabhängig voneinander.
Es lassen sich auch drei oder mehr Lampen parallel schalten. Diese Lampen leuchten dann ebenfalls alle unabhängig voneinander.

Die Leitungen der einzelnen Lampen müssen nicht alle an der Stromversorgung beginnen. Du kannst die Schaltung vereinfachen, wenn du jeweils die Anschlüsse der vorderen Lampe zum Anschließen der nächsten benutzt (Bild 3). Dadurch sparst du lange Leitungen.
Du könntest auch verschieden hell leuchtende Lampen parallel schalten, wichtig ist nur, dass die gleiche Volt-Angabe, zum Beispiel 3,5 V, aufgedruckt ist.

Auch beim Stromnetz im Haus wird die Parallelschaltung benutzt. Alle elektrischen Geräte und Lampen lassen sich daher unabhängig voneinander betreiben. Du kannst deshalb mehrere elektrische Geräte an eine Steckdosenleiste anschließen. Zu jedem Gerät führen dann jeweils zwei Leitungen. Die Geräte sind parallel geschaltet.

> In einer Parallelschaltung sind Lampen und andere elektrische Geräte jeweils mit zwei Leitungen an eine Stromversorgung angeschlossen. Sie arbeiten unabhängig voneinander.

1 Was passiert mit einer Lampe, wenn eine zweite, parallel geschaltete Lampe ausfällt?
2 Benutze statt der Batterie in V 2 eine Fahrradlichtmaschine. Schließe erst eine Lampe an, dann eine baugleiche zweite. Versuche beide so hell leuchten zu lassen wie die eine. Was merkst du beim Drehen des Rädchens?

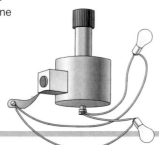

1 Halogen-Beleuchtung

A 1 Betrachte die Anschlüsse der einzelnen Lampen. Was passiert, wenn eine Lampe ausfällt? Begründe.
V 2 Schließe zwei Glühlampen wie in Bild 2 an eine Batterie an. Schraube eine Lampe locker. Wie verhält sich die zweite?
A 3 Zeichne den Schaltplan zu dieser Anlage.

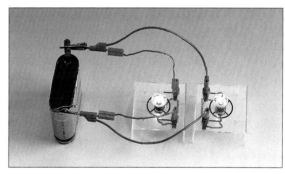

2 Zwei Lampen an einer Batterie

V 4 Ergänze den Versuch nach Bild 2 mit einer dritten Lampe. Vereinfache den Aufbau.
A 5 Zeichne den Schaltplan zum Aufbau aus V 4.

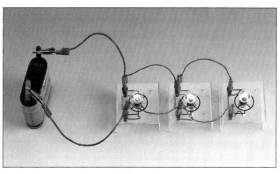

3 Drei Lampen in Parallelschaltung

Projekt   Elektrische Anlagen – selbst gebaut

In diesem Projekt sollen zwei elektrische Anlagen zusammengebaut werden. Damit die Anlagen lange Zeit funktionsfähig bleiben, werden die Bauteile nicht zusammengesteckt, sondern fest miteinander verlötet. Die Schaltungen enthalten Bauteile, deren Arbeitsweise ihr erst später kennen lernen werdet. Diese Bauteile spielen in der Elektronik eine große Rolle.

Damit saubere Lötverbindungen entstehen, müsst ihr euch gegenseitig helfen. Bedenkt bei eurer Planung, wie viele Schülerinnen und Schüler jeweils eine eigene Anlage mit nach Hause nehmen möchten. Davon hängt ab, wie viele Bauteile ihr besorgen müsst.

Gruppe 1: Bau einer Sirene

Zeichnet die Schaltung nach Bild 1C auf ein Blatt Papier (15 cm x 15 cm). Markiert mit dicken Punkten die Verbindungsstellen der Leitungen und mit Buchstaben die Lage der einzelnen Bauteile. Legt dieses Papier auf eine ebenso große Grundplatte aus Holz oder Gipskarton und drückt mit einem Nagel an den Stellen der dicken Punkte Markierungslöcher hinein. Anschließend drückt ihr dort die Reißnägel ein.

Jeder Reißnagelkopf wird mit Lötzinn überzogen. Er wird dazu mit dem Lötkolben erwärmt. Anschließend wird das Lötzinn dazu gegeben. Es muss gleichmäßig über die ganze Fläche fließen. Eine saubere Lötstelle sollte glänzen. Zum Anlöten der Bauteile und der Leitungen haltet ihr mit einer Zange das jeweilige Drahtende auf den verzinnten Reißnagel. Erwärmt beides mit dem Kolben, bis das Lötzinn schmilzt. Zieht dann den Kolben weg, ohne mit dem Draht zu wackeln.

Achtet darauf, dass ihr Pluspol (+) und Minuspol (–) richtig wählt, wenn es für die Bauteile vorgeschrieben ist. Nach Anschluss der Batterie sollte die Sirene beim Schließen des Tasters losheulen.

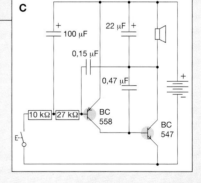

1 Sirene: fertige Schaltung (A); Lötstelle (B); Schaltplan (C)

2 Elektronische Bauteile und ihre Schaltzeichen

Gruppe 2: Bau einer Autohupe

Eine Platine ist eine Kunststoffplatte, auf der die Leitungen für eine Schaltung als Leiterbahnen aus Kupfer fest aufgebracht sind. Deshalb braucht ihr nur noch die Bauteile an der jeweils richtigen Stelle einzulöten.

Steckt die Bauteile auf der Vorderseite der Platine ein. Vorher biegt ihr die Anschlussdrähte der einzelnen Bauteile so zurecht, dass sie in die zugehörigen Löcher passen.
Falls die Drähte eines Bauteils zu kurz sind, verlängert ihr sie durch Anlöten eines Drahtstücks.

Dreht die Platine nun um, sodass die Anschlussdrähte aus den Löchern nach oben herausschauen. Um jedes Loch liegt ein Ring aus Silber, das Lötauge. Darauf wird das Lötzinn zum Anlöten der Anschlussdrähte aufgebracht. Dazu hält eine Schülerin oder ein Schüler mit einer Zange den Draht fest. Eine zweite Person hält die heiße Lötspitze am Draht auf das Lötauge.

Gleichzeitig wird Lötzinn hinzugegeben. Das Loch um den Anschlussdraht soll mit Lötzinn zulaufen und das Lötauge sollte nicht mehr zu sehen sein.
Die auf der Rückseite herausragenden Drähte könnt ihr über der Lötstelle abkneifen. Damit sich niemand verletzen kann, solltet ihr diese Seite der Platine mit Schaumstoff abdecken.

Beim Schließen des Stromkreises mit dem Taster hört ihr die Autohupe.

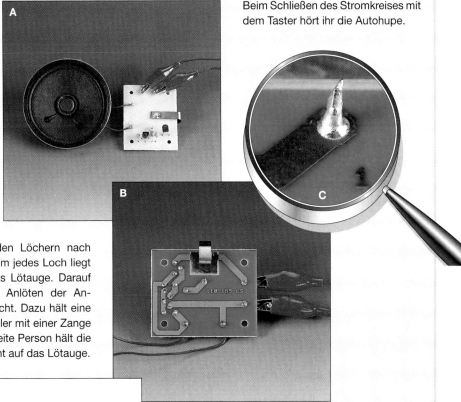

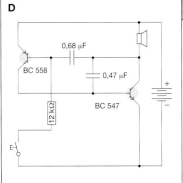

3 Autohupe: Vorderseite der Platine mit fertiger Schaltung (A); Rückseite der Platine mit Leiterbahnen (B); Lötauge (C); Schaltplan (D)

1 Pferde auf der Weide (A); Anschluss des Elektrozaunes an das Stromversorgungsgerät (B)

A1 Überlege, warum
a) ein dünnes Band die Pferde auf der Weide halten kann.
b) die Zuleitungen zum Weidezaun mit Kunststoff überzogen sind.

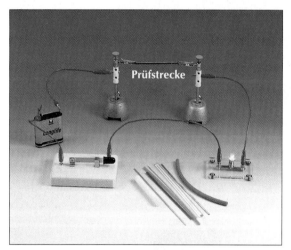

2 Stromkreis mit Prüfstrecke und Anzeigegerät

V2 Baue den Stromkreis nach Bild 2 auf. Spanne nacheinander Gegenstände aus verschiedenen Stoffen in die Prüfstrecke ein, zum Beispiel eine Stricknadel, ein Stück Kreide, einen Glasstab, eine Bleistiftmine. Notiere in einer Tabelle, ob die Lampe leuchtet oder nicht.
A3 Zeichne den Schaltplan zu V2.
A4 Aus welchen Stoffen bestehen die Gegenstände in V2, wenn die Lampe leuchtet bzw. nicht leuchtet?

3   Leitfähigkeit

3.1 Leiter und Nichtleiter

Eine Weide wird eingezäunt, damit die Tiere nicht weglaufen können. Einen Zaun aus Drähten könnten die Pferde leicht umreißen, an einem Stacheldraht könnten sie sich verletzen. Hier hilft ein Elektrozaun. Das ist ein Band aus Draht, an dem die Tiere bei Berührung einen schmerzhaften, aber ungefährlichen elektrischen Schlag erhalten. Nach dieser Erfahrung halten sie Abstand.

Der Elektrozaun wird von einer Batterie mit Strom versorgt. Die Zuleitungen von der Batterie zum Zaun sind mit Kunststoff überzogen. Hier ist die Berührung des Drahtes ungefährlich.
Es ist also ein großer Unterschied, ob der blanke oder der geschützte Draht berührt wird. Nur beim Berühren des blanken Drahtes erhalten die Pferde einen elektrischen Schlag.
Stoffe, die den elektrischen Strom leiten, heißen **Leiter.** Aus solchen Stoffen besteht das Band oder der Draht des Elektrozaunes. Der Kunststoff um die Zuleitungen leitet den elektrischen Strom nicht. Solche Stoffe heißen **Nichtleiter** oder **Isolatoren.**

Mit Versuch 2 kannst du herausfinden, welche Stoffe den Strom leiten und welche nicht. Bei einem Leiter in der *Prüfstrecke* (Bild 2) leuchtet die Lampe. Bei einem Nichtleiter leuchtet sie nicht.
Der Versuch zeigt, dass alle Metalle leiten. Ein weiterer Leiter ist Grafit, aus dem eine Bleistiftmine besteht. Nichtleiter sind viele andere Stoffe, zum Beispiel Glas, Kreide, Gummi, Holz und Kunststoff.

> Stoffe, die den elektrischen Strom leiten, heißen Leiter. Das sind alle Metalle und Grafit.
> Stoffe, die den elektrischen Strom nicht leiten, heißen Nichtleiter oder Isolatoren.

1 Zähle weitere Beispiele für Stoffe auf, die den elektrischen Strom leiten und solche, die ihn nicht leiten. Ergänze folgende Tabelle:

Leiter	Nichtleiter
Gold	Gummi

2 Prüfe die Beispiele aus Aufgabe 1 mit dem Aufbau aus Versuch 2. Korrigiere, falls nötig, deine Tabelle.

3.2 Leitfähigkeit fester Stoffe

Viele Elektrogeräte, wie der Staubsauger, der Föhn oder der Computer, werden über ein Kabel an die Steckdose angeschlossen. Diese Kabel sind außen mit einem biegsamen Kunststoffmantel umhüllt. Innen befinden sich zwei oder drei Leitungen, die *Adern*. Diese bestehen aus vielen dünnen Kupferdrähten, der *Litze*. Jede der drei Litzen ist ihrerseits mit verschieden farbigem Kunststoff überzogen. Dieser Kunststoff ist ein Isolator, er verhindert eine leitende Verbindung zwischen den Drähten.

Gute und schlechte Leiter

Warum wird im Kabel als Litze eigentlich das teure Kupfer benutzt? Eisen wäre doch viel billiger. Die Antwort auf diese Frage ergibt sich aus Versuch 2. Das Messgerät zeigt für Kupfer einen viel höheren Wert an als für Eisen. Dies bedeutet, dass Kupfer den elektrischen Strom sehr viel besser leitet als Eisen, seine **elektrische Leitfähigkeit** ist größer.

Leiter unterscheiden sich also in ihrer Leitfähigkeit. Sie gibt an, ob ein Stoff den elektrischen Strom gut oder weniger gut leitet.
Stoffe mit guter Leitfähigkeit sind neben Kupfer auch Silber, Gold und Aluminium. Andere Stoffe, wie Eisen und Grafit haben eine geringere Leitfähigkeit. Kupfer leitet den elektrischen Strom etwa sechsmal besser als Eisen und sogar siebenhundertmal besser als Grafit.
Andere Stoffe, wie Kunststoffe, Glas, Porzellan oder Gummi, leiten den elektrischen Strom nicht, ihre elektrische Leitfähigkeit ist null. Es sind Nichtleiter.

> Unterschiedliche Stoffe leiten den elektrischen Strom unterschiedlich gut. Je besser ein Stoff den Strom leitet, desto höher ist seine elektrische Leitfähigkeit.

1 Warum sind elektrische Leitungen mit Kunststoff überzogen?
2 Welche Eigenschaft eines Stoffes ist mit Leitfähigkeit gemeint?
3 Die Drähte in Kabeln bestehen aus Kupfer oder Aluminium. Warum wird nicht Eisen oder Gold verwendet?
4 Wie kannst du prüfen, ob ein fester Stoff ein Leiter oder ein Isolator ist?

A1 Beschreibe den Aufbau eines Kabels. Unterscheide dabei zwischen Leiter und Nichtleiter.
V2 Baue einen wie in Bild 1 gezeigten Stromkreis auf. Wähle für die Prüfstrecke den Abstand 1 m.
Spanne Drähte aus Kupfer, Eisen und Konstantan mit einem Durchmesser von 0,2 mm in die Prüfstrecke ein. Schließe kurzzeitig den Stromkreis und beobachte das Messgerät. Notiere die angezeigten Zahlenwerte.

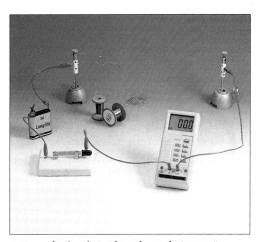

1 Stromkreis mit Prüfstrecke und Messgerät

A3 Zeichne den Schaltplan zu V2.
A4 Die in V2 angezeigten Zahlenwerte sind ein Maß für die Leitfähigkeit. Je größer die Zahl, desto höher ist die elektrische Leitfähigkeit des jeweiligen Stoffes. Ordne die Stoffe nach ihrer elektrischen Leitfähigkeit. Beginne mit dem Stoff, der die höchste Leitfähigkeit besitzt.
V5 Wiederhole V2 mit Gegenständen aus Nichtmetallen. Passe dabei die Länge der Prüfstrecke dem Gegenstand an. Begründe jeweils die Anzeige des Messgerätes.

1 Elektrogeräte im Bad sind lebensgefährlich.

3.3 Leitfähigkeit flüssiger Stoffe

Maren freut sich auf ein richtig schönes, heißes Bad. Dabei möchte sie gerne die Musik ihrer Lieblingsgruppe hören. Da ihr Walkman gerade kaputt ist, nimmt sie sich einen Kassettenrekorder mit in das Bad. Diesen schließt sie mit einem Verlängerungskabel an die Steckdose im Flur an. Gerade als sie mit dem Rekorder in das Bad gehen will, ruft ihre Mutter sie zurück. Maren versteht überhaupt nicht, was ihre Mutter gegen den Kassettenrekorder im Badezimmer einzuwenden hat.

A1 Warum zieht die Mutter Maren aus dem Bad?

V2 Baue den Versuch nach Bild 2 auf. Achte darauf, dass sich die Nägel nicht berühren. Ihr Abstand sollte etwa 1 cm betragen. Fülle das Becherglas mit Leitungswasser. Schließe den Stromkreis und beobachte die Lampe. Wiederhole den Versuch mit Essig und mit Öl. Notiere, ob die Lampe leuchtet.

V3 Führe V2 noch einmal mit Leitungswasser durch. Schließe den Stromkreis und füge jetzt einen Teelöffel Kochsalz hinzu. Rühre um und beobachte dabei die Lampe. Was bewirkt das Salz?

A4 Wie verändert sich die elektrische Leitfähigkeit, wenn du dem Leitungswasser Kochsalz hinzufügst?

A5 Zeichne den Schaltplan zu V2.

V6 Baue V2 erneut auf. Ersetze die Glühlampe durch ein empfindliches Messgerät und die Batterie durch ein Stromversorgungsgerät. Stelle es auf 10 V ein. Benutze als Flüssigkeit nacheinander destilliertes Wasser, Leitungswasser und Salzwasser. Schließe den Stromkreis und beobachte jeweils das Messgerät. Was stellst du fest?

A7 Welche Wasserart hat die beste Leitfähigkeit?

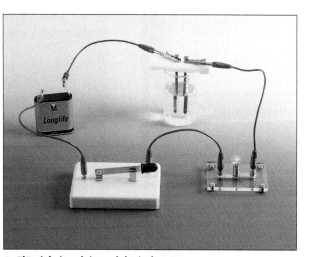

2 Flüssigkeiten leiten elektrischen Strom.

Aber die Mutter hat Recht. Marens Verhalten ist tatsächlich lebensgefährlich. Der Rekorder könnte ins Badewasser fallen – mit gefährlichen Folgen.

Wenn der Rekorder in das Wasser fällt, ist der Stromkreis über das Wasser geschlossen. Maren würde einen elektrischen Schlag erhalten, denn das Badewasser leitet den elektrischen Strom.

Das kannst du mit dem Versuch 2 nachstellen. Er zeigt, dass manche Flüssigkeiten den elektrischen Strom leiten können. Gute Leiter sind Salzwasser und Essig. Eine geringere elektrische Leitfähigkeit besitzt Leitungswasser. Öl und destilliertes Wasser sind Nichtleiter.

> Flüssigkeiten können den elektrischen Strom leiten. Salzwasser besitzt eine gute Leitfähigkeit, Öl leitet den elektrischen Strom nicht.

1 Warum ist Marens Verhalten lebensgefährlich?

2 Marens Badewasser wird Badesalz zugefügt. Wie verändert sich dadurch die Leitfähigkeit?

Bau eines Feuchtigkeitsanzeigers

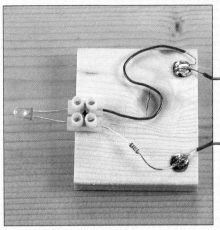

1 Der fertige Feuchtigkeitsanzeiger

Haben die Blumen auf der Fensterbank noch genug Wasser? Auch wenn die Oberfläche schon trocken erscheint, könnte es im Wurzelbereich ja noch feucht genug sein. Das lässt sich mit einem **Feuchtigkeitsanzeiger** überprüfen. Ein solches Gerät kannst du dir selbst bauen. Es besteht aus einem *Anzeigeteil,* einem *Fühler* und einer *Batterie* als Stromversorgung.

Anzeigeteil

Materialliste:
- 1 Holzbrettchen
  (5 cm x 7 cm x 1 cm)
- 1 Leuchtdiode
- 1 Widerstand (120 Ω)
- 2 zusammenhängende
  Lüsterklemmen
- 1 Holzschraube
- Klingeldraht
- 2 Reißnägel

Bauanleitung:
Schraube die Lüsterklemmen auf das Holzbrett. Schließe die Leuchtdiode an je eine Lüsterklemme an. Befestige den Widerstand an der Lüsterklemme, an der das kürzere Beinchen der Leuchtdiode steckt. Schließe an die zweite Lüsterklemme ein Stück Klingeldraht an. Löte das freie Ende des Widerstandes und des Klingeldrahtes auf je einen Reißnagel. Löte auf jeden Reißnagel ein Stück Klingeldraht als Zuleitung.

Fühler

Materialliste:
- 2 dünne Stahlstricknadeln
- 2 einzelne Lüsterklemmen
- 1 Korken
- Klingeldraht

Bauanleitung:
Halbiere den Korken in der Längsrichtung. Durchbohre eine Hälfte des Korkens mit einem dünnen Bohrer oder mit einer glühenden Nadel an zwei Stellen. Stecke anschließend die beiden Stricknadeln durch die Löcher des Korkens.
Schraube an die oberen Enden der Stricknadeln je eine Lüsterklemme.

Baue aus dem Anzeigeteil, dem Fühler und der Batterie das Gerät zusammen, wie du es auf dieser Seite siehst. Beachte, dass du den Zuleitungsdraht mit dem Widerstand an die lange Metallzunge der Batterie, den ⊖-Pol, anschließen musst.

Aufgabe:
Fülle ein Gefäß mit Erde und feuchte diese an. Überprüfe, ob dein Feuchtigkeitsanzeiger funktioniert.

2 Der Fühler im Einsatz

1 Gefahr beim Spiel mit Drachen

A1 Wieso darfst du Drachen nicht in der Nähe von Hochspannungsleitungen steigen lassen?

2 Der Mensch leitet.

3.4 Leitfähigkeit des Menschen

Wie kann es zu einem Unfall beim Drachensteigen kommen?
In der feuchten Herbstluft wird auch die Drachenschnur feucht. Wenn der Drachen eine Stromleitung berührt, befindet sich der Mensch mit der Stromleitung, der Drachenschnur und der feuchten Erde in einem geschlossenen Stromkreis.

Solche Unfälle zeigen, dass der menschliche Körper den elektrischen Strom leitet. Die Leitfähigkeit des Menschen lässt sich aber auch in einem ungefährlichen Versuch (Bild 2) zeigen.

Der unvorsichtige Umgang mit elektrischem Strom kann also lebensgefährlich sein. Die Gefahr nimmt sogar noch zu, wenn Wasser im Spiel ist.
Bei schweren Unfällen mit Strom gibt es nicht nur Verbrennungen, zusätzlich kann sich das Herz verkrampfen. Das kann dann den Herzschlag beeinflussen und zum Tode führen.

> Der menschliche Körper leitet den elektrischen Strom.
> Durch elektrischen Strom verursachte Unfälle sind gesundheitsgefährdend und können sogar tödlich sein.

V2 **Lehrerversuch:** Die Lehrerin oder der Lehrer befindet sich mit einer Batterie und einem Messgerät zum Anzeigen des elektrischen Stromes in einem geschlossenen Stromkreis (Bild 2).
Beachte die Anzeige des Messgerätes, wenn die Versuchsperson
a) die beiden Metallstäbe fest in beide Hände nimmt.
b) die Hände auch noch befeuchtet. Vergleiche die Werte.
A3 Was schließt du aus den Ergebnissen von V 2?

1 Wo in deiner Umgebung darfst du keine Drachen steigen lassen?
2 Warum können Schwalben, Amseln, Stare und andere Vögel ungefährdet auf Hochspannungsleitungen sitzen?

> **!** Beim Umgang mit elektrischen Geräten musst du zu deiner Sicherheit Folgendes beachten:
> – Bei Experimenten darfst du nur Batterien oder Stromversorgungsgeräte bis 24 V benutzen!
> – Elektrisches Spielzeug darfst du höchstens mit 24 V betreiben!
> – Elektrogeräte darfst du nie mit nassen Händen, barfuß oder auf feuchtem Boden stehend betreiben!
> – Geräte mit Isolationsschäden an der Zuleitung darfst du nicht mehr in Betrieb setzen. Sie müssen sofort zur Reparatur!

RICHTIGER UMGANG MIT ELEKTRISCHEM STROM

Pinnwand

1 Im Bad dürfen **keine Elektrogeräte** benutzt werden!

6 Dieses Gerät muss zur Reparatur!

Vorsicht! Lebensgefahr!

1 Beschreibe die Bilder und begründe, dass die Vorsichtsmaßnahmen und das Verhalten der gezeigten Personen richtig sind.

2 Suche in deinem Umfeld Schilder, die vor Gefahren im Zusammenhang mit elektrischem Strom warnen.

53

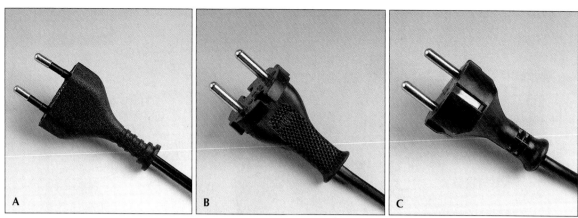

1 Verschiedene Stecker: *Flach-Stecker (Euro-Stecker) (A); Kragen-Stecker (B); Schuko-Stecker (C)*

3.5 Wie werden Elektrogeräte versorgt?

Viele Elektrogeräte werden mit einem Stecker an eine Steckdose angeschlossen. Dadurch werden sie mit dem Stromversorgungsnetz verbunden und du kannst sie benutzen.

Stecker und Steckdose

Wenn du dir die Stecker genauer ansiehst, stellst du fest, dass es unterschiedliche Arten gibt. Einige Geräte besitzen einen **Flach-Stecker** (Bild 1 A) oder einen **Kragen-Stecker** (Bild 1 B). Andere Geräte besitzen einen vollen, runden Stecker mit seitlichen Metallstreifen, den **Schuko-Stecker** (Bild 1 C).

Wodurch unterscheiden sich diese Stecker? Den äußerlichen Unterschied erkennst du in Bild 1. Wie diese Stecker innen aussehen, zeigen dir die Schnittbilder 2 A bis C. Alle Stecker besitzen zwei Anschlussstifte, die mit je einer Leitung verbunden sind, damit sich beim Anschluss des Elektrogerätes ein geschlossener Stromkreis ergibt.

Der Schuko-Stecker stellt einen Sonderfall dar. Eine Leitung ist mit blauem Kunststoff isoliert, die zweite mit braunem. Zusätzlich findest du eine dritte Leitung, die mit gelb-grünem Kunststoff isoliert ist. Sie heißt **Schutzleiter** und ist an den beiden Metallstreifen, den Schutzkontakten, angeschlossen. Damit kannst du dir jetzt auch die Bezeichnung Schuko als Abkürzung für **Schutzkontakt** erklären.

Solche Schutzkontakte befinden sich auch in allen Steckdosen. Es handelt sich um die Metallklammern, die genau zu den Metallstreifen der Stecker passen.

Auch die Flach-Stecker und Kragen-Stecker kannst du an jede Schuko-Steckdose anschließen. Dabei haben sie keine Verbindung zu den Schutzkontakten. Trotzdem sind die angeschlossenen Geräte geschützt. Denn diese Stecker dürfen nur bei Elektrogeräten verwendet werden, die in einem *Kunststoffgehäuse* eingeschlossen sind. Diese Geräte sind dadurch **schutzisoliert.** Sie tragen das rechts abgebildete Zeichen.

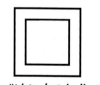

3 Gerät ist schutzisoliert.

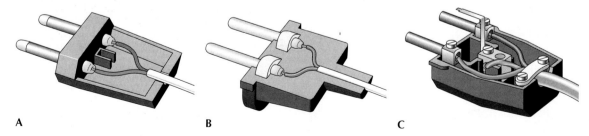

A   B   C

2 Schnittbilder der Stecker: *Flach-Stecker (A); Kragen-Stecker (B); Schuko-Stecker (C)*

Von der „Trafostation" zur Steckdose

Jeder Stadtteil und jedes Dorf werden über eine eigene „Trafostation" mit Elektrizität versorgt. Die Trafostation bekommt ihrerseits Elektrizität über das Umspannwerk und die Überlandleitungen vom Elektrizitätswerk.

Sie ist durch zwei Zuleitungen über den Hausanschluss mit der Steckdose im Haus verbunden. Wenn du zum Beispiel einen Wasserkocher anschließt, ergibt sich ein geschlossener Stromkreis mit folgenden Stationen und Wegen: Trafostation – 1. Zuleitung – Hausanschluss – braune Leitung – Steckdose – Stecker – braune Leitung – Wasserkocher – blaue Leitung – Stecker – Steckdose – blaue Leitung – 2. Zuleitung – Trafostation.

Du weißt bereits, dass Erde leitet. Das nutzt man aus, um die 2. Zuleitung einzusparen. In der Trafostation wird eine Leitung mit einem Metallstab, dem *Erder,* verbunden. Dieser reicht bis in das Grundwasser. Einen gleichen Erder gibt es an jedem Haus. An diesem ist die gelbgrüne Leitung angeschlossen. So ist der Stromkreis immer über die Erde geschlossen.

Der Schutzleiter

Der Schutzleiter ist die gelb-grüne Leitung, die überall im Haus mit den beiden anderen Leitungen mitläuft. Er ist an den Erder angeschlossen. Wie du weißt, ist der Schutzleiter auch die dritte Leitung im Anschlusskabel eines Schuko-Steckers. Diese sind für Elektrogeräte vorgeschrieben, die ein *Metallgehäuse* haben. Der Schutzleiter ist im Gerät mit dem Metallgehäuse verbunden. Wovor und wie schützt er dich?

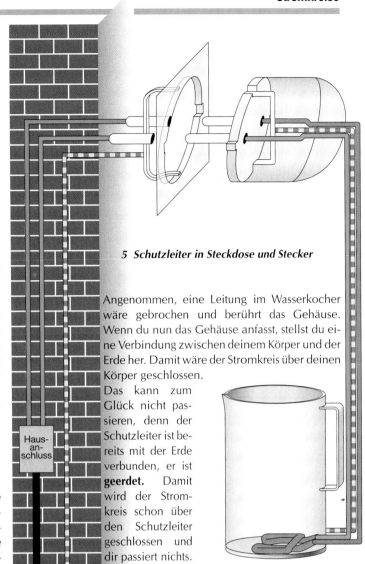

5 Schutzleiter in Steckdose und Stecker

Angenommen, eine Leitung im Wasserkocher wäre gebrochen und berührt das Gehäuse. Wenn du nun das Gehäuse anfasst, stellst du eine Verbindung zwischen deinem Körper und der Erde her. Damit wäre der Stromkreis über deinen Körper geschlossen.

Das kann zum Glück nicht passieren, denn der Schutzleiter ist bereits mit der Erde verbunden, er ist **geerdet.** Damit wird der Stromkreis schon über den Schutzleiter geschlossen und dir passiert nichts.

6 Anschluss des Schutzleiters

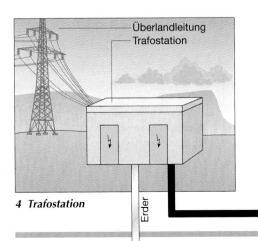

4 Trafostation

Elektrogeräte sind mit der Trafostation über Stecker, Steckdose und zwei Zuleitungen verbunden. Im Haus dient eine dritte Leitung, der Schutzleiter, dem Schutz vor Gefahren durch elektrischen Strom.

1 Zähle auf, welche Elektrogeräte mit Flach- oder Kragen-Stecker und welche mit Schuko-Stecker angeschlossen werden.

2 Begründe, warum die einzelnen Leitungen farblich unterschiedlich gekennzeichnet sind.

3 Warum reichen Erder bis ins Grundwasser?

3.6 Hausinstallation

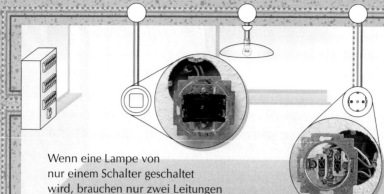

Steckdosen werden immer mit drei Leitungen verbunden. Außer der braunen und der blauen Zuleitung muss der gelb-grüne Schutzleiter angeschlossen sein. Durch den Schutzleiter werden die Metallgehäuse der Elektrogeräte geerdet.

Wenn eine Lampe von nur einem Schalter geschaltet wird, brauchen nur zwei Leitungen zum Schalter zu führen.

Zu jeder Wohnung gehören ein Elektrizitätszähler und ein **Sicherungskasten** mit mehreren Sicherungen, meistens Sicherungsautomaten.

Die Leitungen versorgen mehrere parallel geschaltete elektrische Anschlussstellen. Oberhalb von Steckdosen und Lichtschaltern findest du daher oft Abzweigdosen.

In jedem Haus gibt es eine **Hauptsicherung.** Dafür wird immer eine Schmelzsicherung verwendet.
Der Kasten der Hauptsicherung ist mit einer Plombe verschlossen, niemand darf ihn ohne Erlaubnis öffnen.
Die Hauptsicherung braucht fast nie ausgewechselt zu werden, da der Stromkreis bei einem Fehler durch die Sicherung im Sicherungskasten unterbrochen wird.
Schmilzt die Hauptsicherung aber doch einmal durch, so muss eine Elektrofirma zu Hilfe gerufen werden, die vom Elektrizitätswerk zugelassen ist.

In jedem Haus gibt es eine Hauptsicherung. Jeder Haushalt hat einen eigenen Sicherungskasten und einen Elektrizitätszähler.
In den Wohnungen sind braune, blaue und gelb-grüne Leitungen verlegt. Der gelb-grüne Schutzleiter leitet bei defekten Geräten gefährliche Ströme zur Erde.

1 Warum ist der Kasten der Hauptsicherung verplombt?
2 Begründe, warum der Metallstab des Schutzleiters bis in feuchtes Erdreich führen muss.

Der Schutzleiter ist mit einem Metallstab geerdet.

2000 Jahre Geschichte der Elektrizität

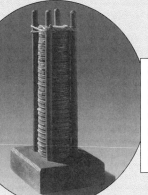

Elektron (griechisch) = Bernstein. Wird Bernstein gerieben, lädt er sich elektrisch auf; dies ist seit über 2000 Jahren bekannt.

GALVANI, LUIGI; Italiener, entdeckte etwa 1790, dass Froschschenkel zucken, wenn sie mit zwei verschiedenen Metallen in Berührung kommen; er nahm an, in den Muskeln sei „tierische Elektrizität".

1737 – 1798

Batterie; Gerät, in dem auf chemischem Wege Elektrizität erzeugt wird; von VOLTA erstmals aus Kupfer- und Zinkplatten und Salzlösung hergestellt.

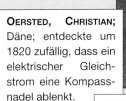

VOLTA, ALESSANDRO; Italiener, Gegner GALVANIS; konnte nachweisen, dass die Elektrizität nicht in den Muskeln von Fröschen ist, sondern erst entsteht, wenn verschiedene Metalle die Muskeln berühren; baute daraufhin 1800 die erste Batterie; führte NAPOLEON mit seiner Batterie elektrische Versuche vor.

Nach ihm ist die Einheit der elektrischen Spannung *Volt* (V) benannt.

1745 – 1827

OERSTED, CHRISTIAN; Däne; entdeckte um 1820 zufällig, dass ein elektrischer Gleichstrom eine Kompassnadel ablenkt.

1777 – 1851

AMPÈRE, ANDRÉ MARIE; Franzose; ging der Entdeckung OERSTEDS weiter nach; fand heraus, dass die Kompassnadel bei stärkerem Strom mehr ausschlägt, dass die Änderung der Stromrichtung auch den Ausschlag der Magnetnadel ändert und dass eine Leiterspule im Gleichstromkreis wie ein Stabmagnet wirkt.

Nach ihm ist die Einheit der elektrischen Stromstärke *Ampere* (A) benannt.

1775 – 1836

OHM, GEORG SIMON; Deutscher; entdeckte um 1825 den Zusammenhang zwischen Spannung und Stromstärke und nannte ihn Widerstand; er untersuchte auch die Abhängigkeit des Widerstandes von der Beschaffenheit des Leiters (Material, Länge, Durchmesser, Temperatur).

Nach ihm ist die Einheit des elektrischen Widerstandes *Ohm* (Ω) benannt.

1787 – 1854

4 Strom, Spannung, Widerstand

4.1 Die elektrische Stromstärke

0,2 A

10 A

0,3 A   **1 A**

1 Lampen und Sicherungen

Auf Glühlampen, Sicherungen und vielen anderen elektrischen Bauteilen findest du neben der Voltzahl oft eine andere Zahl, hinter der ein **A** steht. Das bedeutet **Ampere** und ist die Einheit der **elektrischen Stromstärke.**

Bei Glühlampen gibt der aufgedruckte Wert der Stromstärke an, wie groß der Strom ist, wenn du die Lampe an die passende Spannung anschließt. Eine Sicherung schaltet ab, wenn der aufgedruckte Wert der Stromstärke im Stromkreis überschritten wird.

A1 Entnimm Bild 1 die Angaben über die Stromstärke.
A2 Welche Stromstärke zeigt das Messgerät in Bild 2 an?

Die Stromstärke sagt etwas aus über die Anzahl der Elektronen, die durch einen Stromkreis fließen. Bei einer Stromstärke von 1 A fließen in einer Sekunde 6 Trillionen 241 Billiarden Elektronen durch den Querschnitt des Leiters. Das Formelzeichen für die elektrische Stromstärke wird mit I angegeben.

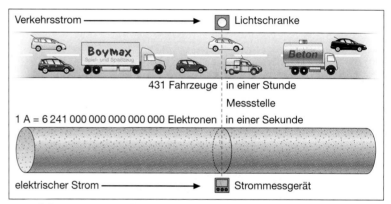

3 Verkehrsstrom und elektrischer Strom – ein Vergleich

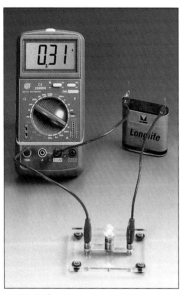

2 Digitales Strommessgerät

Das Messen der Stromstärke kannst du mit dem Zählen der Fahrzeuge bei einer Verkehrszählung vergleichen. Dabei wird die Anzahl der Fahrzeuge erfasst, die in einer Stunde an einer Stelle in einer Richtung vorbeifahren. Das Ergebnis dieser Zählung ist die Stärke des *Verkehrsstromes*.
Ein Strommessgerät im Stromkreis zeigt die Stärke des *elektrischen Stromes* an, das heißt umgerechnet, wie viele Elektronen in 1 Sekunde durch diese Messstelle fließen.
Die Elektronen dieses Stromes bringen die Wendel eines Heizgerätes zum Glühen, erzeugen in einer Lampe das Licht, setzen einen Motor in Bewegung oder ergeben in anderen Geräten Töne oder Bilder.

> Die Stromstärke I gibt an, wie viele Elektronen in einer Sekunde durch den Leiterquerschnitt fließen. Sie wird in Ampere (A) angegeben.

1 Warum ist es nicht sinnvoll bei der Stromstärke die Anzahl der fließenden Elektronen anzugeben?

Stromstärken	
Blitz	bis zu 100 000 A
Überlandleitung	1 000 A
Kochplatte	10 A
Toaster	5,2 A
Mikrowellenherd	2,6 A
Stereoanlage (160 W)	700 mA
Glühlampe (60 W)	270 mA
Taschenlampe	100 mA
Kopfhörer	1 mA
Taschenrechner	0,2 mA

Umrechnung: 1 A = 1 000 mA

4.2 Die elektrische Spannung

Eine 230 Volt-Lampe leuchtet nicht an einer Flachbatterie und die Wendel einer 3,7 Volt-Lampe schmilzt an einer 9 Volt-Blockbatterie schnell durch. Stromquellen und Lampen oder andere Elektrogeräte in einem Stromkreis müssen zusammenpassen. Das erreichst du, wenn du eine Stromquelle mit der geeigneten Voltzahl wählst. Diese gibt die **elektrische Spannung** der Stromquelle an.

Jede Stromquelle hat 2 Anschlüsse. Bei Batterien heißen sie Pluspol ⊕ und Minuspol ⊖. Am Minuspol befinden sich mehr Elektronen als am Pluspol. In einem Stromkreis fließen die Elektronen immer vom Minuspol zum Pluspol. Der Unterschied in der Zahl der Elektronen an den Polen wird elektrische Spannung genannt. Je größer der Unterschied ist, desto größer ist die elektrische Spannung. Sie ist die Ursache dafür, dass in einem geschlossenen Stromkreis Elektronen fließen. Du kannst auch sagen: Die elektrische Spannung ist die Voraussetzung für den elektrischen Strom, den dir ein Strommessgerät oder eine Lampe anzeigt. Elektrische Spannung wird mit U abgekürzt. Ihre Größe wird in **Volt (V)** angegeben.

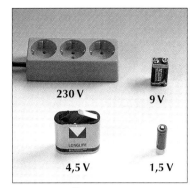

230 V   9 V

4,5 V   1,5 V

2 Stromquellen

A1 Wie heißen die Stromquellen in Bild 2? Nenne ihre Voltzahlen.
A2 Welche weiteren Stromquellen kennst du?

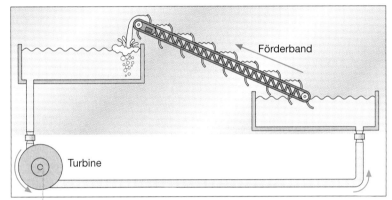

Förderband

Turbine

1 Ein Wasserkreislauf als Bild eines elektrischen Stromkreises

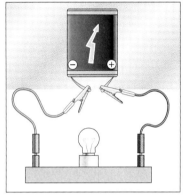

3 Einfacher Stromkreis

Einen Stromkreis mit Batterie kannst du mit dem in Bild 1 abgebildeten Wasserkreislauf vergleichen. In dem oberen Behälter ist Wasser gespeichert. Es fließt nach unten und treibt eine Turbine an. Dann läuft es in den unteren Behälter. Ein Förderband bringt das Wasser wieder in den oberen Behälter. So bewegt es sich ständig im Kreis. Die beiden *Behälter* entsprechen den Polen der Batterie, die *Turbine* entspricht der Glühlampe und das Förderband mit seinem Antriebsmotor den *Stoffen,* die in der Batterie chemisch zusammenwirken. Dem *Höhenunterschied* des Wassers in der Wasserleitung entspricht die elektrische Spannung der Stromquelle.

V3 Baue einen Stromkreis wie in Bild 3 auf. Führe jedoch beide Leitungen von den Anschlüssen der Glühlampe zum Minuspol.
a) Was beobachtest du?
b) Begründe dies.

> Die elektrische Spannung U ergibt sich aus dem Unterschied der Anzahl der Elektronen an Plus- und Minuspol. Sie ist die Ursache für das Fließen der Elektronen im geschlossenen Stromkreis.

1 Auf den Bildern 1 und 3 sind zwei Kreisläufe abgebildet. Worin unterscheiden sie sich, was haben sie gemeinsam?

Spannungen	
Überlandleitungen	380 000 V
Ortsnetz	20 000 V
Haushaltssteckdose	230 V
Autobatterie	12 V
Blockbatterie	9 V
Flachbatterie	4,5 V
Mignonzelle	1,5 V
Knopfzelle	1,35 V
Solarzelle	500 mV

Umrechnung: 1 V = 1000 mV

4.3 Das Vielfachmessgerät

Mit einem **Vielfachmessgerät** kannst du die Stromstärke in einem Stromkreis oder die Spannung an einer Stromquelle messen.

Das Messgerät in Bild 1 besitzt oben 3 Buchsen. Die Buchse mit den Symbolen ⊖ ⊥ wird bei allen Messungen verwendet. Sie wird mit dem Minuspol der Stromquelle verbunden.
Wenn du die *Stromstärke* messen willst, kommt der 2. Stecker in die Buchse **A.** Er stellt die Verbindung zum Stromkreis her.
Bei *Spannungsmessungen* verbindest du den Pluspol der Stromquelle mit der Buchse **V.**

Ein Vielfachmessgerät ersetzt mehrere einfache Messgeräte. Es besitzt einen *Drehschalter,* mit dem du je nach Bedarf passende **Messbereiche** einstellen kannst. Das Gerät in Bild 1 hat mehrere Messbereiche für das Messen der Stromstärke bei Gleich- oder Wechselstrom und für das Messen der Spannung. Du erkennst sie an den Zeichen **mA–, V–, mA~** und **V~.** Ein gerader Strich (–) bedeutet Gleichstrom-Messbereich, eine kleine Wellenlinie (~) Wechselstrom-Messbereich.

Jeder Messbereich beginnt mit dem Wert Null und endet bei einem Höchstwert. Dieser ist bei den Einstellpunkten des Drehschalters angegeben.
So bewegen sich beispielsweise bei dem analogen Vielfachmessgerät in Bild 1 die Messwerte des größten Messbereichs für Stromstärke zwischen 0 mA und 6000 mA. Wenn du bei diesem Messbereich weniger als 600 mA misst, solltest du den nächst kleineren Messbereich einstellen. So kannst du die Stromstärke genauer ablesen.

Vor dem **Messen** muss der Zeiger auf Null stehen. Beim Messen liest du ab, wo der Zeiger dann steht. Da auf der Skala nur die Ziffern 1 bis 6 aufgetragen sind, musst du Zwischenwerte ähnlich wie bei der Skala deines Lineals selbst ermitteln. Um die Spannung oder die Stromstärke zu bestimmen, musst du den vorher gewählten Messbereich beim Ablesen berücksichtigen.

> Mit Vielfachmessgeräten misst du die Stromstärke oder die Spannung. Mit einem Drehschalter stellst du die verschiedenen Messbereiche ein.

1 Vergleiche das abgebildete Messgerät mit einem Gerät eurer Schule. Suche Vorteile und Nachteile jedes Gerätes.

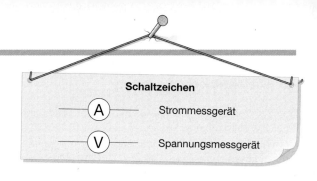

Schaltzeichen

Ⓐ Strommessgerät

Ⓥ Spannungsmessgerät

1 Ein analoges Vielfachmessgerät

A1 Hier sind die Zeigerstellungen unterschiedlicher Messungen aufgezeichnet. Wie groß sind die Messwerte? Übertrage die Tabelle in dein Heft und fülle sie aus.

Aufgabe	eingestellter Messbereich	Zeigerstellung	Messwert
a)	6000 mA	3,0	3000 mA
b)	60 mA	1,7	
c)	600 mA	0,45	
d)	6 mA	1,5	
e)	6 V	4,5	
f)	60 V	0,9	
g)	600 mV	4,8	
h)	600 V	2,3	

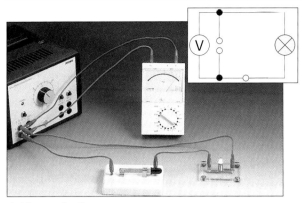

1 Messen der Spannung

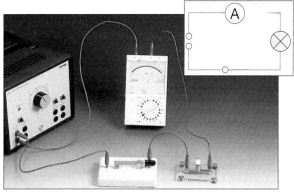

2 Messen der Stromstärke

4.4 Messen mit einem Vielfachmessgerät

Willst du mit einem Vielfachmessgerät die Stromstärke oder die Spannung messen, dann musst du mehrere Arbeitsschritte nacheinander durchführen.

Schritte bei einer Messung

1. Lege fest ob die Spannung oder die Stromstärke gemessen werden soll.
2. Stelle fest ob die Stromquelle Gleich- oder Wechselstrom liefert.
3. Wähle nun den geeigneten größten Messbereich und stelle ihn ein.
4. Wähle am Messgerät die richtigen Anschlüsse aus.

5. Zum Messen
   – einer **Spannung:** Schließe das Messgerät **parallel** zum Stromkreis an den Polen der Stromquelle an.
   – einer **Stromstärke:** Öffne den Stromkreis an der Stromquelle. Baue das Messgerät **in Reihe** in den Stromkreis.

6. Lies den Messwert ab.
Schalte bei Bedarf einen kleineren Messbereich ein. Wenn notwendig, wiederhole dies.
7. Lies die Zeigerstellung ab und notiere den Messwert. Achte auf die Einheit.

Die Spannung misst du parallel zur Stromquelle. Zum Messen der Stromstärke schaltest du das Messgerät in den Stromkreis in Reihe.

1 Was musst du bei der Vorbereitung einer Strom- oder Spannungsmessung beachten?

V1 a) Stelle den Drehschalter des Messgerätes auf den größten Messbereich für Gleichspannung ein. Verbinde die Buchse ⊖ des Messgerätes mit dem Minuspol einer Flachbatterie. Verbinde die andere Buchse für Spannungsmessung mit dem Pluspol. Schalte jeweils den kleinsten möglichen Messbereich ein, damit du genaue Werte erhältst.
b) Miss die Spannung einer Blockbatterie, einer Mignonzelle und einer Knopfzelle.

A2 Du sollst an einem Stromversorgungsgerät für einen Versuch eine Gleichspannung von 6 V einstellen. Beschreibe, wie du vorgehst.

V3 a) Baue einen einfachen Stromkreis aus einer Stromquelle und einer Glühlampe auf. Lass die Lampe leuchten.
b) Öffne den Stromkreis und baue ein Strommessgerät ein. Miss die Stromstärke.
c) Baue nun in diesen Stromkreis ein Spannungsmessgerät parallel zur Stromquelle ein. Miss die Spannung.
d) Zeichne einen Schaltplan des Stromkreises mit allen Bauteilen.

A4 a) Zeichne den Schaltplan eines Stromkreises mit 2 Glühlampen in Reihe, einem Schalter und einem Strommessgerät.
b) Zeichne in den Schaltplan auch ein Spannungsmessgerät ein.

V5 Baue den Stromkreis von A 4 mit beiden Messgeräten auf. Was zeigen die Messgeräte an, wenn du ausgeschaltet hast?

A6 Beantworte folgende Fragen.

1. Was musst du tun, wenn
   – der Zeiger deines Messgerätes über den Höchstwert der Skala ausschlägt?
   – der Zeiger deines Messgerätes über die ganz links stehende Null nach links ausschlägt?
2. Was hast du vorher falsch gemacht?

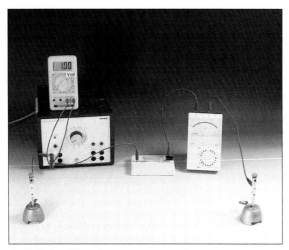

1 Einfacher Stromkreis mit Messgeräten

V1 Baue den Versuch nach Bild 1 mit einem regelbaren Stromversorgungsgerät auf. Spanne in die Prüfstrecke einen Konstantandraht mit einem Durchmesser von 0,2 mm und einer Länge von 60 cm. Wähle als Messbereich für das Strommessgerät 1 A und für das Spannungsmessgerät 6 V.
Erhöhe die Spannung von 0 V an schrittweise um 1 V bis auf 6 V und miss die dazugehörige Stromstärke. Trage die Messergebnisse in eine Tabelle ein.

Spannung	Stromstärke bei Drahtlängen von	
	60 cm	120 cm
0 V	0 A	0 A
1 V		

A2 Zeichne den Schaltplan zu V 1.
A3 Zeichne auf Millimeterpapier ein Spannung-Stromstärke-Diagramm mit den Messwerten aus V 1. Verwende als Einteilung auf der Rechtsachse 1 cm für 1 V und auf der Hochachse 1 cm für 0,2 A.
A4 Lies aus dem Spannung-Stromstärke-Diagramm aus A 3 die zugehörige Stromstärke für die Spannungen 2,5 V; 3,5 V; 4,5 V ab. Ergänze die Tabelle aus V 1.
A5 Welcher Zusammenhang besteht zwischen Spannung und Stromstärke? Formuliere einen Je-desto-Satz.
V6 a) Wiederhole V 1 mit einem 120 cm langen Konstantandraht. Trage die Stromstärkewerte in die dritte Spalte der Tabelle ein.
b) Zeichne mit einer anderen Farbe die Messwertepaare aus a) in das Diagramm von A 3 ein. Verbinde die Punkte. Was stellst du fest?
A7 Was schließt du aus dem unterschiedlichen Verlauf der beiden Grafen aus A 3?

4.5 Spannung und Stromstärke hängen zusammen

Bild 1 zeigt einen einfachen Stromkreis, der anstelle einer Lampe einen Konstantandraht enthält. Wie ändert sich die elektrische Stromstärke, wenn du die angelegte elektrische Spannung veränderst?
Um dies zu beantworten, musst du die Stromstärke und die Spannung *gleichzeitig* messen. Dabei zeigt sich, dass die Stromstärke im gleichen Maße steigt wie die Spannung. Wird die Spannung verdoppelt, verdoppelt sich auch die Stromstärke. Bei dreifacher Spannung ergibt sich die dreifache Stromstärke.

Das ohmsche Gesetz

Der Zusammenhang zwischen Spannung und Stromstärke lässt sich in einem Diagramm darstellen (Bild 2). Die Messwerte liegen auf einer Geraden, die durch den Punkt (0 V | 0 A) verläuft.
Die gleiche Abhängigkeit der Stromstärke von der Spannung zeigt sich auch bei einem doppelt so langen Draht. Hier sind die Stromstärkewerte bei gleicher Spannung gerade halb so groß wie bei einem Draht mit einfacher Länge. Auch jetzt liegen die Messwerte auf einer Geraden, die durch den Punkt (0 V | 0 A) verläuft.
Diese durch das Diagramm dargestellte Gesetzmäßigkeit wird **ohmsches Gesetz** genannt.

> Ohmsches Gesetz: Je größer die im Stromkreis anliegende Spannung ist, desto höher steigt darin die Stromstärke. Doppelte oder dreifache Spannung ergibt doppelte oder dreifache Stromstärke.

1 Wähle einige Spannungswerte aus den Versuchen 1 und 6 und bestimme dazu die Stromstärke.

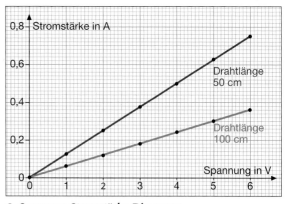

2 Spannung-Stromstärke-Diagramm

4.6 Der elektrische Widerstand

Elektrischer Strom entsteht, wenn Elektronen durch einen Leiter fließen. In Versuch 1 misst du bei gleicher Spannung eine höhere Stromstärke für Kupfer als für Eisen oder Konstantan. Dies bedeutet, dass die Elektronen besser durch Kupfer als durch Eisen fließen können. Kupfer hat eine gute *elektrische Leitfähigkeit*. Anders ausgedrückt: Kupfer setzt den Elektronen einen geringeren *Widerstand* als Eisen entgegen. Der **elektrische Widerstand** eines Drahtes ist eine physikalische Größe. Das Formelzeichen für den **Widerstand** ist *R*.

Die Maßeinheit des elektrischen Widerstandes ist das *Ohm*, geschrieben Ω (griechisch; gelesen: Omega). Diese Einheit wurde zu Ehren des deutschen Physikers GEORG SIMON OHM (1789–1854) gewählt.
Größere Widerstände werden in Kilo-Ohm (kΩ) angegeben, 1 kΩ = 1000 Ω.

Der Widerstand – ein Bauteil in Schaltungen

Mit dem Wort Widerstand wird auch ein Bauteil bezeichnet. Solche Bauteile sind Drähte mit genauen Abmessungen oder Bauteile wie in Bild 2 A. Sie haben im Stromkreis einen bestimmten Widerstandswert *R*, zum Beispiel *R* = 100 Ω.
Der Wert des Widerstandes wird durch farbige Ringe angegeben. Mithilfe einer Farbcodetabelle (Bild 3) kannst du den Wert des Widerstandes bestimmen. Dabei hat der erste Ring den kleinsten Abstand vom Rand des Bauteils. Das *Schaltzeichen* für das Bauteil Widerstand siehst du in Bild 2 B.

> Je besser die elektrische Leitfähigkeit eines Drahtes oder eines anderen Bauteils ist, desto kleiner ist sein Widerstand. Der Widerstand *R* wird in Ω angegeben.

1 Woran erkennst du, welcher Leiter den größten und welcher den kleinsten Widerstand besitzt?

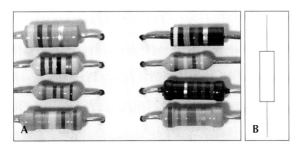

2 Widerstände (A); Schaltzeichen (B)

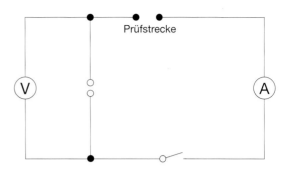

1 Elektrischer Stromkreis mit Prüfstrecke

V1 Baue nach dem Schaltplan in Bild 1 einen Stromkreis mit einer Prüfstrecke und Stromstärke- und Spannungsmessgerät auf. Spanne nacheinander einen jeweils 90 cm langen Draht, Durchmesser 0,2 mm, aus Konstantan, Eisen und Kupfer in die Prüfstrecke.
Erhöhe die Spannung von 0 V aus schrittweise um 1 V bis auf 6 V. Schreibe die eingestellten Spannungswerte und die gemessenen Stromstärkewerte in eine Tabelle.

	Stromstärke bei		
Spannung	**Konstantan**	**Eisen**	**Kupfer**
0 V	0 A	0 A	0 A
1 V			

A2 Vergleiche die Stromstärken in der Tabelle miteinander, die bei den verschiedenen Metallen bei einer Spannung von 2 V gemessen wurden.
Welches Metall leitet den elektrischen Strom demnach am besten, welches am schlechtesten? Welcher Leiter hat den größten, welcher den kleinsten Widerstand?
A3 Zeichne einen farblich gekennzeichneten Widerstand, der einen Wert von 640 Ω besitzt.
A4 Wie groß ist der Wert eines Widerstandes, dessen Ringe der Reihe nach grau, gelb, rot sind?

Ringfarbe	1. Ring	2. Ring	3.Ring
schwarz	0	0	
braun	1	1	0
rot	2	2	00
orange	3	3	000
gelb	4	4	0 000
grün	5	5	00 000
blau	6	6	000 000
violett	7	7	0 000 000
grau	8	8	00 000 000
weiß	9	9	000 000 000

3 Farbcodetabelle für Widerstände

Beispielaufgaben zum ohmschen Gesetz

1. An einen Stromkreis wird eine Spannung von 10 V angelegt. Das Strommessgerät zeigt 0,25 A. Berechne den Widerstand.

geg.: $U = 10$ V   ges.: R
$\quad\quad I = 0,25$ A
Lös.: $R = \frac{U}{I}$ $R = \frac{10}{0,25}$ Ω
$\quad\quad R = 40\ \Omega$

Antwort: Der Widerstand beträgt
$\quad\quad\quad$ 40 Ω.

2. Mit welcher Spannung muss ein Gerät betrieben werden, damit bei einem Widerstand von 480 Ω ein Strom von 0,5 A gemessen werden kann?

geg.: $R = 480\ \Omega$ ges.: U
$\quad\quad I = 0,5$ A
Lös.: $U = R \cdot I$ $U = 0,5 \cdot 480$ V
$\quad\quad U = 240$ V

Antwort: Die Spannung muss
$\quad\quad\quad$ 240 V betragen.

3. Bei einer Maschine wird ein Widerstand von 40 Ω angegeben. Sie wird mit 400 V betrieben. Wie groß ist dabei die Stromstärke?

geg.: $R = 40\ \Omega$ ges.: I
$\quad\quad U = 400$ V
Lös.: $I = \frac{U}{R}$ $I = \frac{400}{40}$ A
$\quad\quad I = 10$ A

Antwort: Die Stromstärke beträgt
$\quad\quad\quad$ 10 A.

Der elektrische Widerstand R eines Drahtes lässt sich aus den Werten für die Spannung U und die Stromstärke I errechnen. Er ergibt sich auch aus den Werten für seine Abmessungen und seinen spezifischen Widerstand ϱ.

4.7 Eine Formel für den Widerstand

In einem Spannung-Stromstärke-Diagramm lässt sich aus einem beliebigen Wertepaar der elektrische Widerstand bestimmen, weil Stromstärke und Spannung proportional zueinander sind.

Zur Berechnung des Widerstandes musst du an einer beliebigen Stelle des Grafen das Wertepaar für die Spannung und die Stromstärke ablesen. Den Widerstandswert R erhältst du, wenn du den Wert für die Spannung durch den Wert für die Stromstärke dividierst.
Der mathematische Zusammenhang des ohmschen Gesetzes lautet in seinen drei Formen:

$$R = \frac{U}{I}; \quad U = R \cdot I; \quad I = \frac{U}{R}$$

Bei den Berechnungen musst du die Spannung in Volt (V) und die Stromstärke in Ampere (A) angeben. Dann erhältst du den Widerstand in Ohm (Ω). Als **Maßeinheit** für den Widerstand ergibt sich $\frac{1\,V}{1\,A} = 1\ \Omega$.

Der spezifische Widerstand

Für die Berechnung des Widerstandes eines Drahtes musst du wissen, aus welchem **Material** er besteht. Diese vom Material abhängige Größe heißt **spezifischer Widerstand**. Sein Formelzeichen ist ϱ (gelesen: rho).
Bei der Berechnung des Widerstandes eines Drahtes unter Berücksichtigung des Materials und seiner Abmessungen gilt dann die Formel:

$$R = \varrho \cdot \frac{\ell}{A}$$

ℓ – Länge des Leiters;
A – Querschnitt des Leiters

1 Ein Leiter mit 1 m Länge

Beispielaufgaben zum spezifischen Widerstand

1. Ein Kupferdraht ist 125 m lang und hat einen Querschnitt von 1,5 mm². Wie groß ist sein Widerstand? ($\varrho_{Kupfer} = 0,017\ \frac{\Omega \cdot mm^2}{m}$)

geg.: $\ell = 125$ m   ges.: R
$\quad\quad A = 1,5$ mm²
$\quad\quad \varrho = 0,017\ \frac{\Omega \cdot mm^2}{m}$
Lös.: $R = \varrho \cdot \frac{\ell}{A}$ $R = \frac{0,017 \cdot 125}{1,5}\ \Omega$
$\quad\quad R = 1,42\ \Omega$

Antwort: Der Kupferdraht hat
$\quad\quad\quad$ einen Widerstand von
$\quad\quad\quad$ 1,42 Ω.

2. Berechne den Widerstand eines Aluminiumdrahtes mit den gleichen Abmessungen. ($\varrho_{Aluminium} = 0,028\ \frac{\Omega \cdot mm^2}{m}$)

geg.: $\ell = 125$ m   ges.: R
$\quad\quad A = 1,5$ mm²
$\quad\quad \varrho = 0,028\ \frac{\Omega \cdot mm^2}{m}$
Lös.: $R = \varrho \cdot \frac{\ell}{A}$ $R = \frac{0,028 \cdot 125}{1,5}\ \Omega$
$\quad\quad R = 2,33\ \Omega$

Antwort: Der Aluminiumdraht hat
$\quad\quad\quad$ einen Widerstand von
$\quad\quad\quad$ 2,33 Ω.

3. Berechne den Widerstand eines Silberdrahtes mit den Abmessungen wie bei 1. ($\varrho_{Silber} = 0,016\ \frac{\Omega \cdot mm^2}{m}$)

geg.: $\ell = 125$ m   ges.: R
$\quad\quad A = 1,5$ mm²
$\quad\quad \varrho = 0,016\ \frac{\Omega \cdot mm^2}{m}$
Lös.: $R = \varrho \cdot \frac{\ell}{A}$ $R = \frac{0,016 \cdot 125}{1,5}\ \Omega$
$\quad\quad R = 1,33\ \Omega$

Antwort: Der Silberdraht hat einen
$\quad\quad\quad$ Widerstand von 1,33 Ω.

1 Berechne jeweils die fehlende Größe.
a) $U = 4$ V, $R = 4\ \Omega$
b) $I = 0,62$ A, $R = 16,12\ \Omega$
c) $U = 50$ V, $I = 2,5$ A

ϱ gilt für: Länge des Leiters $\ell = 1$ m; Querschnitt des Leiters A = 1 mm²

ℓ

Die elektrische Leitfähigkeit von destilliertem Wasser und Lösungen

Metalle und Grafit leiten den elektrischen Strom, Glas und Gummi aber nicht. Wie verhalten sich nun Flüssigkeiten im elektrischen Stromkreis? Ist Wasser ein guter oder ein schlechter Leiter?
Um dies zu klären, untersuchst du destilliertes Wasser und Lösungen auf ihre elektrische Leitfähigkeit. In den Lösungen sind unterschiedliche Mengen verschiedener Stoffe gelöst.

Materialien: destilliertes Wasser, Kochsalz, Zucker, Zitronensaft, Essigessenz
Geräte: 1 Becherglas 200 ml, 2 Kupferelektroden, 2 Halterungen für die Elektroden, 2 Isolierstiele, 2 Tonnenfüße, 1 Stromversorgungsgerät für Wechselspannung, 1 Spannungsmessgerät für Wechselspannung, 1 Strommessgerät für Wechselstrom, Leitungen
Hinweis: Stelle wie in Bild 2 Elektroden aus starkem Kupferdraht her. Achte darauf, dass die Elektroden immer den gleichen Abstand zueinander haben und vor jedem Versuch gereinigt werden.

1 Stoffe zur Herstellung von Lösungen

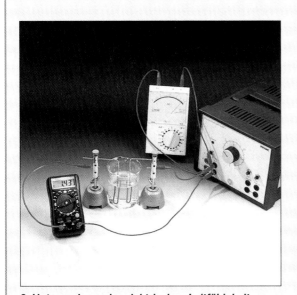

2 Untersuchung der elektrischen Leitfähigkeit

V 1 Die elektrische Leitfähigkeit von destilliertem Wasser

Baue den Versuch wie in Bild 2 auf. Gib destilliertes Wasser in das Becherglas. Regle das Stromversorgungsgerät auf 5 V Wechselspannung und schließe den Stromkreis. Beobachte das Messgerät.
Was kannst du über die elektrische Leitfähigkeit von destilliertem Wasser aussagen?

V 2 Die elektrische Leitfähigkeit von Lösungen

Gib einen gestrichenen Teelöffel Kochsalz in destilliertes Wasser. Führe den Versuch wie in V 1 durch.
Was kannst du über die elektrische Leitfähigkeit dieser Lösung aussagen? Wiederhole den Versuch jeweils mit Zucker, Zitronensaft und Essigessenz.

V 3 Beeinflussen die gelösten Mengen des Kochsalzes die elektrische Leitfähigkeit?

Baue den Versuch wie in V 1 auf. Löse in destilliertem Wasser einen gestrichenen Teelöffel Kochsalz auf. Lies den Wert der Stromstärke ab und notiere ihn in einer Tabelle. Schalte den Strom ab. Gib einen weiteren Teelöffel Salz in die Lösung, rühre gut um und miss erneut. Wiederhole diesen Vorgang noch dreimal. Erstelle mit den gemessenen Werten ein Kochsalzmenge-Stromstärke-Diagramm (Rechtsachse: Anzahl der Kochsalzportionen, Hochachse: Stromstärke). Formuliere einen Je-desto-Satz.

Kochsalz in Portionen	Stromstärke in A
0	0
1	
2	
3	

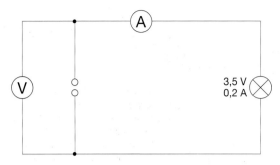

1 Eine Lampe im Stromkreis

V1 Baue den Versuch aus Bild 1 auf. Stelle die Spannung auf 3,5 V ein und miss die Stromstärke.
Berechne den Widerstand.

V2 a) Ergänze den Versuchsaufbau nach Bild 1 durch eine zweite Lampe (3,5 V | 0,2 A) in Reihe. Lies die Stromstärke ab. Berechne den Gesamtwiderstand.
b) Baue eine dritte Lampe (3,5 V | 0,2 A) in Reihe in den Stromkreis. Miss die Stromstärke. Berechne erneut den Gesamtwiderstand.
c) Formuliere den Zusammenhang in einem Je-desto-Satz.

V3 a) Wiederhole V 2, erhöhe aber die Spannung bei 2 Lampen auf 7 V und bei 3 Lampen auf 10,5 V.
b) Berechne jeweils den Gesamtwiderstand und vergleiche das Ergebnis mit dem aus V 2 b).

A4 Begründe die unterschiedliche Helligkeit der Lampen in V 2 und V 3.

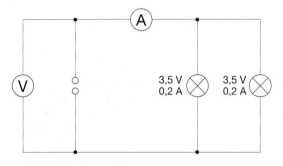

2 Zwei Lampen in einer Parallelschaltung

V5 a) Baue den Versuch nach Bild 2 auf. Stelle die Spannung auf 3,5 V ein und miss die Stromstärke. Berechne den Gesamtwiderstand.
b) Baue eine dritte Lampe (3,5 V | 0,2 A) parallel in den Stromkreis und miss erneut die Stromstärke. Berechne wieder den Gesamtwiderstand.
c) Formuliere den Zusammenhang in einem Je-desto-Satz.

4.8 Widerstände wirken gemeinsam

Bei Lichterketten für Netzspannung werden verschiedene Lampen verwendet. Sie können zum Beispiel für eine Spannung von 3 V, 14 V oder 16 V gebaut sein. In einer Kette werden immer so viele Lampen verwendet, dass die Summe der aufgedruckten Spannungsangaben der Netzspannung von 230 V entspricht.

Würde eine einzelne dieser Lampen an die Netzspannung von 230 V angeschlossen, wäre die Stromstärke zu hoch. Die Lampe würde zerstört. Erst durch die Verwendung der richtigen Anzahl von Lampen wird der **Gesamtwiderstand** so groß, dass die entstehende Stromstärke den einzelnen Lampen nicht mehr schadet. Bei der Reihenschaltung steigt also der Gesamtwiderstand mit jeder zugeschalteten Lampe. Die Stromstärke nimmt dabei ab.

Der Widerstand in Parallelschaltungen

Werden in einem Stromkreis mehrere Lampen parallel geschaltet, steigt die *Gesamtstromstärke* mit jeder weiteren Lampe. Der *Gesamtwiderstand* wird dabei kleiner. Du kannst auch sagen: Je mehr Widerstände parallel geschaltet werden, desto kleiner wird der Gesamtwiderstand. Daraus ergibt sich, dass die Gesamtstromstärke im Stromkreis steigt.

Bei der Installation in Wohnungen werden alle elektrischen Geräte parallel geschaltet. Bei der gleichzeitigen Benutzung mehrerer Elektrogeräte muss also darauf geachtet werden, dass die Stromstärke nicht zu hoch ansteigt. Deshalb werden die verschiedenen Stromkreise mit *Sicherungen* versehen, die ein Überschreiten der zulässigen Stromstärke verhindern.

> Bei der Reihenschaltung summieren sich die Einzelwiderstände zu einem Gesamtwiderstand. Bei der Parallelschaltung nimmt der Gesamtwiderstand mit zunehmender Anzahl der Einzelwiderstände ab.

1 a) Berechne den Widerstand einer Lampe (3,5 V | 0,2 A).
b) Berechne den Gesamtwiderstand, wenn 5 dieser Lampen in einer Reihenschaltung betrieben werden. Wie ändert sich die Stromstärke gegenüber a)?

2 Was muss geschehen, wenn der Gesamtwiderstand in einer Parallelschaltung kleiner werden soll?

3 Der Gesamtwiderstand einer Reihenschaltung soll möglichst groß sein. Was musst du verändern?

VERSCHIEDENE WIDERSTÄNDE

Mit **Schiebewiderständen** kann die Spannung im Stromkreis eingestellt werden. Bei ihnen ist ein isolierter Draht auf ein Porzellan- oder Keramikrohr gewickelt. Mit einem beweglichen Abgriff kann die Länge des Drahtes im Stromkreis verändert werden. Dort, wo der Abgriff über den Draht gleitet, ist dieser nicht isoliert (Bild 1 B). Das Schaltzeichen für den regelbaren Widerstand siehst du in Bild 1 C.

1 Schiebewiderstand (A); Abgriff (B); Schaltzeichen (C)

Mit **Drehwiderständen** wird die Spannung geregelt. Dadurch lässt sich zum Beispiel bei Lampen die Helligkeit regeln. Bei anderen Schaltungen lässt sich statt der Helligkeit die Lautstärke einstellen.

2 Drehwiderstand (A); Platine mit Drehwiderstand (B)

In vielen Bausätzen und elektronischen Schaltungen werden **Leuchtdioden** als Kontroll- oder Anzeigelampen verwendet. Da eine Leuchtdiode nur mit einer kleinen Stromstärke betrieben werden kann, muss ihr ein **Schutzwiderstand** vorgeschaltet werden, der die Stromstärke begrenzt.

3 Leuchtdiode mit Schutzwiderstand (A); Schaltzeichen (B)

1 Warum ist bei Schiebewiderständen der Widerstandsdraht isoliert?

2 Welche Größe wird durch das Verschieben des Abgriffs am Schiebewiderstand verändert?

3 Das Schaltzeichen für einen veränderbaren Widerstand ist das Schaltzeichen für einen Widerstand zusätzlich mit einem Pfeil. Wofür steht der Pfeil?

4 Begründe den Namen Schutzwiderstand für einen Widerstand, der einer Diode vorgeschaltet ist.

1 Bastian hat sich die Finger verbrannt.

5 Wärmewirkung des elektrischen Stromes

5.1 Heizdrähte

Aua – Bastian hat sich die Finger verbrannt und dabei hat er doch nur die Weißbrotscheibe aus der Toaseröffnung befreien wollen. Die hatte sich nämlich verkantet und wollte nicht herausspringen. Und jetzt schimpft seine Mutter auch noch mit ihm: „Ist doch klar, dass die Drähte heiß sind. Dir hätte sogar noch was viel Schlimmeres passieren können. Du weißt ja, wie gefährlich elektrischer Strom sein kann!"

Natürlich hat Bastian gewusst, dass Strom aus der Steckdose gefährlich sein kann. Er hat auch gewusst, dass der Toaster an der Steckdose angeschlossen ist – aber wieso die Drähte glühen, darüber hat er sich eigentlich nie Gedanken gemacht.

A1 Nenne elektrische Geräte, die zur Erzeugung von Wärme dienen. Bei welchen dieser Geräte sind die Heizdrähte zu sehen?

V2 Schließe ein 20 cm langes Stück Konstantandraht mit einem Durchmesser von 0,2 mm an ein Netzgerät an (Bild 2). Stelle das Netzgerät auf 10 V ein und beobachte den Draht.

Weißt du denn, was das Glühen der Drähte mit dem elektrischen Strom zu tun hat?

Wenn du Versuch 2 durchführst, siehst du, dass der Konstantandraht heiß wird. Er beginnt sogar zu glühen. Aus Konstantandraht ließe sich also ein **Heizdraht** herstellen.

In Versuch 3 liegen Kupferdraht und Konstantandraht in demselben Stromkreis, dennoch erwärmt sich der Kupferdraht kaum, der Konstantandraht wird aber genauso heiß wie in Versuch 2.

Kupferdraht ist zur Herstellung von Heizdrähten offensichtlich ungeeignet. Als Material für die **Zuleitungen** zu elektrischen Geräten eignet sich Kupfer aber sehr gut, denn die Zuleitungen sollen ja nicht heiß werden.

Heizdrähte müssen hohe Temperaturen viele Stunden lang aushalten ohne zu schmelzen oder zu verbrennen. Besonders gut eignen sich Chrom-Nickel-Drähte. Sie werden so heiß wie Konstantandraht, halten aber wesentlich länger.

> Drähte in einem elektrischen Stromkreis können warm werden.
> Drähte, die heiß werden sollen, werden Heizdrähte genannt.

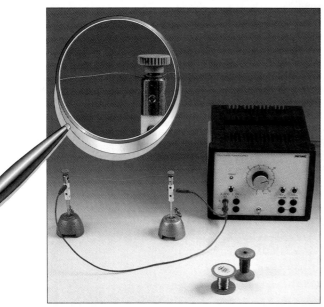

2 Konstantandraht im Stromkreis

V3 Verlängere die Leitung aus Konstantandraht von V 2 mit einem Kupferdraht (0,2 mm dick, 20 cm lang) und wiederhole den Versuch. Beobachte beide Drähte.

1 Was für einen Draht würdest du als Heizdraht verwenden, wenn du einen Toaster bauen wolltest?

2 Warum werden elektrische Leitungen heute meistens aus Kupfer hergestellt?

WÄRME – UNERWÜNSCHT ODER ERWÜNSCHT

Auf Haushaltsgeräten kannst du oft den Aufdruck KB5 oder KB10 finden. Das bedeutet, dass das betreffende Gerät nur für eine Kurzzeit-Belastung von 5 Minuten oder 10 Minuten geeignet ist.

In jedem Leitungsstück eines geschlossenen Stromkreises entsteht Wärme. Diese Wärme ist oft nicht erwünscht. Viele Geräte können dadurch sogar zerstört werden. Deshalb müssen sie durch Kühlgebläse geschützt werden.

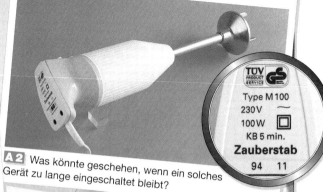

TÜV PRODUCT SERVICE GS

Type M 100
230 V ~
100 W □
KB 5 min.
Zauberstab
94   11

A2 Was könnte geschehen, wenn ein solches Gerät zu lange eingeschaltet bleibt?

A1 Nenne elektrische Geräte, die durch ein Kühlgebläse geschützt werden.

Ein Tauchsieder – selbst gebaut

Ein Tauchsieder ist ein Gerät, mit dem du Wasser erwärmen kannst.

Einsatz:
Halte den Tauchsieder in ein kleines Becherglas mit Wasser. Schließe ihn dann an ein Netzgerät an, stelle es auf 8 V ein und warte.

Materialliste:
- ein Flaschenkorken
- zwei stabile Drähte, je 15 cm lang
- Klebeband
- Konstantandraht (0,2 mm dick, 20 cm lang)

Bauanleitung:
Biege von jedem der Drahtstücke ein 5 cm langes Stück um.

Befestige die Drähte mit dem Klebeband am Korken.

Wickle den Konstantandraht schraubenförmig auf einen Bleistift oder ein etwa gleich dickes Glasrohr. Ziehe ihn vorsichtig ab. Ein so gewickeltes Drahtstück heißt "Wendel".

Drehe die Enden der Wendel um die Drahtstücke.

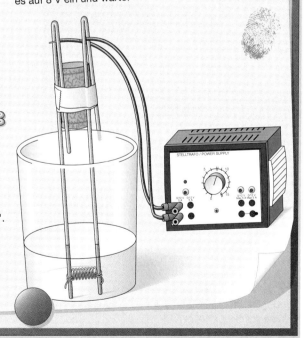

1 Viele elektrische Geräte sind angeschlossen.

V1 Stelle ein Netzgerät auf 4,5 V. Schließe eine 3,8 V-Glühlampe (0,3 A) an. Baue in eine Zuleitung ein 4 cm langes Stück Eisendraht mit einem Durchmesser von 0,2 mm ein. Schalte das Netzgerät ein. Schalte zur Glühlampe nach und nach acht Lampen derselben Bauart parallel. Beobachte dabei den Eisendraht.

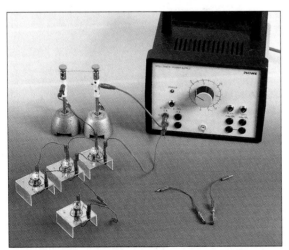

2 Eisendraht im Stromkreis

V2 Baue in eine der Zuleitungen aus V 1 eine Feinsicherung mit dem Aufdruck 1 A ein. Schließe sie mit Krokodilklemmen an. Wiederhole V 1 und vergleiche.
A3 Zeichne den Schaltplan zu V 2.

5.2 Überlastung des Stromkreises – Sicherungen

„Was soll denn das!", Sarah ist wütend. Eben hat sie mit dem Computer einen Brief geschrieben und plötzlich wird der Bildschirm schwarz, die ganze Arbeit war umsonst – ihr Bruder hat bestimmt wieder den Stecker gezogen. Der ist aber auch sauer. Er hatte gerade eine CD gehört und auf einmal war der Ton weg. Mutter wollte sich die Haare trocknen und beschwert sich aus dem Badezimmer, dass der Haartrockner nicht mehr arbeitet. Der Heizlüfter pustet auch nicht mehr – kurz, die elektrischen Geräte sind fast alle ausgefallen. Nur die Waschmaschine im Keller rumpelt weiter.

Vater kommt lachend von der Terrasse: „Tut mir leid, Kinder, ich hab' die Bohrmaschine eingeschaltet und das war wohl ein Gerät zu viel für unsere Leitung, da ist eben die Sicherung durchgebrannt – ich setze schnell eine neue ein. Wir müssen aber eines der Geräte ausschalten, sonst ist die Neue auch gleich wieder hin."

„… ein Gerät zu viel für unsere Leitung …", hat Sarahs Vater gesagt. Was hat er damit gemeint? Du kannst es selbst herausfinden, wenn du wie in Versuch 1 nacheinander immer mehr Glühlampen parallel an einen Leitungsdraht aus Eisen anschließt. Der Eisendraht wird mit jeder Lampe wärmer. Schließlich ist er **überlastet,** er schmilzt und verbrennt.

Du kannst den Leitungsdraht aber durch eine **Feinsicherung** schützen, die du in eine der Zuleitungen einbaust. Wenn jetzt zu viele Lampen angeschlossen werden, unterbricht die Feinsicherung den Stromkreis, bevor die Leitungsdrähte beschädigt werden können. Die Sicherung selbst ist danach allerdings unbrauchbar und muss ersetzt werden.

> Leitungen, die zu viele Geräte versorgen müssen, werden überlastet. Sie werden warm und können beschädigt werden.
> Sicherungen unterbrechen den Stromkreis bei Überlastung und schützen so die Leitungen.

1 Warum hat Sarahs Vater eines der Geräte ausgeschaltet, bevor er die neue Sicherung eingesetzt hat?
2 Warum darf Sarahs Vater keine Sicherung einbauen, bei der mehr Geräte angeschlossen werden könnten?
3 Woran kannst du erkennen, ob eine Feinsicherung unbrauchbar geworden ist?
4 Was könnte geschehen, wenn eine Leitung überlastet wird, die nicht durch eine Sicherung geschützt ist?

Schmelzsicherungen

So wirken Schmelzsicherungen

In dem Glasrohr der Feinsicherung kannst du einen feinen Draht sehen. In einem überlasteten Stromkreis wird dieser Schmelzdraht viel schneller heiß als die Leitungsdrähte, er schmilzt nach kurzer Zeit. Dann ist der Stromkreis unterbrochen und die Leitungen können nicht mehr beschädigt werden.

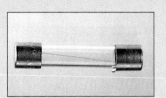

1 Die Feinsicherung

Der Schmelzdraht muss also so dünn sein, dass er schmilzt, bevor die Leitung beschädigt werden kann. Eine solche Sicherung wird **Schmelzsicherung** genannt.

Haushaltssicherungen

Bei Schmelzsicherungen, die im Haushalt verwendet werden, liegt der Schmelzdraht in einem Porzellangehäuse. So kann der heiße Draht keinen Schaden anrichten, während er schmilzt. Solche Sicherungen heißen **Haushaltssicherungen.**

2 Haushaltssicherung

Wenn der Schmelzdraht solch einer Sicherung durchgeschmolzen ist, schmilzt auch der dünne Haltedraht und das Kennplättchen wird durch eine kleine Feder weggeschleudert. So kannst du auf den ersten Blick erkennen, dass diese Sicherung ersetzt werden muss.

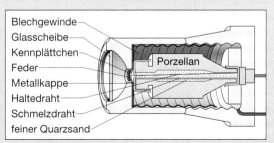

Blechgewinde
Glasscheibe
Kennplättchen
Feder
Metallkappe
Haltedraht
Schmelzdraht
feiner Quarzsand
Porzellan

3 Eine Haushaltssicherung von innen

Unterschiedliche Schmelzsicherungen

Schmelzsicherungen können verschieden aussehen, es kommt darauf an, wo sie eingesetzt werden sollen.

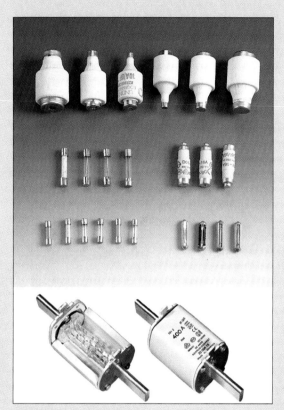

4 Unterschiedliche Bauformen von Schmelzsicherungen

Sicherungen niemals „flicken"!

Wenn eine Schmelzsicherung den Stromkreis unterbrochen hat, ist sie unbrauchbar geworden. Du darfst niemals versuchen, eine solche Sicherung zu „flicken"! Eine reparierte Sicherung könnte den Stromkreis nicht schützen. Die Leitungen können heiß werden, es kann sogar ein Feuer ausbrechen.

1 Lege eine Haushaltssicherung auf eine harte Unterlage. Zerschlage sie vorsichtig mit einem Hammer. Dabei musst du unbedingt eine Schutzbrille tragen. Beschreibe das Innere der Sicherung.

1 Das Kabel ist angefressen.

V1 Schließe eine 3,5 V-Glühlampe an ein Netzgerät (Einstellung 4–5 V) an. Verwende dabei als Zuleitungen zwei blanke Kupferdrähte. Baue in eine Zuleitung ein 4 cm langes Stück Eisendraht mit einem Durchmesser von 0,2 mm ein. Schiebe jetzt wie in Bild 2 die beiden blanken Drähte zusammen, sodass sie sich berühren. Beobachte die Lampe und den Eisendraht.

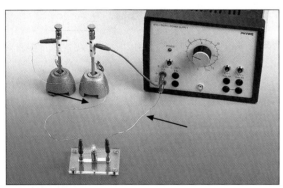

2 Kurzschluss

V2 Baue im Aufbau von V 1 in eine der Zuleitungen eine Feinsicherung 1 A ein. Wiederhole V 1 und beschreibe deine Beobachtung.

5.3 Kurzschluss und Sicherungen

Der Käfig war nicht richtig verschlossen und da ist doch dieses Nagetier ausgerissen. Es hat das Kabel der Lampe angeknabbert und niemand hat es bemerkt. Jetzt liegen die beiden Drähte blank und ohne Isolierung nebeneinander. Auch das hat niemand bemerkt. Als die Lampe aber an den Tisch geschoben wird, da zischt es plötzlich, das Licht geht aus und im Wohnzimmer riecht es heftig nach verschmortem Kabel. Außerdem hat die Sicherung den Strom abgeschaltet. Die beiden blanken Drähte haben einen **Kurzschluss** verursacht.

Wenn du zwei blanke Zuleitungsdrähte zusammenschiebst, fließen die Elektronen aus der Hinleitung direkt in die Rückleitung. Der Stromkreis besteht jetzt nur noch aus den Leitungen und der Stromquelle.
Der Kurzschluss führt zur Erwärmung oder gar zum Glühen und Schmelzen der Leitungen.

Ein Kurzschluss kann entstehen, wenn die Isolierungen brüchig geworden sind oder wenn in einem Kabel die Leitungen beschädigt wurden. Er kann auch entstehen, wenn eine Leitung lose ist, weil sich eine Schraube gelockert hat. Eine Sicherung kann Schäden durch Kurzschluss verhindern.

> Wenn sich die Zuleitungsdrähte in einem Stromkreis berühren, entsteht ein Kurzschluss. Dabei werden die Leitungen stark überlastet. Dann unterbricht eine eingebaute Sicherung den Stromkreis.

1 Erkläre, warum die Lampe in V 1 sofort erlischt, wenn die Drähte sich berühren.
2 Versuche den Ausdruck „Kurzschluss" zu erklären.
3 Zeichne den Schaltplan zum Versuchsaufbau von V 1, wenn sich die Drähte berühren. Markiere dann den geschlossenen Stromkreis farbig.
4 Wodurch wird der Kurzschluss in den Bildern 3 A bis C jeweils hervorgerufen?

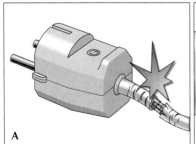

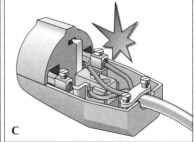

3 Ursachen von Kurzschlüssen

SICHERUNGEN SCHÜTZEN – ABER NICHT IMMER

Sicherungen schützen die elektrische Leitung vor Überlastung. Für den Menschen ist Strom aus der Steckdose immer lebensgefährlich. Ihn schützt keine Sicherung.

In den meisten Wohnungen findest du heute Sicherungsautomaten. Im Bild siehst du viele solcher Sicherungsautomaten. Wenn ein Automat wegen Überlastung oder Kurzschluss den Stromkreis unterbrochen hat, dann ist der Schalthebel unten. Du kannst den Stromkreis wieder schließen, wenn du den Schalthebel hochschiebst. Die einzelnen Leitungen zu den verschiedenen Zimmern werden nämlich alle durch eine eigene Sicherung geschützt. Große elektrische Geräte wie Elektroherd oder Waschmaschine brauchen ebenfalls eigene Sicherungen.

Nur wenn der Stromkreis in Ordnung ist, kann er durch eine Sicherung geschützt werden.
Schmutzige Kontakte und angebrochene Leitungen können heiß werden. Nicht selten sind Brände die Folge. Sicherungen schützen vor solchen Schmorbränden nicht, denn sie schalten zu spät ab.

Lagerhalle abgebrannt

Holzdorf. In der Nacht zum Sonntag war die Lagerhalle einer Holzdorfer Möbelfabrik in Brand geraten. Obwohl die Feuerwehr nach wenigen Minuten am Brandort war, musste sie sich darauf beschränken, die Nachbargebäude zu sichern. Die Halle selbst brannte bis auf die Grundmauern nieder. Als Brandursache wird ein Kurzschluss in der Belüftungsanlage vermutet.

Wenn du einen Stecker aus der Steckdose ziehen willst, ziehe immer am Stecker, nie am Kabel. Das Kabel wird brüchig.

A1 Beschreibe, was passieren könnte, wenn ein Kabel brüchig wird.

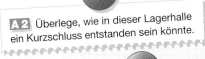

A2 Überlege, wie in dieser Lagerhalle ein Kurzschluss entstanden sein könnte.

1 Zähle auf, in welchen Fällen Sicherungen schützen und in welchen Fällen nicht. Fertige eine Übersicht an.

2 Obwohl in einem Haus jede Leitung durch Sicherungsautomaten abgesichert ist, wird das ganze Haus zusätzlich durch eine Hauptsicherung geschützt. Warum wird als Hauptsicherung immer eine Schmelzsicherung verwendet?

A3 Bevor du in eine Wand ein Loch bohrst oder einen Nagel einschlägst, solltest du einen Leitungssucher benutzen. Wovor schützt dieses Gerät?

1 Scheinwerfer in einem Theater

A1 Betrachte den Glühdraht einer Glühlampe mit klarem Glaskolben durch eine Lupe.
Beschreibe, wie der Glühdraht geformt ist.

V2 Wickele ein 20 cm langes Stück Konstantandraht mit einem Durchmesser von 0,2 mm zur Hälfte auf einen Nagel oder eine Stricknadel auf.
Schließe den Konstantandraht an ein Netzgerät an und stelle es auf 8 V ein.
Beobachte den aufgewendelten und den geraden Teil des Drahtes. Schreibe deine Beobachtungen auf.

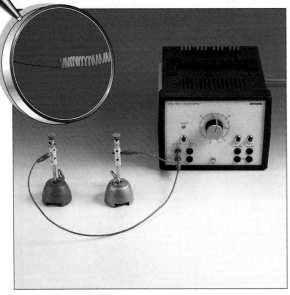

2 Die Wendel im Stromkreis

A3 Begründe, warum es sinnvoll ist, den Glühfaden einer Lampe zu wendeln.

5.4 Heizdrähte werden zu Glühdrähten

Wenn du Licht brauchst – kein Problem: Du schaltest einfach eine elektrische Lampe an. Das Licht bekommst du wohl meistens von einer Glühlampe.

Du weißt auch, wieso Glühlampen leuchten, schließlich heißen sie ja „Glüh"-lampen, außerdem hast du dir vielleicht schon einmal an einer solchen Lampe die Finger verbrannt.

Drähte in einem Stromkreis können heiß werden, das weißt du von den Heizdrähten. In Glühlampen werden sie sogar so heiß, dass sie hell leuchten.

Wenn der Kolben einer Glühlampe aus klarem Glas besteht, kannst du den Glühdraht deutlich erkennen. Aber hast du dir so einen Glühdraht schon einmal genau angesehen? Der Draht ist schraubenförmig aufgewickelt, er ist *gewendelt*. Ein solcher Draht in einer Glühlampe heißt **Glühwendel.**

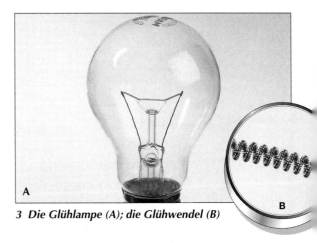

3 Die Glühlampe (A); die Glühwendel (B)

Warum der Draht gewendelt wird, zeigt dir der Versuch 2. Der gerade Teil und der gewendelte Teil eines Drahtes liegen im selben Stromkreis.

Die Wendel wird heißer als der gerade Teil des Drahtes. Dort liegen die einzelnen Windungen dicht nebeneinander und wärmen sich gegenseitig.

Je heißer ein Glühdraht wird, desto heller leuchtet er.

> Ein glühender Draht sendet Licht aus.
> Der Glühdraht einer Glühlampe ist gewendelt, weil er dadurch heißer wird und heller leuchtet.

1 Erkläre, warum die Wendel bei manchen Glühlampen noch einmal gewendelt ist.

2 Warum werden die Kolben von Glühlampen aus Glas und nicht aus Kunststoff hergestellt, obwohl Glas doch leicht zerbrechlich ist?

Die Glühlampe

Die ersten brauchbaren Glühlampen hat HEINRICH GOEBEL gebaut. Er wurde 1818 in Springe in der Nähe von Hannover geboren.

GOEBEL wanderte 1848 nach Amerika aus. In New York gelang es ihm nach vielen Versuchen Glühlampen zu bauen, bei denen der Glühfaden bis zu 400 Stunden lang leuchtete. Goebel hatte kein Metall zur Verfügung, das heiß genug werden konnte, ohne zu schmelzen. Als Glühfaden wählte er eine Bambusfaser, die er zuvor verkohlen ließ, damit sie elektrisch leitend wurde. Die Glaskolben stellte er aus Glasrohren oder leeren Parfümflaschen her. GOEBEL hat mit seinen Lampen allerdings kein Geld verdient. Sie sind dann in Vergessenheit geraten.

THOMAS ALVA EDISON dagegen war ein erfolgreicher Erfinder. Als er 1878 mit der Arbeit an einer elektrischen Glühlampe begann, hatte er schon eine Reihe anderer wichtiger Erfindungen gemacht. EDISON arbeitete mit vielen tüchtigen Mitarbeitern in einem gut eingerichteten Labor. Er hatte genug Geld, um seine Erfindungen immer so weit zu entwickeln, bis sie wirklich zu gebrauchen waren.

Als EDISON im Jahr 1879 seine Glühlampe zum Patent anmeldete, hatte er schon daran gedacht, dass Lampen manchmal ersetzt werden müssen. Sie bekamen deshalb einen Schraubsockel, wie er heute noch verwendet wird. Als Glühfaden diente auch ihm eine Faser aus verkohlter Baumwolle.

1892 nahm EDISON in New York das erste öffentliche Elektrizitätswerk der Welt in Betrieb. Erst jetzt konnte sich die Glühlampe im alltäglichen Gebrauch durchsetzen.

Die Größe des Sockels und der Schraubfassung für Glühlampen wird noch heute als E14 oder E27 angegeben. Die Zahl gibt den Durchmesser des Lampensockels in Millimetern an, das E erinnert an EDISON.

A Goebels Lampe (um 1860)

B Edisons Lampe (1885)

C Moderne Lampe

1 Entwicklung der Glühlampe

Etwa um die Jahrhundertwende wurde der Kohlefaden einer Glühlampe durch einen Metallfaden ersetzt. Es musste ein Metall sein, das sehr heiß werden konnte, ohne dabei zerstört zu werden. Denn je heißer ein glühender Draht wird, desto heller leuchtet er. Ein solches Metall ist Wolfram.

Der Glaskolben einer Glühlampe darf keine Luft enthalten, der glühende Draht würde sonst sofort verbrennen. Die ersten Glühlampen wurden deshalb luftleer gepumpt. Heute sind die Glaskolben mit Gas gefüllt.

Glühlampen werden zu vielen verschiedenen Zwecken eingesetzt. Sie sehen entsprechend unterschiedlich aus.

Es gibt sogar Lampen, die nicht leuchten, sondern wärmen sollen. Es sind Infrarotlampen, die bei der Aufzucht von Küken oder Ferkeln verwendet werden oder als Lampen in Trocknungsanlagen von Lackierereien. Als Wärmequellen sind alle Glühlampen besonders gut geeignet. Sie verwandeln nämlich den allergrößten Teil der Elektrizität nicht in Licht, sondern in Wärme.

2 Schnittbild einer Glühlampe

- Glaskolben
- Glühwendel
- Stützdrähte
- Halterung aus Glas
- Gewindesockel
- Isolation
- Fußkontakt
- Fassung

Projekt | # Bau von Stromkreisen

In diesem Projekt könnt ihr Geräte oder Anlagen bauen, für die unterschiedliche Schaltungen entwickelt werden müssen. Überlegt genau, wie die Schaltung aussehen soll, bevor ihr mit dem Bau beginnt. Zeichnet jeweils einen Schaltplan.
Wenn alle Gruppen fertig sind, werden die Schaltungen vorgestellt und erläutert.

Gruppe 1: Ein Geschicklichkeitsspiel

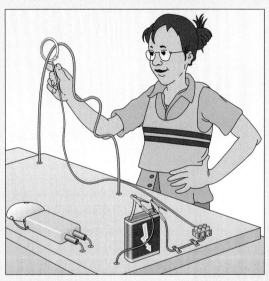

1 Der „heiße Draht"

Spielanleitung:
Der Schlüsselring soll vom Anfang bis zum Ende des gebogenen Drahtes geführt werden. Dabei darf er den Draht nicht berühren, sonst wird der Stromkreis geschlossen und die Klingel meldet einen Minuspunkt für die Spielerin oder den Spieler.
Das Spiel wird schwieriger,
– wenn der Draht viele Biegungen bekommt;
– wenn der Schlüsselring sehr eng ist;
– wenn ihr nach Zeit spielt.
Wenn ihr mehrere gleiche Geräte baut, könnt ihr gegeneinander spielen.
Ihr könnt aber auch mehrere Geräte parallel schalten und an eine Batterie anschließen, dann wird der „heiße Draht" zum Mannschaftsspiel. Es gewinnt die Mannschaft, bei der keine Mitspielerin oder kein Mitspieler den „heißen Draht" berührt hat.

Gruppe 2: Die Alarmanlage

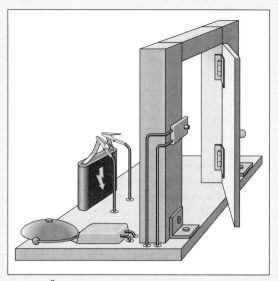

2 Beim Öffnen der Tür gibt es Alarm.

Bei einer Alarmanlage wird an der Zimmertür ein Schalter angebracht, der den Stromkreis bei geschlossener Tür unterbricht. Er schließt ihn, sobald die Tür geöffnet wird. Mit einem solchen Schalter wird die Kühlschrankbeleuchtung ein- und ausgeschaltet. Der Stromkreis besteht neben dem Schalter aus einer Klingel oder einem Summer und einem Stromversorgungsgerät, zum Beispiel der 4,5 V-Batterie.

Baut euch ein Modell einer Tür. Dazu benötigt ihr folgende Materialien:
– 1 Grundplatte (30 cm x 20 cm)
– 2 Holzlatten (30 cm lang), 1 Holzlatte (15 cm lang) als Türrahmen
– 1 Holzplatte mit entsprechender Größe als Tür
– 2 Türscharniere
– 2 Winkeleisen
– Nägel, Holzschrauben, Holzleim
– Hammer, Schraubendreher
Baut nun an dieses Türmodell eure Alarmanlage an.

Überlegt auch, wie die Alarmanlage geschaltet sein müsste, wenn ein Zimmer mehrere Eingänge hat, oder wenn auch die Fenster gesichert werden sollen. Der Alarm soll ausgelöst werden, wenn eine Tür oder ein Fenster geöffnet wird.

Gruppe 3: Die Fahrradbeleuchtung

Ihr sollt den Stromkreis der Fahrradbeleuchtung untersuchen und nachbauen.

1. Schaut euch den Stromkreis und seine Bauteile an einem Fahrrad an. Unterscheidet dabei den Stromkreis für Vorder- und Rücklicht. Bringt die Lampen mit einer 4,5 V-Batterie zum Leuchten.

2. Baut die Stromkreise der Fahrradbeleuchtung mit Scheinwerfer, Rücklicht und Fahrradlichtmaschine mit Stativmaterial nach. Achtet dabei auf die Kontakte.

3 Stromkreise mit nur einem Kabel

3. Besorgt euch ein Fahrrad, bei dem die Beleuchtung defekt ist und bringt sie wieder in Ordnung.

Mögliche Fehlerquellen:
– Bauteile nicht angeschlossen
– Kabel fehlt oder ist gebrochen
– Schutzblech locker
– Kontakte verschmutzt oder verrostet
– Lampen oder Fahrradlichtmaschine defekt

4 Dieses Fahrrad ist verkehrssicher!

Gruppe 4: Ein elektrischer Würfel

Ein Würfel hat 6 Flächen mit 1 bis 6 Punkten. Ihr könnt hier einen ganz anderen „Würfel" bauen. Er ist elektrisch gesteuert und Glühlampen zeigen die „gewürfelte" Zahl an. Jede Lampe ist über einen Schleifkontakt mit der Batterie verbunden. Zum Würfeln müsst ihr das Holzrad in Schwung setzen.

5 Ein elektrischer „Würfel"

Materialliste:
– Grundplatte aus Holz
– Holzleisten als Ständer
– Holzscheibe als Schwungrad
– leere und gereinigte Milchdose
– großer Nagel als Achse
– 7 Chrom-Nickel-Drähte als Schleifer (0,4 mm)
– 6 Lampenfassungen mit Lampen (3,5 V)
– 7 Lüsterklemmen
– Klingeldraht als Zuleitung
– 4,5 V-Batterie
– Schrauben, Nägel, Klebestreifen, Holzleim

Damit immer nur eine Lampe leuchtet, werden zur Isolierung sechs Klebestreifen um die Dose geklebt. Jeder Streifen hat als Kontaktstelle eine gleich große Lücke. Diese Lücken liegen gleichmäßig versetzt auf der Dose. Sie wird dann mittig auf die Schwungscheibe geklebt und auf der Achse befestigt.

Stromkreise

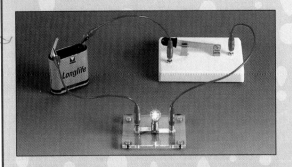

1. In einem geschlossenen Stromkreis fließen Elektronen im Kreis, wenn sie durch ein Stromversorgungsgerät angetrieben werden.

2. Mit international vereinbarten Schaltzeichen lassen sich Schaltpläne von Stromkreisen einfach und schnell zeichnen.

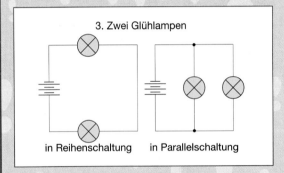

3. Zwei Glühlampen

in Reihenschaltung   in Parallelschaltung

4. Glühlampen in einer Reihenschaltung liegen alle hintereinander in demselben Stromkreis. Ist eine Lampe defekt, so ist der Stromkreis unterbrochen. Die anderen Lampen leuchten ebenfalls nicht mehr.

5. Alle Lampen einer Parallelschaltung liegen jeweils in einem eigenen Stromkreis. Fällt eine Lampe aus, so leuchten die anderen Lampen weiter.

6. Alle Metalle und Grafit leiten den elektrischen Strom. Es sind Leiter. Alle anderen festen Stoffe sind Nichtleiter oder Isolatoren.
Einige Flüssigkeiten, wie Leitungswasser, leiten den elektrischen Strom. Öl ist ein Nichtleiter.

7. Auch der menschliche Körper besitzt eine elektrische Leitfähigkeit. Unfälle durch elektrischen Strom können daher tödlich sein!

8. Die Stromstärke I ist ein Maß für die Anzahl der Elektronen, die pro Sekunde durch den Querschnitt eines Leiters fließen. Sie wird in Ampere (A) gemessen.

9. Die Spannung U ist ein Maß für den Unterschied der Zahl der Elektronen am Minuspol und am Pluspol der Stromquelle. Sie wird in Volt (V) gemessen.

10. Werden in einem Stromkreis bei unterschiedlichen Spannungen die zugehörigen Stromstärken gemessen, ergibt sich eine proportionale Zuordnung. Diese Zuordnung heißt ohmsches Gesetz.

11. Verschiedene elektrische Leiter setzen dem Fließen der Elektronen einen unterschiedlich großen elektrischen Widerstand entgegen.

12. Widerstände sind wichtige Bauteile in Schaltungen. Werden Widerstände in Reihe geschaltet, addieren sich ihre Werte zu einem Gesamtwiderstand. Bei parallel geschalteten Widerständen nimmt der Gesamtwiderstand ab.

13. Der elektrische Widerstand wird errechnet, indem der Wert der Spannung durch den Wert der zugehörigen Stromstärke dividiert wird, $R = \frac{U}{I}$. Der elektrische Widerstand R wird in Ohm (Ω) gemessen.

14. Der elektrische Strom zeigt zwei wichtige Wirkungen: Wärme und Licht. Die Wärmewirkung wird in Heizdrähten genutzt.

15. Leitungen können durch Überlastung des elektrischen Stromkreises heiß werden. Sicherungen schützen die Leitungen vor Beschädigung, indem sie den Stromkreis bei Überlastung unterbrechen.

16. Wenn sich zwei blanke Leitungen in einem Stromkreis berühren, entsteht ein Kurzschluss. Eine Sicherung schützt dann den Stromkreis vor Überlastung.

17. Die Lichtwirkung des elektrischen Stromes wird in einer Glühlampe genutzt. Je heißer der Glühdraht wird, desto heller leuchtet die Lampe.

**Keine Versuch
mit mehr als 24**

Stromkreise

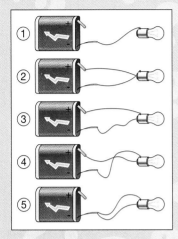

1 Begründe, wo in den Fällen 1 bis 5 die Lampe leuchtet.

2 Der Rhein ist der längste Strom Deutschlands. Handelt es sich bei dieser Wasserstraße um einen Stromkreis? Begründe.

3 Zeichne jeweils den Schaltplan mit Schalter:
a) Ein Motor wird mit einer Batterie betrieben.
b) Eine Lampe wird an eine Fahrradlichtmaschine angeschlossen.
c) Wo musst du den Schalter jeweils einzeichnen? Begründe.

4 Warum erlöschen in einer Reihenschaltung alle Lampen, wenn eine Lampe defekt ist?

5 Zeichne den Schaltplan einer Parallelschaltung mit vier Glühlampen.

6 Bei der Fahrradbeleuchtung sind die Glühlampen mit jeweils nur einer Leitung an die Fahrradlichtmaschine angeschlossen. Wieso ist der Stromkreis trotzdem geschlossen?

7 Welche der folgenden Stoffe sind Nichtleiter: Kupfer, Kunststoff, Aluminium, Glas, Öl, Meerwasser, destilliertes Wasser, Apfelsaft?

8 Vor welchen Gefahren wird mit diesem Schild gewarnt?

9 Wozu dient der Schutzleiter der elektrischen Hausinstallation?

10 Für welche elektrische Größe steht die Angabe 2,4 A bei einem Elektrogerät?

11 Warum leuchtet eine 230 V-Glühlampe nicht, wenn sie an eine Flachbatterie angeschlossen wird?

12 a) Woraus ergibt sich die Spannung an einer Batterie?
b) Wann ist die Batterie „leer"?

13 Verschiedene Nutzer werden mit unterschiedlichen Spannungen versorgt. Gib die Versorgungsspannung für folgende Nutzer an: Hausinstallation, Auto, Fahrradlampe, Eisenbahn, Modelleisenbahn, elektrische Bohrmaschine, Akkuschrauber, elektrische Klingel.

14 Strommesser und Spannungsmesser werden unterschiedlich mit dem Stromkreis verbunden. Zeige mit einem Schaltplan, wie die Geräte richtig eingebaut werden müssen.

15 Nach dem ohmschen Gesetz verhalten sich Spannung und Stromstärke in einem Stromkreis proportional. Wie ändert sich die Stromstärke, wenn du die Spannung verdoppelst?

16 Wie wird die Größe von Widerständen gekennzeichnet? Wie heißt ihre Einheit?

17 Welches dir bekannte Material leitet den elektrischen Strom am besten, welches am schlechtesten?

18 Zähle elektrische Geräte auf, mit denen Wärme erzeugt wird.

19 Warum müssen Heizdrähte aus einem anderen Metall sein als Zuleitungsdrähte?

20 Was geschieht mit den Leitungen im Stromkreis, wenn zu viele elektrische Geräte gleichzeitig angeschlossen werden?

21 a) Erkläre die Bedeutung der Ausdrücke „Überlastung" und „Kurzschluss".
b) Wie können Stromkreise vor Überlastung und bei Kurzschluss geschützt werden?

22 Wodurch unterscheidet sich der Heizdraht in einem Toaster von dem Glühdraht in einer Glühlampe?

23 Der Glühdraht einer Glühlampe würde in Luft verbrennen. Wie wird das verhindert?

1 Elektrische Energie

Gleißendes Licht, die Instrumente liegen bereit – die Operation kann beginnen. Der Patient ist schon an die Überwachungsgeräte angeschlossen, Puls und Kreislauf sind in Ordnung. Die große Operationsleuchte ist eingeschaltet, die Instrumente wurden im Heißluft-Sterilisator keimfrei gemacht, die elektrischen Instrumente warten auf ihren Einsatz.

Die Elektrizität sorgt dafür, dass in unseren Krankenhäusern alle Geräte, Leuchten und Instrumente arbeiten können. Auch in anderen Bereichen ist die Elektrizität für uns nicht mehr wegzudenken. Ohne Elektrizität können Autos und Züge nicht fahren. Sie betreibt Elektromotoren und sorgt in Bügeleisen und Elektroherden für Wärme.

Überall, wo elektrische Geräte in Betrieb sind, ist **elektrische Energie** im Spiel. Sie ist für uns unsichtbar. Aber sie ist die Voraussetzung dafür, dass eine Lampe Licht gibt, dass geheizt werden kann und dass du deinen Computer und deine Stereoanlage nutzen kannst.

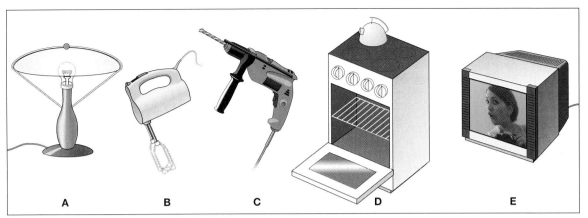

1 *Nutzer elektrischer Energie:* Lampe (A); Mixer (B), Bohrmaschine (C); Elektroherd (D); Fernsehgerät (E)

1.1 Einsatz elektrischer Energie

Alle Geräte aus Bild 1 nutzen elektrische Energie. Sie wird ihnen im Stromkreis von einem Elektrizitätswerk zugeführt. Wenn der Stromkreis geschlossen ist, fließen Elektronen im Kreis. Dabei strömt elektrische Energie in die jeweiligen Geräte.

Eine *elektrische Lampe* nimmt elektrische Energie auf. Durch das Strömen der Elektronen wird der Wolframdraht heiß, glüht und leuchtet. Elektrische Energie strömt in die Lampe hinein, die Lampe gibt *Licht* und *Wärme* ab. Die Lampe wandelt somit elektrische Energie in die beiden anderen Energieformen Wärme und Licht um. Die Lampe ist ein **Energiewandler.**

Ein *Mixer* oder eine *Bohrmaschine* nehmen, wenn sie in Betrieb sind, ebenfalls elektrische Energie auf. Sie wandeln in ihrem Motor elektrische Energie in *Bewegungsenergie* um. Hier ist also der Motor der Energiewandler.

Der *Elektroherd* arbeitet ähnlich wie eine Glühlampe. Wenn er eingeschaltet ist, fließen Elektronen durch seine Heizspiralen. Dort wandelt der Herd elektrische Energie in *Wärme* um.

Auch das *Fernsehgerät* ist ein Energiewandler. Wird es eingeschaltet, strömt elektrische Energie in das Gerät. Dort wird sie über einige komplizierte Stufen umgewandelt und ein Teil davon tritt als *Licht* am Bildschirm auf. Du siehst dann das Fernsehbild und kannst ihm auch Informationen entnehmen. Ein weiterer Teil der umgeformten Energie ist der *Schall,* den du über den Lautsprecher hörst.

> Elektrische Geräte sind Energiewandler. Sie wandeln elektrische Energie in Licht, Wärme, Schall und Bewegungsenergie um.

1 Zähle weitere Energiewandler auf, die elektrische Energie in Wärme, Licht oder Bewegungsenergie umwandeln.
2 Ein Lautsprecher ist ebenfalls ein Energiewandler. Überlege, in welche Energieform er elektrische Energie umwandelt.

A1 Alle Geräte in Bild 1 arbeiten elektrisch. In welcher Form nehmen sie Energie auf, in welcher geben sie sie jeweils ab?
A2 Welche Voraussetzung müssen alle elektrischen Geräte erfüllen, damit sie elektrische Energie aufnehmen können?
A3 Überlege, warum elektrischer Strom nicht elektrische Energie sein kann. Begründe deine Antwort mithilfe von Bild 2.

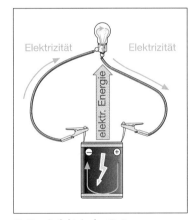

2 *Zwei elektrische Ströme*

A4 Ein Elektroherd ist ein Energiewandler. Überlege welche Energieform er in andere Energieformen umwandelt.
Zeichne Pfeile für die Energieformen. Beachte die Richtung, in der die Energien strömen.

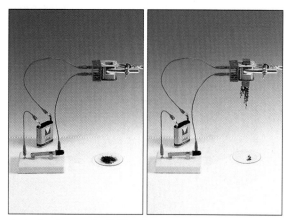

1 Spule ohne und mit Eisenkern

2 Der Elektromagnet

2.1 Eine Spule mit Eisenkern

Magnete können aus Eisen, Nickel oder Cobalt hergestellt werden. Dagegen lässt sich Kupfer nicht magnetisieren. Auch eine Spule aus Kupferdraht ist völlig unmagnetisch. Wenn du allerdings Elektrizität durch den Draht fließen lässt, zieht die Spule kleine Eisennägel in sich hinein. Die Spule zeigt jetzt eine magnetische Wirkung. Eine solche Spule heißt **Elektromagnet.** Der Magnetismus wird noch viel stärker, wenn in die Spule ein Eisenkern geschoben wird.

Wie bei Dauermagneten können sich die Enden zweier Elektromagnete anziehen oder abstoßen. Sie werden ebenfalls als *Pole* bezeichnet. Werden die Anschlüsse an der Stromquelle vertauscht, so werden auch die Pole des Elektromagneten vertauscht.
Mit Eisenpulver kannst du in der Umgebung des Elektromagneten wie bei einem Dauermagneten ein Magnetfeld nachweisen.

V 1 Baue einen Stromkreis aus einer Spule mit 1000 Windungen, einer 4,5 V-Batterie und einem Schalter auf. Halte eine Handvoll kleiner Nägel unten an die Spule. Was geschieht mit den Nägeln
a) beim Schließen des Schalters,
b) beim Öffnen des Schalters?
V 2 Befestige einen Eisenkern im Inneren der Spule. Wiederhole V 1 und vergleiche die Beobachtungen.
V 3 a) Schließe zwei Spulen mit 1000 Windungen und Eisenkern an je eine 4,5 V-Batterie an. Schiebe das Ende des einen Eisenkerns auf das Ende des anderen Eisenkerns zu. Notiere deine Beobachtungen.
b) Drehe eine der beiden Spulen um und wiederhole den Versuch. Notiere deine Beobachtungen.
c) Wiederhole a), vertausche aber an einer Spule die Pole der Batterie. Notiere deine Beobachtungen.
d) Vergleiche das Verhalten der Elektromagnete mit dem Verhalten zweier Stabmagnete.
V 4 Zeichne auf eine Pappe zwei Parallelen im Abstand von 4 cm. Bohre auf diesen Linien je 12 Löcher im Abstand von 1 cm. Ziehe durch diese Löcher einen etwa 1,5 m langen, festen Draht, sodass eine Spule entsteht. Schließe die Spule an ein Stromversorgungsgerät an. Stelle es auf 5 V ein. Bestreue die Pappe mit Eisenpulver. Klopfe vorsichtig auf die Pappe. Beschreibe, was passiert.
A 5 Zeichne das Feldlinienbild deiner Spule.

> Eine Spule in einem geschlossenen Stromkreis ist ein Elektromagnet. Mit einem Eisenkern kann die magnetische Wirkung verstärkt werden. Ein solcher Elektromagnet wirkt wie ein Stabmagnet.

1 a) Für welche Zwecke sind Dauermagnete besser geeignet als Elektromagnete? Nenne Beispiele.
b) Nenne auch Beispiele, wofür Elektromagnete besser geeignet sind.
2 Vergleiche die Feldlinienbilder eines Elektromagneten mit denen eines Stabmagneten.

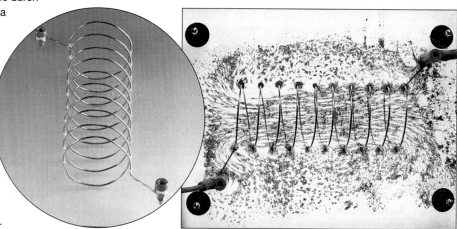

2 Eine selbstgebaute Spule   **3 Feldlinienbild**

2.2 Ein Magnet aus nur einem Draht

Eine Kompassnadel stellt sich von selbst in Nord-Süd-Richtung ein. Hältst du aber einen Strom führenden Leiter wie in Bild 1 in derselben Richtung dicht darüber, so dreht sich die Nadel aus dieser Richtung heraus. Um den Leiter herum hat sich ein Magnetfeld gebildet, das auf die Kompassnadel einwirkt.

Wenn der Leiter in einer Schleife um die Magnetnadel herumgeführt wird (Bild 2), so wirken der obere Teil und der untere Teil des Leiters gleichzeitig auf die Nadel ein. Die Magnetfeldlinien zeigen in die gleiche Richtung. Deshalb wird die Kompassnadel noch stärker aus ihrer Richtung abgelenkt.

Wird der Leiter in vielen Windungen um die Nadel herumgelegt, so wirkt auf die Nadel eine noch stärkere Anziehung. Daraus kannst du schließen: Je mehr Windungen eine Spule hat, desto stärker wirkt sie als Elektromagnet.

> Um einen Strom führenden Leiter besteht ein Magnetfeld. Es lässt sich verstärken, wenn der Leiter zu einer Spule mit vielen Windungen aufgewickelt wird.

1 Warum müssen die Windungen einer Spule gegeneinander isoliert sein?
2 Worauf musst du achten, wenn du einen möglichst starken Elektromagneten bauen möchtest?
3 Warum muss der Draht für einen Elektromagneten zu einer Spule aufgewickelt werden?

V1 Stelle eine Kompassnadel auf und warte, bis sie sich in Nord-Süd-Richtung eingependelt hat. Baue einen Versuch wie im Bild 1 auf. Schalte das Stromversorgungsgerät ein und aus. Was beobachtest du?

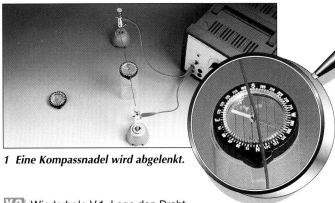

1 Eine Kompassnadel wird abgelenkt.

V2 Wiederhole V1. Lege den Draht
a) in einer Schleife um die Kompassnadel,
b) in mehreren Schleifen um die Kompassnadel.
A3 Vergleiche die Ergebnisse der drei Versuche.

2 Der Draht in einer Schleife

CHRISTIAN OERSTED

Als der dänische Physiker CHRISTIAN OERSTED (1777–1851) seinen Studenten im Jahr 1820 einen Versuch vorführen wollte, entdeckte er, dass eine Kompassnadel auf dem Labortisch nicht die Nord-Süd-Richtung anzeigte. Erst an einem anderen Platz verhielt sie sich wieder wie erwartet. OERSTED versuchte die Ursache dafür herauszufinden. Er stellte fest, dass die Nadel abgelenkt wurde, weil in ihrer Nähe ein Strom führender Leiter verlegt war.
Über die Versuche, die er daraufhin anstellte, berichtete er: „… ein gerader, von Norden nach Süden gerichteter Draht, gleich welcher Art, wird über eine ruhende Magnetnadel gehalten und mit einer Spannungsquelle verbunden. Sobald der Strom durch diesen Leiter fließt, wird die Kompassnadel aus der Nord-Süd-Richtung abgelenkt, ohne dass sie dabei vom Draht berührt wird …!"

Pinnwand

ANWENDUNGEN VON ELEKTROMAGNETEN

Ein Elektromagnet als Schalter – das Relais

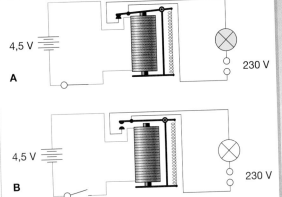

4,5 V

A

230 V

4,5 V

B

230 V

Mit einem Elektromagneten können elektrische Kontakte geschlossen und geöffnet werden. Solch ein magnetisch gesteuerter Schalter wird **Relais** genannt.

Ein Relais kann mithilfe einer Batterie eine 230 V-Glühlampe einschalten (Bild A) oder ausschalten (Bild B). Mit einem kleinen Strom kann ein starker Strom geschaltet werden.

Der Lautsprecher

Die Pappmembran ist am äußeren Rand mit dem Lautsprechergehäuse verbunden. In ihrer Mitte ist eine kleine Spule angeklebt, die mit Strom wechselnder Stärke versorgt wird. Die Spule erzeugt ein Magnetfeld, das je nach Stromstärke unterschiedlich stark ist. Die Spule selbst befindet sich im Magnetfeld eines starken Dauermagneten. Deshalb bewegt sie sich im Wechsel der Stromstärke hin und her und setzt so auch die Membran in Bewegung.

Die elektrische Klingel

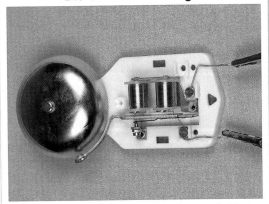

Der Elektromagnet zieht den Klöppel gegen die Glocke. Dadurch wird der Kontakt am Klöppel geöffnet und der Stromkreis unterbrochen. Die Spule ist nicht mehr magnetisch und der Klöppel schnellt zurück. Jetzt wird der Kontakt erneut geschlossen und alles beginnt wieder von vorn.

1 Beschreibe, wie eine elektrische Klingel für Batteriebetrieb arbeitet.
2 Zähle drei Vorteile auf, die ein Relais gegenüber einem Hebelschalter haben kann.
3 Nenne einen Nachteil des Relais gegenüber einem handbetätigten Schalter.

Bau eines Messgerätes

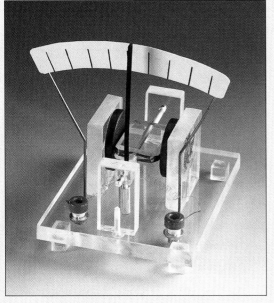

1 Messgerät mit drehbarer Magnetspule

Materialliste:
Platte aus Sperrholz oder Acrylglas, 10 mm stark, mindestens 15 cm x 8 cm
2 Scheibenmagnete, Durchmesser 30 mm
1 Aluminium-Stricknadel, Durchmesser 3 mm
Schweißdraht, 30 cm lang, Durchmesser 1,5 mm
2 Buchsen mit Schraubgewinde
isolierter Draht, 15 m lang, Durchmesser 0,1 mm
4 kleine Schrauben, 15 mm lang, Durchmesser 3 mm
1 Trinkhalm als Zeiger
1 dicke Schraube als Gegengewicht für den Zeiger
Karton für die Skala
Kleber, Lötkolben, Lötzinn

Folgende Einzelteile musst du nach dem Zuschneiden der Grundplatte (10 cm x 8 cm) aus dem restlichen Sperrholz oder Acrylglas herstellen:
4 Füße, 2 Halterungen für die Scheibenmagnete, 2 Lagerhalterungen für den Anker, die Ankerplatte, die Halterung für den Zeiger

Bei diesem Messgerät wirken die zwei verschiedenen Pole von zwei Scheibenmagneten und eine drehbare Spule als Elektromagnet zusammen. Die drehbare Spule heißt *Anker.* Wenn du sie mit einer Batterie verbindest, wird die Spule zum Elektromagneten. Durch ihr Magnetfeld wird sie von den Magnetfeldern der Dauermagnete ausgelenkt. Diese Auslenkung kannst du mithilfe eines Zeigers ablesen. Je größer der Strom ist, desto stärker ist die Auslenkung des Zeigers aus seiner Nulllage.

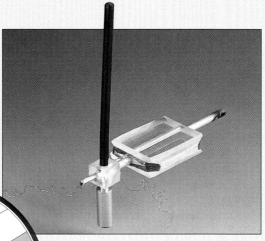

2 Ankerplatte mit Zeiger

Bauanleitung:
So musst du die Achse der Ankerplatte formen, damit sich der Anker leicht bewegt. Mit einer Feile gibst du der Achse an beiden Enden eine dreieckige Form. Beim Einbau der Achse zeigt jeweils eine Dreiecksspitze nach unten.

Die Ankerplatte musst du in der Mitte längs durchbohren. Dann steckst du die Stricknadel durch die Bohrung und bringst die Halterung für den Zeiger an. Auf die Ankerplatte wickelst du 150 Windungen des lackisolierten Drahtes. Den Anker mit Magnetspule und Zeiger steckst du zwischen die Halterungen. Befestige sie mit Schrauben auf der Grundplatte. Unterhalb des Zeigers musst du in die Halterung eine dicke Schraube drehen, die den Zeiger in der Nulllage hält.

3 Lagerung der Ankerplatte

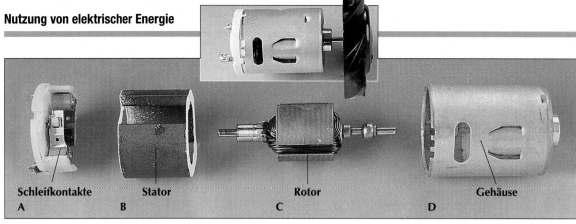

Schleifkontakte   Stator   Rotor   Gehäuse
A   B   C   D

1 Teile eines Gleichstrommotors

A1 Benenne die Teile eines Elektromotors (Bild 1). Unterscheide bewegliche und fest stehende Teile.
V2 Überprüfe mit Kompassnadeln die Pole der Halbschalen eines Gleichstrommotors wie in Bild 2.

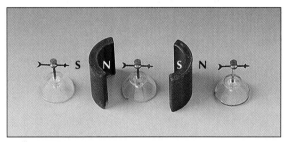

2 Überprüfen der Pole

V3 a) Baue den Versuch nach Bild 3 A auf. Schließe den Schalter und beobachte die Spule.
b) Vertausche die Anschlüsse an der Batterie und beobachte das Verhalten der Spule.
V4 Wiederhole V 3 mit einem Aufbaumotor (Bild 3 B). Setze die Schleifkontakte auf je einen Schleifring.
A5 Begründe, warum es bei V 3 und V 4 nicht zu einer vollen Drehung der Spule kommen kann.

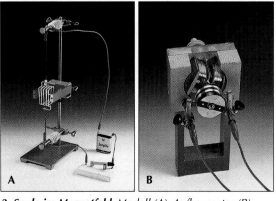

3 Spule im Magnetfeld: Modell (A); Aufbaumotor (B)

3 Elektromotoren

3.1 Der Gleichstrommotor

In Bild 1 siehst du die Einzelteile eines Gleichstrommotors. Die wichtigsten Teile sind ein Dauermagnet (Bild 1 B) und eine drehbar gelagerte Spule, die auf einen Eisenkern gewickelt ist. Das ist der **Rotor** (Bild 1 C). Der Dauermagnet wird **Stator** genannt und besteht aus zwei Halbschalen. Sie sind fest mit dem Gehäuse verbunden. Die eine Halbschale hat innen einen Nordpol, die andere hat innen einen Südpol.

Bei einem Elektromotor dreht sich die Spule. Wie die Drehung zustande kommt, zeigt der Aufbau in Bild 3 A. Hier hängt eine Spule frei beweglich im Magnetfeld eines Bügelmagneten. Wenn sie an eine Batterie angeschlossen wird, bildet sie einen Nord- und einen Südpol aus. Diese werden von den Polen des Dauermagneten angezogen oder abgestoßen.
Ähnlich verhält sich der Rotor beim Elektromotor in Bild 3 B. Der Rotor dreht sich so lange, bis sich Nord- und Südpol der Spule und der Halbschalen gegenüber stehen. Werden die Anschlüsse an der Batterie vertauscht, ändern sich die Magnetpole der Spule. Der Rotor dreht sich in die andere Richtung. Er kann sich jeweils nur um eine halbe Drehung bewegen. Eine vollständige Drehbewegung erhältst du, wenn du die Anschlüsse an der Batterie zur richtigen Zeit wechselst.

> Eine Strom führende Spule führt im Feld eines Dauermagneten eine halbe Umdrehung aus. Die Drehrichtung hängt davon ab, wie die Spule an die Stromquelle angeschlossen ist.

1 Wie kommt es zur Drehung einer Spule im Feld eines Dauermagneten?

3.2 Der Kommutator

Es ist sehr schwierig mit der Hand die Pole an der Spule so schnell zu wechseln, dass eine fortlaufende Drehbewegung entsteht. Um diese dennoch zu erreichen ist eine Vorrichtung nötig, die automatisch und zur richtigen Zeit die Anschlüsse der Spule umpolt. Ein solcher automatischer Umschalter wird **Kommutator** oder *Stromwender* genannt.

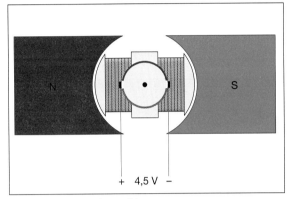

3 Rotor in Totpunkt-Position

Der Kommutator besteht aus zwei Halbringen. Sie sind voneinander isoliert und sitzen mit der Spule auf einer Achse. An jeweils einen Halbring ist ein Spulenende angelötet. Die Halbringe sind über zwei Schleifkontakte mit dem Stromversorgungsgerät verbunden. Weil der Kommutator die Stromrichtung in der Spule umkehrt, werden die Magnetpole der Spule vertauscht. Dieses wiederholt sich nach jeder halben Umdrehung. Dadurch kommt es zu einer fortlaufenden Drehbewegung.

Der Totpunkt

Wenn die Schleifkontakte auf den isolierten Stellen zwischen den beiden Schleifringen stehen, wird die Spule nicht mit Elektrizität versorgt (Bild 3). Ist der Motor aber erst einmal in Bewegung, sorgt der Schwung des Rotors dafür, dass er sich über diesen **Totpunkt** hinweg weiter dreht.

> Der Kommutator sorgt automatisch und zum richtigen Zeitpunkt für die Umpolung der Spule. Dadurch kommt es zu einer fortlaufenden Drehung.

1 Wie kann die Drehrichtung eines Gleichstrommotors verändert werden?

1 Modellmotor mit Kommutator

V1 Baue den Motor wie in Bild 1 auf. Verbinde je einen Halbring mit einem Pol des Stromversorgungsgerätes. Bringe den Rotor in die Position wie in Bild 2 A. Schalte das Stromversorgungsgerät ein und regle es hoch, bis sich der Rotor bewegt.

A2 Erkläre die Drehung des Rotors mit Bild 2.

A3 Erkläre, warum der Rotor keine fortlaufende Bewegung vollführen kann.

V4 Drehe den Rotor weiter, bis die Schleifkontakte wieder die Halbringe berühren. Begründe, warum sich der Rotor jetzt weiter dreht.

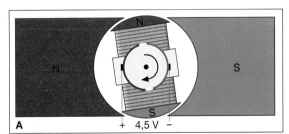

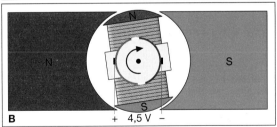

2 Rotor: Start (A); nach einer halben Drehung (B)

A5 Welche Aufgabe haben die beiden Halbringe und die Schleifkontakte?

V6 Lass den Motor laufen. Verändere die Spannung am Stromversorgungsgerät. Formuliere in einem Je-desto-Satz den Zusammenhang zwischen der Größe der Spannung und der Drehzahl des Motors.

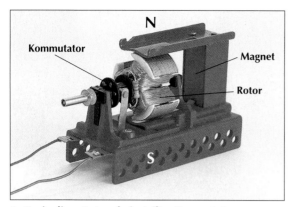

1 Dreipoliger Rotor, dreigeteilter Kommutator

3.3 Der Trommelanker

Für die Verwendung als Antrieb in Haushalts- und Industriegeräten hat ein Elektromotor mit einem zweipoligen Rotor zwei entscheidende Nachteile: Er hat bei jeder Umdrehung zwei *Totpunkte* und läuft deshalb sehr *unruhig*.

Diese Nachteile entstehen dadurch, dass der Kommutator zwischen den Halbringen isolierte Stellen hat. Jedes Mal, wenn die Schleifkontakte über diese Stellen gleiten, wird der Rotor unmagnetisch. Seine Pole werden von dem Bügelmagneten weder angezogen noch abgestoßen. Wenn der Motor nicht schon Schwung hätte, bliebe er an dieser Stelle stehen. Die Totpunkte werden vermieden, wenn der Rotor mehr als eine Spule erhält. Bei einem dreipoligen Rotor sind drei Spulen auf einen Eisenkern gewickelt. Der Kommutator ist dann dreigeteilt, sodass immer mindestens eine Spule mit Strom versorgt wird und Magnetpole ausbildet.

Bei mehrpoligen Rotoren werden immer mehrere Spulen gleichzeitig mit Elektrizität versorgt.

Rotoren werden auch *Anker* genannt. Weil ein Rotor mit vielen Spulen aussieht wie eine Trommel, wird er **Trommelanker** genannt.

> Je mehr Spulen auf dem Rotor sitzen, desto ruhiger läuft der Motor. Bei mehr als zwei Spulen auf dem Rotor gibt es keinen Totpunkt mehr.

1 Was entscheidet über die Laufruhe eines Elektromotors?

2 Wie viele Pole muss ein Rotor mindestens haben, damit kein Totpunkt entsteht?

V1 Baue den Modellmotor mit dreipoligem Rotor auf. Verbinde die Schleifkontakte mit dem Stromversorgungsgerät und regle es hoch, bis der Rotor gerade zu drehen beginnt. Versuche durch Abbremsen mit der Hand den Rotor in eine Position zu bringen, von der aus er nicht wieder anläuft. Beschreibe deine Beobachtung.

V2 Entferne aus dem Aufbaumotor den Bügelmagneten (Bild 2). Verbinde die Schleifkontakte mit den Anschlüssen einer Flachbatterie. Drehe den Rotor langsam mit der Hand. Stelle mit einer Kompassnadel fest
a) wie viele Magnetpole bei einer Umdrehung auf dem Rotor entstehen
b) wie sich Nord- und Südpol an den Polen des Rotors verändern.

2 Rotor mit viergeteiltem Kommutator

V3 a) Setze den Aufbaumotor wieder auf den Bügelmagneten. Schließe den Motor an den Gleichstromausgang des Stromversorgungsgerätes an und bringe ihn zum Laufen. Achte auf die Drehrichtung des Motors.
b) Wechsle die Anschlüsse des Motors am Stromversorgungsgerät und schalte wieder ein. Beobachte die Drehrichtung und vergleiche mit a).

A4 Betrachte den Motor in Bild 3. Was vermutest du über seine Laufruhe?

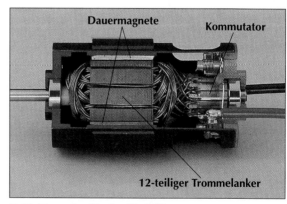

3 Elektromotor für den Modellbau

Ein Elektromotor – selbst gebaut

Materialliste:
- Bausatz Elektromotor
- Holzbrett, 7 cm x 10 cm x 5 cm
- kleine Nägel
- Holzleim
- Lötkolben und Lötzinn
- 9 V-Batterie

1. Der Aufbau
Schneide den Aufbauplan aus dem Deckel der Bausatzverpackung aus. Klebe ihn dann auf das Holzbrett.

Baue den Motor nach der Abbildung und der Anleitung auf. Benutze zum Befestigen kleine Nägel. Tauche sie vor dem Eindrücken in etwas Holzleim, damit sie sich nicht lockern.

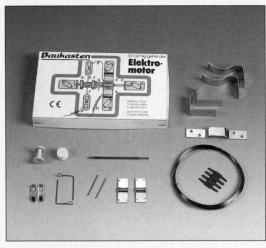

1 Material für den Elektromotor

2. Elektrische Verbindungen und Wicklungen
Löte alle elektrischen Verbindungen, damit sie haltbar sind und damit keine Unterbrechungen entstehen.

Die Statorwicklung muss sehr flach sein, damit ein Befestigungswinkel für die Motorachse darunter Platz findet.

3. Mögliche Fehlerquellen
– Die Drähte des Kommutators stehen nicht senkrecht zum Rotor.

– Die Kontaktfedern berühren beim Drehen die Drähte des Kommutators nicht.

– Lötstellen sind fehlerhaft.

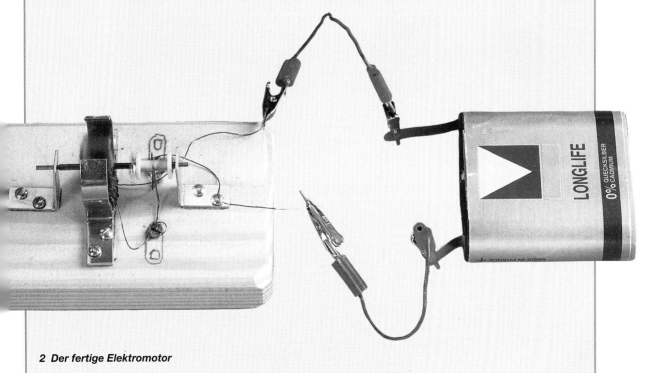

2 Der fertige Elektromotor

3.4 Die Fahrradlichtmaschine

An der Fahrradlichtmaschine in Bild 1 erkennst du die gleichen Teile wie bei einem Elektromotor. Ein Magnet dreht sich in einer Spule. Es ist der *Rotor*. Die Spule ist fest mit dem Gehäuse verbunden. Sie ist der *Stator*.

Wird der Magnet in der Spule gedreht, so entsteht Wechselstrom. Dabei ändern die Elektronen im Stromkreis dauernd ihre Bewegungsrichtung. Das Wechseln der Stromrichtung lässt sich mit einem Messgerät gut beobachten.

Wird das Antriebsrädchen schnell gedreht, kann der Zeiger eines Messgerätes mit Mittelstellung dieser Bewegung nicht mehr folgen, es zeigt keinen Strom an. Deshalb musst du hierbei ein Messgerät verwenden, dessen Wahlschalter auf das Zeichen ~ gestellt werden kann.

Die Geschwindigkeit der Drehbewegung hat Einfluss auf die Höhe der möglichen Stromstärke. Je schneller du mit deinem Fahrrad fährst, desto heller leuchten die Lampen.

Maschinen, die durch eine Drehbewegung Elektrizität erzeugen, heißen **Generatoren.**

Auch die Generatoren in Kraftwerken haben einen Rotor und einen Stator. Bei ihnen wird ebenfalls durch die Bewegung eines Magneten in einer Spule Elektrizität erzeugt.

1 Eine Fahrradlichtmaschine

2 Turbinen und Generator im Kraftwerk

A1 Beschreibe eine Fahrradlichtmaschine. Benenne alle beweglichen und feststehenden Teile.

V2 Baue einen Stromkreis aus Fahrradlichtmaschine und Lampe (6 V I 0,1 A) auf. Ziehe das Antriebsrädchen schnell durch die Handinnenfläche. Was kannst du beobachten?

V3 Ersetze die Lampe durch ein Strommessgerät, dessen Zeiger in der Mitte der Skala steht.
a) Drehe das Antriebsrädchen langsam und beobachte den Zeiger des Messgerätes.
b) Drehe das Antriebsrädchen schnell und beobachte den Zeiger des Messgerätes erneut.
c) Wiederhole b). Stelle dabei den Wahlschalter auf das Zeichen ~. Wie verhält sich jetzt der Zeiger?
d) Was schließt du aus deinen Beobachtungen?

Generatoren erzeugen durch Drehbewegung mithilfe von Spule und Magnet Elektrizität. Die Fahrradlichtmaschine ist ein Generator.

1 Nenne den Unterschied zwischen Generator und Elektromotor.

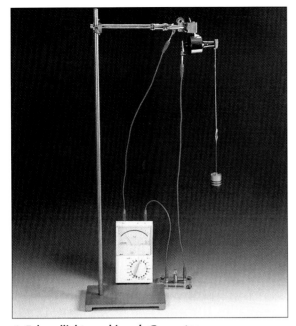

1 Fahrradlichtmaschine als Generator

3.5 Generator und Elektromotor im Einsatz

Wenn an eine Fahrradlichtmaschine zwei Lämpchen parallel angeschlossen werden, lässt sie sich schwerer drehen als bei nur einem Lämpchen. Die **Belastung** ist größer. Ähnlich gilt das auch bei großen Generatoren. Erhöht sich der Bedarf an Elektrizität, so muss der Generator mit entsprechend größerer Kraft gedreht werden.

Ein Generator wird bewegt und erzeugt Elektrizität. Ein Elektromotor benötigt dagegen Elektrizität, um seine Achse drehen zu können. Wird die Achse des Motors durch eine starke Belastung gebremst, wird die Stromstärke größer. Der Motor entnimmt dem Stromversorgungsnetz dann mehr Elektrizität.

> Je größer die Belastung eines Generators ist, desto mehr Kraft ist für die Drehbewegung erforderlich.
> Je größer die Belastung eines Motors ist, desto mehr elektrische Energie benötigt er.

1 Überlege dir einen Versuch, bei dem du die Fahrradlichtmaschine als Motor betreiben kannst. Baue den Versuch auf und führe ihn durch.

2 Warum wird die Zuleitung einer Küchenmaschine heiß, wenn sich die Knethaken nur sehr langsam im zähen Teig drehen können?

V1 a) Wickle nach Bild 1 auf das Antriebsrädchen eine 1,50 m lange Schnur, die in einer Schlaufe endet. Hänge einen Gewichtsteller in die Schlaufe. Baue einen Stromkreis aus einer Lampe (6 V | 2,4 W), einem Strommesser und der Fahrradlichtmaschine auf. Lege ein Wägestück von 100 g auf den Gewichtsteller. Lass das Antriebsrädchen los. Was beobachtest du?
b) Wiederhole den Versuch mit zwei baugleichen, parallel geschalteten Lämpchen. Beobachte die Lämpchen und den Strommesser, nachdem du das Rädchen losgelassen hast. Was stellst du nun fest?

V2 a) Baue wie in Bild 2 einen Versuch aus einem Motor mit Getriebe und einer Riemenscheibe, einem Schalter, einem Strommesser, einem Spannungsmesser und einem Stromversorgungsgerät auf.
Führe über die Riemenscheibe eine Schnur, an deren Ende ein Gewichtsteller hängt. Schalte den Motor ein und miss die Stromstärke, wenn kein Wägestück aufgelegt ist. Regle die Spannung auf 12 V–. Trage den Messwert in die Tabelle ein.
b) Belaste den Gewichtsteller schrittweise mit 50 g-Wägestücken bis 150 g. Trage die jeweiligen Stromstärkewerte in die Tabelle ein. Achte auf eine gleich bleibende Spannung von 12 V–.

Wägestücke, je 50 g	Stromstärke
0	
1	

A3 Vergleiche bei den Versuchen V 2 a) und b) die Anzahl der aufgelegten Wägestücke und die dazu gehörigen Stromstärkewerte und formuliere das Ergebnis in einem Je-desto-Satz.

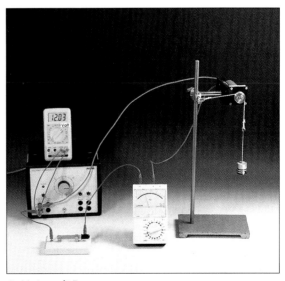

2 Motor mit Bremse

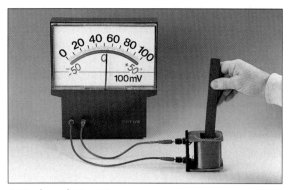

1 Spule und Magnet

4 Die elektromagnetische Induktion

4.1 Bewegung erzeugt Spannung

Wenn du einen Magneten wie in Bild 1 in einer Spule bewegst, so entsteht elektrische Spannung. Das Gleiche geschieht, wenn du die Spule über einen Magneten bewegst. Dieser Vorgang wird **Induktion** genannt, die Spannung wird **induziert.**
Wenn weder der Magnet noch die Spule bewegt wird, entsteht keine Spannung. Also müssen zur Induktion von Spannung drei Voraussetzungen gegeben sein: *Magnet, Spule, Bewegung.*
Mithilfe eines Messgerätes, dessen Zeiger in der Mitte steht, lässt sich zeigen, dass die Richtung der Bewegung Einfluss auf die Stromrichtung hat. Wenn der Zeiger beim Eintauchen des Magneten in die Spule nach links ausschlägt, bewegt er sich beim Herausziehen aus der Spule nach rechts.

V1 Baue den Versuch wie in Bild 1 auf. Beachte die Mittelstellung des Zeigers.
a) Schiebe einen Dauermagneten in die Spule mit 1200 Windungen. Beobachte dabei die Bewegung des Zeigers am Spannungsmessgerät. Beobachte den Zeiger auch beim Herausziehen des Magneten.
b) Schiebe die Spule über den Magneten und beobachte auch hierbei das Messgerät.
V2 Drehe den Magneten um und wiederhole V1.
V3 Wiederhole V1 und schiebe den Magneten mit unterschiedlichen Geschwindigkeiten in die Spule. Welchen Einfluss hat die Geschwindigkeit auf die Höhe der entstehenden Spannung?

Wovon hängt die induzierte Spannung ab?

Bewegst du den Magneten schnell, entsteht eine hohe Spannung. Bei langsamer Bewegung entsteht eine niedrige Spannung. Die Größe der induzierten Spannung hängt also von der **Geschwindigkeit** ab.
In einer Spule mit vielen Windungen lässt sich eine höhere Spannung induzieren als in einer Spule mit wenigen Windungen. Die Höhe der induzierten Spannung hängt also auch von der **Windungszahl** der Spule ab.
Wenn du verschieden starke Dauermagnete mit gleicher Geschwindigkeit in der gleichen Spule bewegst, entstehen verschieden hohe Induktionsspannungen. Ein starker Dauermagnet induziert eine hohe Spannung, ein schwacher Dauermagnet induziert eine niedrige Spannung. Die Höhe der induzierten Spannung hängt somit auch von der **Stärke des Dauermagneten** ab.

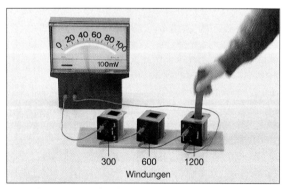

2 Spulen mit verschiedenen Windungszahlen

V4 Schalte nach Bild 2 drei Spulen in Reihe. Führe den Magneten nacheinander mit möglichst gleicher Geschwindigkeit in jede Spule ein. Welchen Einfluss hat die Windungszahl der Spule auf die Höhe der entstehenden Spannung?
V5 Führe V1 a) mit verschieden starken Dauermagneten bei gleicher Geschwindigkeit durch. Vergleiche die Messergebnisse.
A6 Formuliere die Ergebnisse aus allen Versuchen in einem Je-desto-Satz.

> Mit einem Magneten lässt sich durch Bewegung in einer Spule elektrische Spannung induzieren. Die Höhe der Spannung hängt ab von der Geschwindigkeit, mit der Magnet und Spule gegeneinander bewegt werden, von der Windungszahl der Spule und der Stärke des Dauermagneten.

1 Ein Lämpchen befindet sich mit einer Spule in einem Stromkreis. Es leuchtet nicht. Welche Voraussetzungen für die Induktion fehlen? Ergänze sie.

4.2 Induktion durch Drehbewegung

Auf Bild 1 wird mithilfe der Drehung eines Magneten eine Spannung induziert. Durch die Drehbewegung ändern sich die Richtung und die Stärke des Magnetfeldes in der Spule. Es wird durch den Eisenkern verstärkt.

In der Fahrradlichtmaschine dreht sich ein Dauermagnet in einer Spule, bei großen Generatoren drehen sich Elektromagnete. Auch hierbei entsteht eine Induktionsspannung, weil Magnetfelder in einer Spule ihre Richtung und ihre Stärke ändern.

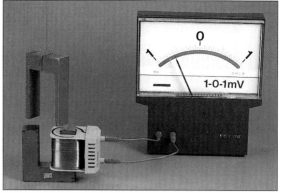

1 *Elektrizität durch drehbaren Dauermagneten*

> Wird das Magnetfeld einer Spule durch die Drehung eines Dauermagneten oder Elektromagneten geändert, so wird eine Spannung in der Spule induziert.

1 Vergleiche den Aufbau in Versuch 1 mit dem Aufbau einer Fahrradlichtmaschine.

2 Wie wird in der Fahrradlichtmaschine eine Spannung induziert?

3 Nenne weitere Beispiele, bei denen durch eine Drehbewegung elektrische Spannung induziert wird.

V1 Baue den Versuch nach Bild 1 auf.
a) Drehe den Magneten langsam und beobachte das Messgerät.
b) Drehe den Magneten mit größerer Geschwindigkeit und beobachte wieder das Messgerät. Vergleiche dein Ergebnis mit dem Ergebnis aus a) und begründe.

V2 Wiederhole V 1 mit einem Messgerät, das du auf das Zeichen ~ stellst. Begründe deine Beobachtungen.

FARADAY und die Induktion

Streifzug durch die Geschichte

2 *Michael Faraday*

Im Jahr 1820 bemerkte der dänische Forscher CHRISTIAN OERSTED (1777–1851), dass sich jeder Strom durchflossene Leiter mit einem Magnetfeld umgibt. Es ist also möglich, mithilfe des elektrischen Stromes eine Magnetnadel aus ihrer Nord-Süd-Richtung abzulenken. OERSTED entdeckte den Elektromagnetismus.

Der englische Naturforscher MICHAEL FARADAY (1791–1867) beschäftigte sich danach lange mit der Idee, diesen Vorgang umzukehren. Wenn es möglich ist, mit elektrischem Strom den Kompass zu beeinflussen, dann müsste es auch möglich sein, mithilfe eines Magneten Elektrizität zu erzeugen. Im Jahre 1831, elf Jahre nach der Entdeckung des Elektromagnetismus, gelang es ihm, in einer selbstgewickelten Spule mit zwei Stabmagneten einen schwachen Strom zu erzeugen. Er wies ihn mit einem Kompass nach, um den er einige Windungen der Spule gelegt hatte.

Mit der Entdeckung der Induktion durch MICHAEL FARADAY wurde die Möglichkeit geschaffen, Elektrizität in beliebiger Menge zu erzeugen.

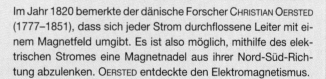

3 *Versuchsaufbau von Faraday*

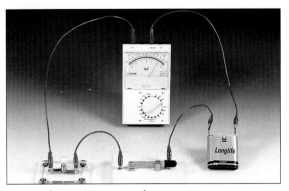

1 *Stromkreis mit Lampe und Messgerät*

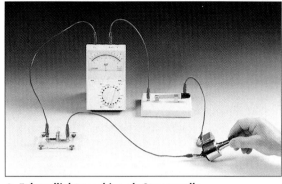

2 *Fahrradlichtmaschine als Stromquelle*

V1 Drehe den Zeiger des Messgerätes in Mittelstellung und baue den Versuch nach Bild 1 auf. Benutze eine Lampe (3,8 V | 0,3 A) und als Stromquelle eine Flachbatterie. Beobachte das Messgerät.

V2 Vertausche die Anschlüsse an der Batterie und beobachte erneut das Messgerät. Vergleiche die Zeigerbewegung mit der aus V 1.

V3 Ersetze die Batterie aus Bild 1 durch eine Fahrradlichtmaschine. Wie musst du das Messgerät schalten, damit es Strom anzeigt?

V4 Schließe eine Lampe (3,8 V | 0,3 A) an den Wechselstromausgang (~) des Stromversorgungsgerätes an. Schließe parallel zu der Lampe ein Oszilloskop an. Regle die Spannung auf 3,8 V. Schau dir das Bild auf dem Oszilloskop an und beschreibe es.

V5 Wiederhole V4 mit einer Flachbatterie. Welches Bild zeigt das Oszilloskop?

A6 Erkläre die unterschiedlichen Bilder auf dem Oszilloskop.

4.3 Wechselstrom, Wechselspannung

Im geschlossenen Stromkreis fließen die Elektronen vom Minuspol zum Pluspol. Diese Stromart kennst du als *Gleichstrom*. Wenn du die Anschlüsse einer Batterie im Stromkreis vertauschst, wechseln die Elektronen im Leiter ihre Fließrichtung.

Ganz anders verhält sich der Strom bei einer Fahrradlichtmaschine. Hier wechseln Plus- und Minuspol in schneller Folge. Damit ändert auch der Elektronenstrom ständig seine Richtung. Das erkennst du an der Hin- und Herbewegung des Zeigers am Messgerät. Es zeigt **Wechselstrom** an.

Mit dem Oszilloskop kannst du das Wechseln des Plus- und Minuspols auf eine andere Art sichtbar machen. Du erkennst auf dem Bildschirm eine wellenförmige Kurve. Sie wird *Sinuskurve* genannt und ist das Bild der **Wechselspannung.**

> Das Oszilloskop zeigt Wechselspannung als Sinuskurve an. Durch die Wechselspannung entsteht im Stromkreis Wechselstrom.

1 Welche der von dir benutzten Elektrogeräte arbeiten mit Gleichstrom und welche mit Wechselstrom?

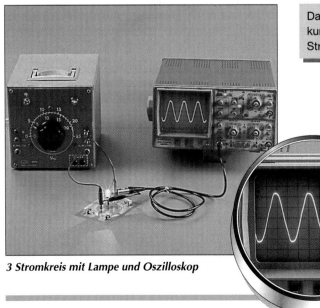

3 *Stromkreis mit Lampe und Oszilloskop*

4 *Wechselspannungskurve am Oszilloskop*

ELEKTRIZITÄT DURCH INDUKTION

In Windparks wird durch Generatoren Elektrizität erzeugt.

A1 Beschreibe, wie in einem Windkraftwerk durch Induktion Elektrizität entsteht.

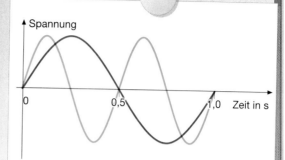

Hier siehst du zwei Wechselspannungskurven am Oszilloskop. Die rote Linie entsteht, wenn der Rotor eines Aufbaumotors, der als Generator geschaltet ist, in einer Sekunde einmal gedreht wird. Führt er in einer Sekunde zwei Umdrehungen durch, entsteht die blaue Linie. Die Anzahl der Wellenberge oder Wellentäler der Kurve, die in einer Sekunde entstehen, wird als **Frequenz** bezeichnet. Sie wird in **Hertz** (Hz) gemessen. Die rote Kurve stellt eine Frequenz von 1 Hz dar, die blaue eine von 2 Hz.

Die Spannung unseres Netzes und damit auch der Wechselstrom haben eine Frequenz von 50 Hz. Das bedeutet, dass das Bild der Spannung auf dem Oszilloskop 50 Wellenberge und 50 Wellentäler pro Sekunde zeigen würde. In der Technik kommen Wechselströme mit sehr viel höheren Frequenzen vor. Die modernsten Computer arbeiten mit einer Frequenz im Gigahertz-Bereich.

Weitere Frequenzeinheiten sind:
1 Kilohertz (kHz)   = 1 000   Hz
1 Megahertz (MHz) = 1 000 kHz =   1 000 000 Hz
1 Gigahertz (GHz) = 1 000 MHz = 1 000 000 000 Hz

A3 Schreibe folgende Frequenzen in ganzen Zahlen mit einer möglichst großen Einheit auf:
a)   3 000 Hz
b)   5 000 000 Hz
c) 7 000 000 000 Hz

A2 Welche Bauteile, die für die Erzeugung von Elektrizität notwendig sind, kannst du auf dem Foto erkennen?

1 Nenne die drei Voraussetzungen, die zusammenkommen müssen, wenn Elektrizität durch Induktion erzeugt werden soll.
2 Nenne Stromquellen, bei denen Elektrizität nicht durch Induktion erzeugt wird.
3 Zeichne ein Zeit-Spannungs-Diagramm für eine Frequenz von 4 Hz.

Pinnwand

KLEINE UND GROSSE ELEKTROMOTOREN

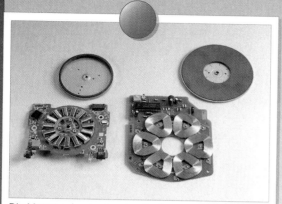

Die Motoren von Laufwerken in Computern enthalten mehrere Spulen. Sie sind flach, damit die Motoren wenig Platz einnehmen.

A1 Warum haben die Motoren in Laufwerken mehr als zwei Spulen?

Der kleinste fliegende Hubschrauber der Welt ist auf einer Erdnuss gelandet. Beide Mikromotoren sind etwa 3 mm hoch und haben einen Durchmesser von 1,5 mm.

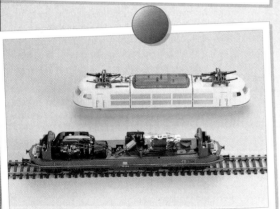

Unter dem Gehäuse der Lokomotive ist auf einem Achsenpaar ein Elektromotor befestigt. Der kleine Elektromotor sorgt für einen kräftigen Antrieb und eine schnelle Fahrt der Modellbahn.

A2 Wie wird der Motor der Lok mit Elektrizität versorgt?

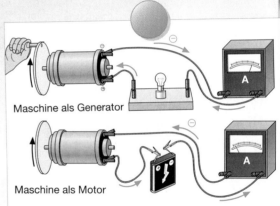

Maschine als Generator

Maschine als Motor

Generatoren und Elektromotoren haben den gleichen Aufbau. Im Generator wird eine Drehbewegung in Elektrizität umgewandelt. Diese kann dann eine Lampe zum Leuchten bringen. Der Elektromotor wandelt Elektrizität in eine Drehbewegung um. So können dann zum Beispiel die Knethaken einer Küchenmaschine gedreht werden.

A3 Welche Bauteile sind sowohl in einem Generator als auch in einem Elektromotor zu finden?

1 Welche Teile eines Elektromotors müssen auch in Mikromotoren enthalten sein?

2 Wie unterscheiden sich die Systeme zur Stromversorgung bei verschiedenen Modellbahnen?

3 Nenne den kleinsten und den größten Elektromotor in eurem Haushalt.

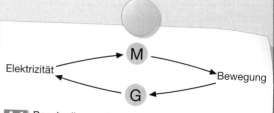

Elektrizität — M — Bewegung — G

A4 Beschreibe ausführlich die dargestellten Zusammenhänge.

Bau von Elektrofahrzeugen

In diesem Projekt baut ihr unter gleichen Bedingungen und mit denselben Baumaterialien gleiche Fahrzeuge. So ist ein abschließender Wettbewerb möglich. Ihr könntet zum Beispiel ein 10 m-Rennen veranstalten oder messen, welches Fahrzeug die geringste Abweichung beim Geradeausfahren hat. Viel Spaß!

Gruppe 1: Ein Propeller treibt ein Boot

In dieser Gruppe baut ihr ein Boot. Als Antrieb dient euer selbstgebauter Elektromotor. Das Fahrzeug darf nur ein geringes Eigengewicht haben. Hartschaum hat sich hier als Baumaterial gut bewährt.

Den Bootskörper könnt ihr aus übereinander geklebten Hartschaumplatten gestalten. Holzleim ist ein geeigneter Klebstoff.

Auf der Achse des Motors wird eine vorgebohrte Holzscheibe befestigt. Sie ist im Bausatz enthalten. Ein dreiflügeliger Propeller wird dann auf diese Holzscheibe geklebt.

Der Bootskörper muss soweit aus dem Wasser ragen, dass der Propeller nicht ins Wasser eintaucht. Ihr könnt die Blätter des Propellers auch verkürzen.

Damit das Boot nicht umkippt, muss ein Kiel vorhanden sein. Dafür könnt ihr kleine, schwere Metallteile nehmen, zum Beispiel einen Zimmermannsnagel.

Die oberste Hartschaumschicht muss so ausgehöhlt werden, dass eine passende Vertiefung für den 9 V-Block entsteht.

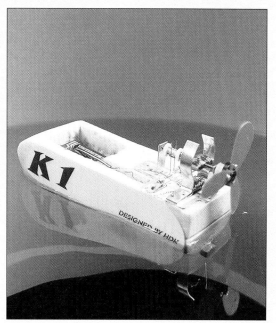

1 Schiff ahoi!

Gruppe 2: Ein Propeller auf vier Rädern

In dieser Gruppe baut ihr ein Fahrzeug, das durch einen industriell hergestellten Elektromotor angetrieben wird. Der dreiblättrige Propeller sorgt für erstaunlich zügige Fahrt der Leichtkonstruktion.

Dem Bausatz liegt eine ausführliche Bauanleitung bei. Zusätzlich solltet ihr Folgendes beachten:
1. Setzt beim Zusammenleimen von Ober- und Unterteil die Klemmzwingen nicht direkt auf das Sperrholz. Legt gerade, stabile Lattenreste dazwischen, dann entstehen keine Werkzeugspuren.
2. Schlagt mit einem kleinen Nagel Vertiefungen an die Stellen, wo die Ringschrauben zur Achsenhalterung befestigt werden. Dann sind sie leicht einzudrehen.
3. Lötet die elektrischen Verbindungen am Motor und an den Klemmsteckern zur Batterie. Nur so ist ein zuverlässiger Kontakt möglich.

2 Ein schneller Flitzer

1 Transformator in einem Ladegerät

A1 Beschreibe den Aufbau eines Transformators anhand von Bild 1.

V2 **Lehrerversuch:** Ein Trafo wird wie in Bild 2 mit einer Spule mit 1200 Windungen an 230 V angeschlossen. Als zweite Spule wird ein langes Experimentierkabel mit 12 Windungen auf den U-Kern gewickelt. Daran wird eine Glühlampe für 2,5 V angeschlossen.

A3 Vergleiche in V2 die Spannung an der Spule mit 1200 Windungen mit der an der Spule mit 12 Windungen. Wozu dient hier der Trafo?

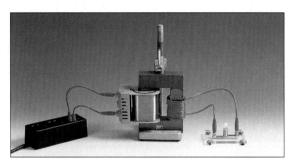

2 Eine 2,5 V-Glühlampe an 230 V

V4 **Lehrerversuch:** Die Eingangsspule eines Trafos hat 12 Windungen. Sie wird wie in Bild 3 an 4 V Wechselspannung angeschlossen. An die Ausgangsspule mit 1200 Windungen wird eine 230 V-Glühlampe angeschlossen.

A5 Beschreibe den Aufbau von V4. Wozu dient jetzt der Trafo? Vergleiche die Spannungen an den beiden Spulen miteinander.

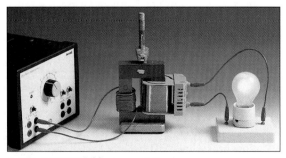

3 Eine 230 V-Glühlampe an 4 V

5 Spannung verändern

5.1 Zwei Spulen und ein Eisenkern

Viele elektrische Geräte, zum Beispiel deinen Discman, kannst du mit aufladbaren Batterien betreiben. Diese kleinen Akkumulatoren, auch Akkus genannt, müssen mit einer Spannung von etwa 1,5 V geladen werden. Das Ladegerät schließt du aber an die Steckdose mit 230 V an. Wie ist das möglich?

Im Ladegerät ist ein **Transformator** (kurz: Trafo) eingebaut. Er besteht aus zwei voneinander völlig getrennten Spulen, die auf einen gemeinsamen Eisenkern aufgesetzt sind. Die erste Spule, die *Eingangsspule,* wird an eine Wechselspannung angeschlossen. So entsteht in dieser Spule ein Strom, der den Eisenkern magnetisiert. Der Eisenkern leitet das Magnetfeld in die zweite Spule, die *Ausgangsspule.* Dort wird durch elektromagnetische Induktion eine Spannung erzeugt.

Da die Ausgangsspule erheblich weniger Windungen hat als die Eingangsspule, entsteht eine sehr viel niedrigere Spannung. So kannst du die Akkus laden. Mit einem ähnlichen Aufbau (Bild 2) lässt sich auch eine 4 V-Glühlampe an 230 V betreiben.

Spannung kann erhöht werden

Zum Transport der elektrischen Energie vom Kraftwerk zum Verbraucher werden sehr hohe Spannungen gebraucht. Dadurch lassen sich Verluste durch Wärmeabstrahlung von den Überlandleitungen verringern. Beim Trafo am Kraftwerk liegt die vom Kraftwerk erzeugte Spannung, zum Beispiel 5000 V, an der Eingangsspule. Die Ausgangsspule hat eine sehr viel größere Windungszahl. Damit ergibt sich auch eine sehr viel größere Spannung, oft 380 000 V. Je größer die Windungszahl der Ausgangsspule ist, desto größer ist auch die Ausgangsspannung.

> Ein Transformator besteht aus zwei elektrisch nicht miteinander verbundenen Spulen auf einem gemeinsamen Eisenkern. Ein Trafo kann Spannung herauf- oder herabsetzen.

1 Zähle Beispiele auf, wo ein Transformator eingesetzt wird.

2 Warum braucht ein Transformator keine elektrische Verbindung zwischen seinen Spulen?

DER TRANSFORMATOR

Ein Trafo transformiert die Spannung von 5 000 V aus dem Kraftwerk auf 220 000 V oder 380 000 V. Dadurch wird die elektrische Energie mit wenig Verlust durch die Überland-leitungen transportiert.

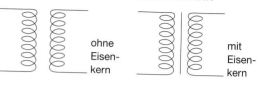

Kraft-werk

Trafostation

Schaltzeichen und Formeln

ohne Eisen-kern

mit Eisen-kern

Für die *Spannungs-Übersetzung* gilt:
Hat die Ausgangsspule die doppelte Windungszahl der Eingangsspule, dann ist die Ausgangsspannung doppelt so groß wie die Eingangsspannung.

$$U_E : U_A = n_E : n_A$$

Für die *Strom-Übersetzung* gilt:
Die Stromstärke im Ausgangs-Stromkreis bestimmt die Stromstärke im Eingangs-Stromkreis. Hat die Ausgangs-spule die halbe Windungszahl der Eingangsspule, dann ist die Stromstärke im Ausgangs-Stromkreis doppelt so groß wie die Stromstärke im Eingangs-Stromkreis.

$$I_E : I_A = n_A : n_E$$

Dabei bedeuten
U_E: Eingangsspannung
U_A: Ausgangsspannung
n_E: Windungszahl der Eingangsspule
n_A: Windungszahl der Ausgangsspule
I_E: Stromstärke im Eingangs-Stromkreis
I_A: Stromstärke im Ausgangs-Stromkreis

Elektroschweißen

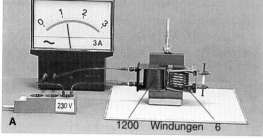

A

1200 Windungen 6

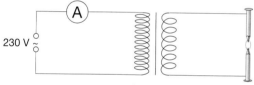

230 V

$n_E =$ 1200 Windungen $n_A =$ 6 Windungen

B

Beim Elektroschweißen liegen die Schweißelektrode und ein Metallstück im Stromkreis der Ausgangsspule eines Trafos. Diese hat sehr viel weniger Windungen als die Eingangsspule. Durch die Schweißstelle fließt Elektrizität mit sehr hoher Stromstärke. Dadurch erhitzen sich das Metall und der Schweißdraht. Sie werden glühend und schmelzen. Beim Erkalten sind die Metallstücke dann fest miteinander verbunden.

V 1 **Lehrerversuch:** Der Versuch wird nach dem Bild A aufgebaut.
A 2 Beschreibe deine Beobachtung aus V 1.
A 3 Überlege, ob die Ausgangsspannung größer oder kleiner als die Eingangsspannung ist.
A 4 Die Nägel in V 1 schließen die Ausgangsspule kurz. Was vermutest du aus deiner Beobachtung der Nägel über die Höhe der Stromstärke im Ausgangskreis?

1 Erkundige dich auf Baustellen oder in Werkstätten, wo das Elektroschweißen angewandt wird.
2 Wo wird in einer Hochspannungsanlage die Spannung durch einen Trafo erhöht, wo vermindert?

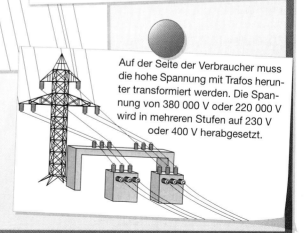

Auf der Seite der Verbraucher muss die hohe Spannung mit Trafos herun-ter transformiert werden. Die Span-nung von 380 000 V oder 220 000 V wird in mehreren Stufen auf 230 V oder 400 V herabgesetzt.

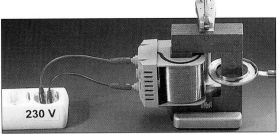

1 Metall wird elektrisch geschmolzen.

V1 **Lehrerversuch:** Der Transformator wird nach Bild 1 aufgebaut. Die Eingangsspule mit 600 Windungen wird über einen Schalter an 230 V angeschlossen.
A2 Berichte über das Ergebnis von V 1. Was schließt du aus dem Versuchsergebnis über die Stromstärke in der Schmelzrinne?
V3 **Lehrerversuch:**
Der Versuch wird nach Bild 2 aufgebaut. Zum Zünden des Lichtbogens müssen sich die Elektroden kurz berühren.

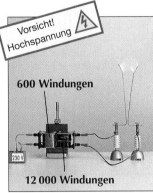

2 Ein Hochspannungs-Lichtbogen

A4 Wie groß ist die Spannung an den Elektroden gegenüber der Eingangsspannung in V 3? Wo hast du solche Leuchterscheinungen schon gesehen?
V5 **Lehrerversuch:** Die Anlage wird nach Bild 3 mit einem langen Eisenkern aufgebaut. Der Schalter wird mehrmals betätigt.
A6 Was kannst du in V 5 über die Größe der Spannung zwischen den Elektroden sagen?

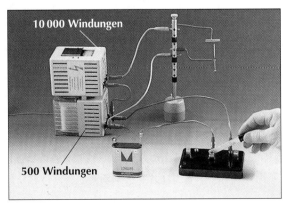

3 Modell einer Autozündanlage

5.2 Der Transformator im Einsatz

Außer zum Schweißen kann ein Transformator auch zum Schmelzen eingesetzt werden. Dazu ist es wieder notwendig, dass ein hoher Strom entsteht. Deshalb darf die Ausgangsspule nur wenige Windungen haben. Bild 1 zeigt einen solchen Aufbau. Die Schmelzrinne besteht aus Metall und stellt die einzige Windung der Ausgangsspule dar. Daher wird das darin liegende Metall sehr schnell flüssig. In der Industrie werden solche *Induktionsöfen* bei der Herstellung von Metalllegierungen eingesetzt.

Vorsicht – Hochspannung

Beim Umgang mit Transformatoren muss jeder sehr vorsichtig sein. Wenn die Ausgangsspule sehr viel mehr Windungen hat als die Eingangsspule, liegt an der Ausgangsspule eine hohe Spannung an. Das lässt sich an einem Versuch nach Bild 2 gut zeigen. Durch die Wahl der Windungszahlen herrscht an den Elektroden eine Spannung von 4600 V. Bei geeigneter Wahl der Spulen lassen sich noch sehr viel höhere Spannungen erzeugen.

Hohe Spannungen brauchen auch die *Zündkerzen* eines Benzinmotors. Die Hochspannung wird mit einem Trafo erzeugt. Eine Schwierigkeit hierbei liegt allerdings darin, dass die Eingangsspule nur mit 12 V *Gleichspannung* aus der Autobatterie versorgt werden kann. Bei 12 V entsteht aber kein ausreichender Zündfunke. Hier kann ein Trick helfen. Beim Schalten des Gleichstroms entsteht in der Ausgangsspule der **Zündanlage** die notwendige hohe Spannung von 15 000 V. Ein Steuergerät sorgt dafür, dass nacheinander alle vier Zündkerzen des Automotors mit dieser Spannung versorgt werden.

> Hat die Ausgangsspule eines Transformators nur wenige Windungen, so lassen sich damit hohe Stromstärken erzeugen. Bei großer Windungszahl der Ausgangsspule liegt an dieser eine hohe Spannung an.

1 Warum werden elektrische Schmelzöfen zur Edelstahlherstellung Induktionsöfen genannt?
2 Wie lässt sich mit einem Trafo große Stromstärke, wie lässt sich hohe Spannung erzeugen?
3 a) Wie lässt sich eine Spannung von 12 V auf 15 000 V bringen?
b) Mit welchem technischen Trick funktioniert ein Trafo auch bei Gleichspannung?

5.3 Gleichspannungsversorgung

Mithilfe eines Trafos lässt sich die Wechselspannung von 230 V auf den Bereich von 0 V bis 24 V heruntertransformieren. Allerdings liegt dann immer noch Wechselspannung am Ausgang an. Für sehr viele Zwecke wird aber **Gleichspannung** benötigt.

Die Wechselspannung muss also in Gleichspannung umgeformt werden. Eine **Diode** ist ein solcher *Gleichrichter*. Die Diode ist ein elektronisches Ventil, das Elektronen nur in einer Richtung fließen lässt. Du kennst sie als *Leuchtdiode* in vielen Geräten. Ihr Aussehen und die Schaltzeichen findest du in Bild 1.

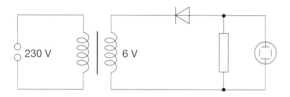

2 Einweg-Gleichrichtung

Bild 2 zeigt den Schaltplan eines Netzgerätes, das Gleichspannung bereitstellt. Du brauchst nur eine Diode in den Stromkreis zu schalten. Schließt du an den Ausgang ein Oszilloskop an, siehst du eine Kurve, die nur oberhalb der Nulllinie verläuft. Der untere Teil ist abgeschnitten (Bild 4 B). Du erhältst eine Gleichspannung, die durch „Pausen" unterbrochen ist.

Die Zweiweg-Gleichrichtung

Ein technischer Trick hilft, die in den „Pausen" nicht genutzte Energie der Wechselspannung dennoch zu nutzen. Die Schaltung zeigt Bild 3. Es ist eine **Zweiweg-Gleichrichtung.** Diese Anordnung von Dioden heißt **Brückenschaltung.**

Das Bild auf dem Oszilloskop zeigt, dass der bei der Einweg-Gleichrichtung nicht genutzte Teil der Energie jetzt auch zur Verfügung steht. Die Spannungskurve ist aber immer noch sehr wellig. Sie zeigt *pulsierenden Gleichstrom* (Bild 4 C).

> Wechselspannung kann mithilfe von Dioden in einer Einweg- oder Zweiweg-Gleichrichterschaltung in Gleichspannung umgewandelt werden.

1 Erkläre die Begriffe Einweg-Gleichrichterschaltung und Zweiweg-Gleichrichterschaltung.

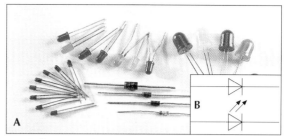

1 Dioden (A) und ihre Schaltzeichen (B)

A1 Nenne Geräte, die Leuchtdioden enthalten.
V2 Baue einen Versuch nach Bild 2 auf. Schließe parallel zum Widerstand ein Oszilloskop an. Beschreibe den Verlauf der Spannungskurve. Vergleiche sie mit der Wechselspannungskurve.

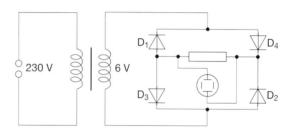

3 Brückengleichrichtung

V3 Baue den Versuch nach Bild 3 auf. Wiederhole V 2. Was hat sich gegenüber dem Ergebnis von V 2 an der Spannungskurve geändert?

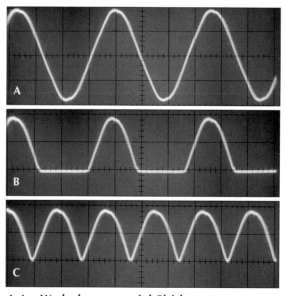

4 Aus Wechselspannung wird Gleichspannung.

6 Chemie und Elektrizität

6.1 Die Zitronenbatterie

Elektrische Energie aus einer Zitrone? Ganz einfach: Ein Zinkblech und ein Kupferblech werden als Elektroden in eine Zitrone gesteckt, ohne dass sie sich berühren. Schon zeigt eine angeschlossene Uhr die Zeit an. Die Prüfung mit dem Spannungsmesser zeigt eine Spannung von etwa 1 V. Das Zinkblech bildet den *Minuspol,* das Kupferblech den *Pluspol.*

Die Zitrone kannst du durch einen Apfel oder eine andere saftige Frucht ersetzen oder du nimmst ein Becherglas mit einer *Säure,* einer *Lauge* oder einer *Salzlösung.*

Solche chemischen Stromquellen heißen **galvanische Zellen.** Die Bezeichnung erinnert an den italienischen Naturforscher Luigi Galvani (1737–1798). Die galvanischen Zellen bestehen aus *zwei verschiedenen Metallen* in einer elektrisch leitfähigen Lösung, einem *Elektrolyten.*

Ursache der Spannung sind chemische Reaktionen an den Metallen. Das *unedlere* Metall (das Zink) löst sich dabei auf. Aus dem Zink wird Zinksalz. Dabei werden Elektronen abgegeben. Deshalb bildet das Zink den Minuspol. Die Elektronen fließen außen zur Kupferelektrode, dem Pluspol. Das ist nur so lange möglich, bis die Zinkelektrode verbraucht ist.

V1 Stecke eine Zinkelektrode und eine Kupferelektrode erst in destilliertes Wasser, dann in eine Zitrone oder einen Apfel. Prüfe jeweils, ob eine Spannung anliegt.

V2 a) Stelle zwei gereinigte, blanke Kupferblechstreifen in verdünnte Natronlauge (2 %ig). Miss die Spannung zwischen den beiden Elektroden.

b) Ersetze dann wie in Bild 2 einen Kupferblechstreifen durch einen blanken Zinkblechstreifen, wiederhole a) und vergleiche.

V3 Wiederhole V2 mit Elektroden aus anderen Metallen. Notiere in einer Tabelle die zugehörigen Spannungen.

1 Eine Uhr mit Zitronenbatterie

Die Höhe der Spannung einer galvanischen Zelle hängt von den Metallen ab. Zwischen Zink und Eisen sind es etwa 0,3 V, zwischen Zink und Silber etwa 1,6 V. Die Metalle lassen sich nach der Höhe der Spannung anordnen, die zwischen ihnen gemessen werden kann. So ergibt sich eine *Spannungsreihe.*

> In einer galvanischen Zelle wird chemische Energie in elektrische Energie umgewandelt.

1 Warum kann eine galvanische Zelle nicht beliebig lange elektrische Energie zur Verfügung stellen?

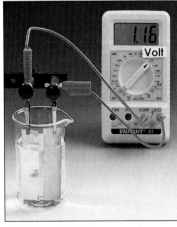

2 Galvanisches Element

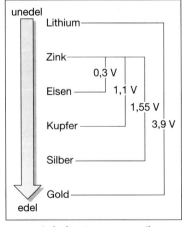

3 Minuspol und Pluspol

unedel

Lithium

Zink

0,3 V

Eisen   1,1 V

1,55 V

Kupfer   3,9 V

Silber

Gold

edel

4 Vereinfachte Spannungsreihe

6.2 Batterien im Alltag

Auch die Batterien, die wir alltäglich verwenden, bestehen aus einer oder mehreren galvanischen Zellen.

Wenn du die Umhüllung einer 4,5 V-Flachbatterie entfernst, erkennst du drei in Reihe geschaltete **Zink-Kohle**-Zellen. Die Zinkbecher bilden jeweils den *Minuspol*. Ein Kohlestab, der in einem Gemisch aus Braunstein und Ruß in einer eingedickten Salzlösung steckt, bildet den *Pluspol*. Die Spannung einer Zelle beträgt 1,5 V. Eine solche Batterie ist nicht auslaufsicher. Das siehst du, wenn du eine neue mit einer gebrauchten Flachbatterie vergleichst (Bild 1). Das Zink zersetzt sich beim Entladen und der Zinkbecher bekommt Löcher.

Langlebiger und teurer, aber dafür auslaufgeschützt sind die **Alkali-Mangan-** oder **„Alkaline"**-Zellen. Hier befindet sich eine Zinkelektrode im Inneren der Zelle. Der Elektrolyt ist Kalilauge.

Für Armbanduhren, Hörgeräte und vieles andere werden Knopfzellen eingesetzt. Bei der **Zink-Silberoxid**-Knopfzelle bildet ebenfalls Zink den Minuspol, Silberoxid bildet den Pluspol. Solche Zellen sind sehr langlebig und halten während des Gebrauchs eine gleichbleibende Spannung.

> Batterien bestehen aus galvanischen Zellen unterschiedlicher Bauart.

1 Stelle in einer Übersicht die Arten der von dir verwendeten Batterien zusammen. Gib jeweils ihre Spannung an.

2 Warum sollten Batterien entfernt werden, wenn ein Gerät längere Zeit nicht gebraucht wird?

1 Flachbatterie, neu und entladen

V1 Stelle aus einer Kohle- und einer Zink-Elektrode in einem Becherglas eine galvanische Zelle zusammen. Verwende als Elektrolytlösungen erst Salzlösung, danach Natronlauge (2 %ig). Miss die Spannungen und vergleiche die Messwerte.

V2 Untersuche eine Flachbatterie, bei der die äußere Umhüllung entfernt wurde. Achte darauf, dass die Isolierpappe zwischen den Zellen nicht mit entfernt wird.
a) Prüfe, wie die einzelnen Zellen elektrisch miteinander verbunden sind und zeichne, wie die Zellen geschaltet sind. Vergleiche mit dem Schaltzeichen der Batterie.
b) Miss die Spannungen der einzelnen Zellen und der ganzen Batterie. Vergleiche die Messwerte.

A3 Warum gelten Alkali-Mangan-Zellen als auslaufsicher, Zink-Kohle-Zellen dagegen nicht, obwohl sich bei beiden Batterietypen die Zinkelektroden beim Entladen auflösen?

A4 Eine Alkali-Mangan-Blockbatterie hat eine Spannung von 9 V. Wie muss sie aufgebaut sein?

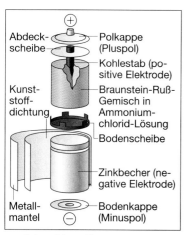

2 Zink-Kohle-Zelle

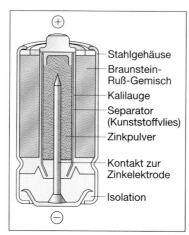

3 Alkaline-Zelle

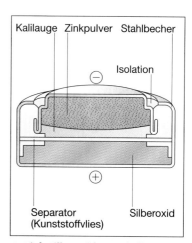

4 Zink-Silberoxid-Knopfzelle

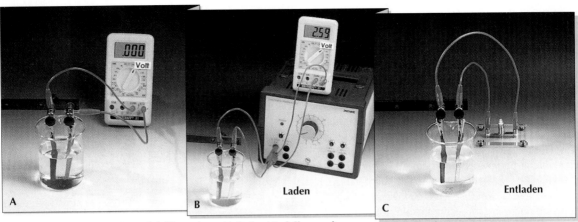

1 *Laden und Entladen einer Bleiakkumulator-Zelle im Modellversuch*

6.3 Der Bleiakkumulator

Im Vergleich zur elektrischen Energie aus dem Stromversorgungsnetz ist die Energie aus Batterien überaus teuer. Außerdem verursachen die verbrauchten Batterien Umweltprobleme bei der Entsorgung, denn sie enthalten giftige Schwermetalle, zum Beispiel Quecksilber. Für viele Anwendungen sind deshalb *wiederaufladbare* Stromquellen wie die Nickel-Cadmium-Akkus (NiCd-Akkus) zweckmäßiger. Eine wiederaufladbare Stromquelle, ohne die kein Auto in Gang zu setzen wäre, ist der seit langem bewährte **Bleiakkumulator** (Bleiakku).

Im Akkumulatormodell (Bild 1 A) tauchen zwei zunächst gleiche Bleiplatten in verdünnte Schwefelsäure. In dieser Form enthält der Akku noch keine elektrische Energie. Er muss zuerst *geladen* werden. Dazu werden die Elektroden an eine Gleichspannung von 2,6 V angeschlossen. Dadurch bildet sich auf dem Pluspol eine Schicht von braunem Bleioxid. Der *Minuspol* bleibt metallisch graues Blei (Bild 1 B). Bei diesem Vorgang wird also elektrische Energie mithilfe chemischer Veränderungen *gespeichert.*

Beim *Entladen* laufen die chemischen Vorgänge in umgekehrter Richtung ab. So wird am Pluspol aus Bleioxid wieder Blei. Dabei wird chemische Energie wieder in elektrische Energie umgewandelt (Bild 1 C). Nach vollständigem Entladen hat der Akku keine Energie mehr und muss wieder geladen werden. Das Laden und Entladen lässt sich ständig wiederholen. Eine Autobatterie mit 12 V ist aus mehreren solcher Akkumulatorzellen aufgebaut. Jede stellt eine Spannung von 2 V zur Verfügung.

> Im Bleiakkumulator wird elektrische Energie mithilfe chemischer Energie gespeichert. Im Unterschied zur Batterie sind die Vorgänge an den Elektroden umkehrbar.

1 Nenne Vorteile und Nachteile von Akkus im Vergleich zu anderen Stromquellen.

2 Warum sind Akkus umweltfreundlicher als Batterien, obwohl auch sie giftige Schwermetalle enthalten?

V1 Lehrerversuch:
a) Zwei gut gereinigte Bleibleche werden wie in Bild 1 A in 20 %ige Schwefelsäure gestellt. Zwischen beiden Bleielektroden wird die Spannung gemessen.
b) Die Bleielektroden werden etwa 20 Minuten lang an den Plus- und Minuspol eines Stromversorgungsgerätes bei 2,5 V Gleichspannung angeschlossen. Danach wird erneut die Spannung zwischen den Bleielektroden gemessen.
c) An die Elektroden wird eine Glühlampe (1,5 V | 0,1 A) angeschlossen (Bild 1 C). Wenn die Lampe nicht mehr leuchtet, wird wieder die Spannung gemessen.
A2 Vergleiche die Ergebnisse der Spannungsmessungen vor und nach dem Laden und notiere die Veränderungen an den Bleiblechen.

2 *Autobatterie*

Pinnwand

BATTERIEN UND UMWELT

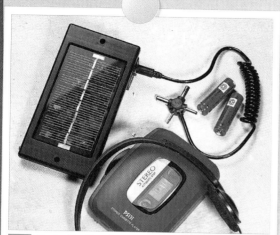

A 1 Suche Geräte, die mit Solarzellen betrieben werden und die für ihren Betrieb einen Akku benötigen.

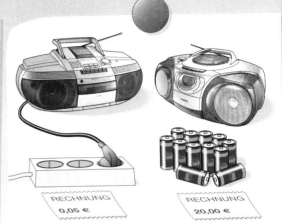

Batterien sind sehr teure Energieträger. Für ihre Herstellung wird bis zu 500-mal mehr Energie benötigt als später wieder zur Verfügung gestellt wird. Im praktischen Gebrauch ist die Energie aus Batterien bei gleicher Betriebsdauer 3000-mal bis 6000-mal teurer als die Energie aus dem Stromversorgungsnetz.

A 3 Wie lassen sich die durch Batterien verursachten hohen Energiekosten verringern?

Die Akkus und Batterien, die in einem Jahr in Deutschland verkauft werden, enthalten etwa 700 t Cadmium, 3 t Quecksilber, 5 t Silber, 700 t Nickel, 4 000 t Zink und 180 000 t Blei. Damit diese giftigen Schwermetalle nicht in die Umwelt gelangen, dürfen verbrauchte Akkus und Batterien nicht in den Hausmüll „entsorgt" werden. Sie müssen dem Händler oder einer kommunalen Sammelstelle zurück gegeben werde. Dazu sind alle Endverbraucher gesetzlich verpflichtet. Durch moderne Recycling-Verfahren können über 80 % der Inhaltsstoffe wieder verwertet werden.

A 2 Batterien werden als „bedeutendste Produktgruppe für die Schwermetallbelastung des Hausmülls" bezeichnet. Was ist damit gemeint?

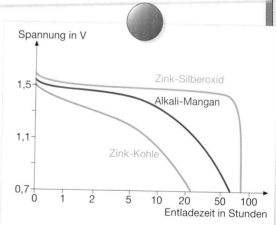

Entladungskurven zeigen, wie schnell die Spannung einer Batterie beim Entladen absinkt. Um solche Kurven zu erstellen, werden die Batterien bei jeweils gleicher Belastung fortlaufend entladen.

A 4 Vergleiche die Entladungskurven.

A 5 Warum sind Zink-Kohle-Batterien trotz ihres Preisvorteils nicht immer die richtige Wahl?

A 6 Welcher Batterietyp eignet sich für elektronische Geräte, die eine möglichst gleichbleibende Spannung benötigen?

1 Aufdruck auf einer Glühlampe

A1 Betrachte die Angaben über elektrische Werte auf verschiedenen Glühlampen und vergleiche sie.

V2 Miss in einem Stromkreis aus Batterie und Glühlampe (6 V I 3 W) Spannung und Stromstärke. Berechne das Produkt.

Mit welchem Wert auf der Lampe lässt sich das Ergebnis vergleichen?

2 Typenschild eines Elektro-Gerätes

A3 Welche Angaben kannst du den Typenschildern verschiedener Elektrogeräte entnehmen?

V4 a) Wiederhole V2 und miss die Zeit, in der die Lampe leuchtet. Berechne die elektrische Arbeit.

b) Führe den gleichen Versuch mit einer Glühlampe (3,8 V I 0,3 A) durch.

c) Bei welcher Lampe war die elektrische Arbeit größer? Welche Lampe hat mehr elektrische Energie umgewandelt? Begründe deine Antwort.

7 Energie und Geld

7.1 Elektrische Leistung

Auf allen Glühlampen und elektrischen Geräten findest du einen Aufdruck wie in Bild 1 oder ein Typenschild wie in Bild 2. Darauf ist die Spannung angegeben, bei der das Gerät eingesetzt werden darf, zum Beispiel 230 V. Die zweite Angabe ist die **elektrische Leistung,** bei einer Glühlampe zum Beispiel 60 W.

Um die elektrische Leistung zu bestimmen, musst du bei einer bestimmten Spannung die Stromstärke messen. Die elektrische Leistung ergibt sich als Produkt der Werte der Spannung und der Stromstärke.

Die Leistung wird in **Watt (W)** angegeben. Diese Einheit wurde zu Ehren des englischen Erfinders JAMES WATT (1736–1819) gewählt. Größere Leistungen werden in Kilowatt (kW) oder Megawatt (MW) angegeben.

Elektrische Arbeit

Ein elektrisches Gerät wandelt elektrische Energie in eine andere Energieform um. Die Größe der umgewandelten Energie hängt von der Zeit ab. Das Produkt aus der Leistung und der Zeit heißt **elektrische Arbeit.**

Die Einheit der elektrischen Arbeit ist **Wattsekunde (Ws).** Größere Werte für die elektrische Arbeit werden in Kilowattstunden (kWh) angegeben.

> Elektrische Leistung ist das Produkt aus Spannung und Stromstärke. Elektrische Arbeit ergibt sich als Produkt von Leistung und Zeit.

1 Warum gilt für die Einheiten $1\,V \cdot 1\,A = 1\,W$?

2 Warum steht auf dem Typenschild eines elektrischen Gerätes keine Angabe über die Arbeit?

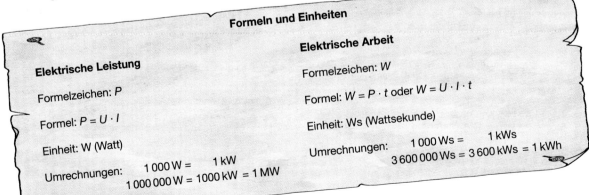

Formeln und Einheiten

Elektrische Leistung

Formelzeichen: P

Formel: $P = U \cdot I$

Einheit: W (Watt)

Umrechnungen: $1\,000\,W = 1\,kW$
$1\,000\,000\,W = 1000\,kW = 1\,MW$

Elektrische Arbeit

Formelzeichen: W

Formel: $W = P \cdot t$ oder $W = U \cdot I \cdot t$

Einheit: Ws (Wattsekunde)

Umrechnungen: $1\,000\,Ws = 1\,kWs$
$3\,600\,000\,Ws = 3\,600\,kWs = 1\,kWh$

Elektrische und mechanische Arbeit

Wenn du einen Holzrahmen auf eine Holzplatte schrauben möchtest, hast du zwei Möglichkeiten. Du kannst die Holzschrauben von Hand mithilfe eines Schraubendrehers oder mit einem Akkuschrauber in das Holz hineindrehen. Für dieselbe Arbeit kannst du also mechanische oder elektrische Energie aufwenden. In beiden Fällen ist die verrichtete Arbeit gleich groß.

Mit der Hand brauchst du zum Schrauben allerdings länger als mit dem Akkuschrauber. Offenbar ist dabei deine Leistung geringer als die Leistung des Elektrogerätes. Du siehst: Um elektrische und mechanische Arbeit vergleichen zu können, musst du jeweils gleiche Tätigkeiten ausführen. Je geringer dabei deine Leistung ist, desto länger brauchst du für die Arbeit.

Die „Strom"-Rechnung

Einmal im Jahr wird der Zählerstand am Elektrizitätszähler abgelesen. Der Verbrauch an elektrischer Energie muss dem Energie-Versorgungsunternehmen (EVU) bezahlt werden. Du kannst den Verbrauch aus der Rechnung entnehmen. Damit kannst du auch die Gesamtkosten überprüfen. Dazu brauchst du einige Angaben, die auf der Energierechnung stehen:

Jetziger Stand: 30612 kWh
Vorjahresstand: − 25585 kWh
Verbrauch: 5027 kWh

Preis je 1 kWh: 0,13 €
Arbeitsbetrag: 5027 · 0,13 € = 653,51 €
Grundpreis: 43,00 €
Bereitstellungspreis: 34,00 €
Gesamtkosten: 730,51 €
Mehrwertsteuer (16 %):   116,88 €
Gesamtbetrag: 847,39 €

1 Warum ist die Bezeichnung „Stromzähler" falsch?

ILNAG Aktiengesellschaft
Betteltinenweg 77 • Postfach 54321 • 33033 Boderparn

ENERGIERECHNUNG
Erläuterungen siehe Rückseite

ILNAG
AKTIENGESELLSCHAFT

| JAHRESRECHNUNG 2001 | Rechnungsdatum 14. 1. 2002 | Bei Rückfragen wählen Sie bitte Tel. Nr. 0 52 51 1234- 567 | Ihre Kunden-Nr. (bei Rückfragen bitte angeben) 013.003.095.307.0 |

Post-Abr.- Nr.
48764   14
Herrn Frau Firma
GROSS-BEUFREND ILIANE
LANGEBEEN 23
33123 STRESSLINGEN

Verbrauchsermittlung

Vorjahresverbrauch		Zähler-Nr.	bis	Zähler-Stände		Verbrauch	
kWh	Tage.			neu	alt	kWh	Tage
1		2	3	4	5	6	7
6440	365	47277	31. 12. 01	30612	25585	5027	365

Abrechnung

Zähler End-Nr.	Abrechnungs- zeitraum		Hinweis auf Änderung	Verbrauch	Arbeitspreis	Arbeitsbetrag	Grundpreis	Bereitstellungs- preis	Gesamt- kosten	Umsatz- steuer	Gesamt- betrag
	vom	bis	in Spalte	kWh	€/kWh	€	€/Jahr	€	€	% €	€
8	9		10	11	12	13	14	15	16	17	18
D 277	0101	3112		5027	0,13	653,51	43,00	34,00	730,51	116,88	847,39

1 Eine Energierechnung

Steinkohle   Braunkohle

1 Wichtige Energieträger

A1 Nenne die zwei wichtigsten Energieträger. Welche Energieträger kennst du noch? Schreibe sie auf.

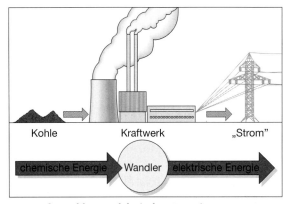

Kohle   Kraftwerk   „Strom"

chemische Energie   Wandler   elektrische Energie

2 Von der Kohle zur elektrischen Energie

A2 Beschreibe Bild 2 und erläutere die Energieumwandlung.
A3 Nenne weitere Möglichkeiten, aus Primärenergieträgern elektrische Energie zu bekommen.

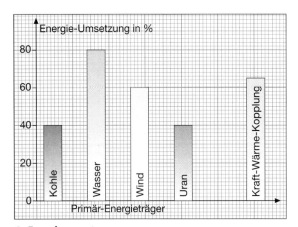

Energie-Umsetzung in %

Primär-Energieträger

Kohle — Wasser — Wind — Uran — Kraft-Wärme-Kopplung

3 Energieausnutzung

8 Energiebedarf und die Folgen

8.1 Energiewandlung und Wirkungsgrad

Damit du elektrische Energie nutzen kannst, müssen erst andere Formen von Energie umgewandelt werden. Diese Energie wird als **Primärenergie** bezeichnet. Als wichtigste *Primär-Energieträger* kennst du Steinkohle, Braunkohle, Erdöl und Erdgas sowie Uran. Weitere Energieträger sind Wasser, Wind und Biomasse wie Holz oder Gülle. Der wichtigste Energielieferant aber ist die Sonne.

Elektrische Energie wird in Wärmekraftwerken aus der chemischen Energie der Kohle, des Erdöls oder des Erdgases gewonnen. Wasser- oder Windkraftwerke wandeln die Bewegungsenergie von Wasser und Wind in elektrische Energie um.

Die Primärenergie steckt also in einem **Energieträger** und wird mithilfe eines *Wandlers* in die **Sekundärenergie** Elektrizität umgeformt.

Kraft-Wärme-Kopplung erhöht den Wirkungsgrad

Kraftwerke arbeiten als Wandler zum Teil mit großen Verlusten. Bild 3 zeigt, wie gut die einzelnen Primär-Energieträger ausgenutzt werden können. Um die Güte von Energiewandlern vergleichen zu können, wird ihr **Wirkungsgrad** angegeben. Er gibt die jeweilige Energieausnutzung als Verhältnis der nach der Energieumwandlung nutzbaren zur eingesetzten Energie an.

Der Wirkungsgrad von neuen Kohlekraftwerken beträgt ungefähr 40 %. Das bedeutet, dass 60 % der eingesetzten Energie in Form von Wärme als *entwertete* Energie verloren gehen.

Die Kopplung zwischen Erzeugung elektrischer Energie und Verwertung der Abwärme hilft, den Verlust zu verringern. Diese **Kraft-Wärme-Kopplung** nutzt die Abwärme. Sie wird in Nah- und Fernwärmenetzen verteilt. Hier wird die Abwärme also sinnvoll für Heizung und Warmwasserbereitung in Wohnungen und Büros genutzt. Auf diese Weise werden höhere Wirkungsgrade erzielt.

> Der Wirkungsgrad gibt die Energieausnutzung bei Umwandlung von Primär- in Sekundärenergie an. Er kann durch Kraft-Wärme-Kopplung erhöht werden.

1 Bei welchem Energieträger in Bild 3 ist der Wirkungsgrad am größten, bei welchem am kleinsten?
2 Wie lässt sich durch Kraft-Wärme-Kopplung der Wirkungsgrad eines Kraftwerkes erhöhen?

ERNEUERBARE ENERGIEN

Kohle, Öl, Gas und Uran reichen als Brennstoff für Kraftwerke nur eine begrenzte Zeit. Erdgas zum Beispiel wird wahrscheinlich in 50 Jahren nicht mehr zu fördern sein. Da kommt uns die Natur mit Energieträgern zu Hilfe, die immer wieder genutzt werden können. So lange die Sonne scheint, wird Wasser in Flüssen fließen und wird Wind wehen. Sonne, Wasser und Wind sind Energieträger von **erneuerbaren,** also **regenerativen Energien.**

Wasserkraftwerk

Wasserkraftwerke sind Laufwasserkraftwerke oder Kraftwerke an Stauseen. In beiden Kraftwerksarten wird die Bewegungsenergie des strömenden Wassers ausgenutzt. Das bewegte Wasser treibt Turbinen an, auf deren Achse ein Generator sitzt.

A3 Erläutere, warum die Energie, die bei Wasserkraftwerken genutzt wird, unerschöpflich ist.

Windkraftwerk

Ein Windkraftwerk hat einen Rotor, der fest mit der Achse eines Generators verbunden ist. So wird die Bewegungsenergie der Luft in elektrische Energie umgewandelt.

A1 Nenne Vorteile und Nachteile von Windkraftanlagen.

Kraftwerk mit Solarzellen

Das Kraftwerk auf der Nordseeinsel Pellworm besteht aus Solarzellen mit einer Gesamtfläche von 30 000 m². In einer Solarzelle wird die Sonnenenergie sofort in Elektrizität umgewandelt. Die Anlage hat eine elektrische Leistung von 600 kW bei voller Sonnenstrahlung.

A4 Welchen Nachteil hat ein Kraftwerk mit Solarzellen gegenüber einem Wasserkraftwerk?

A5 Kleine Kraftwerke mit Solarzellen kannst du sicher in deiner Nähe finden. Suche sie und berichte.

Solarkraftwerk

Im Solarkraftwerk von Almeria in Spanien wird das Sonnenlicht mit schwenkbaren Spiegeln auf wassergefüllte Röhren gelenkt. Das Wasser wird zu Dampf, der über Turbinen Generatoren antreibt. So wird aus der Wärme der Sonne elektrische Energie.

A2 Erkläre, warum die Spiegel des Solarkraftwerkes drehbar angeordnet sind.

1 Welchen Vorteil haben Kraftwerke, die erneuerbare Energien in Elektrizität umwandeln?

2 Zeichne in einem Schaubild die Energieumwandlungen bei den abgebildeten Kraftwerken.

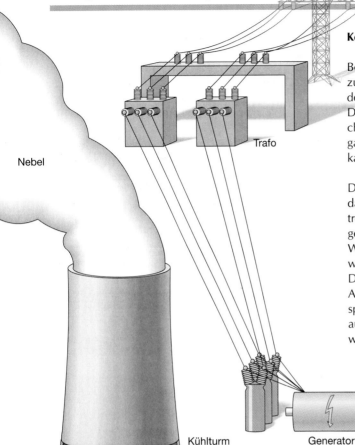

Nebel

Trafo

Kohle liefert nicht nur elektrische Energie

Beim Verbrennen von Kohle entsteht **Schlacke.** Sie wird zur Deponie gebracht oder beim Straßenbau verwendet.
Die **Rauchgase** müssen gereinigt werden, dann entweichen sie durch den hohen Kamin in die Luft. Die Rauchgase geben Wärme, die jetzt nicht mehr genutzt werden kann, an die Umwelt ab.

Dem Dampf, der die Turbinen angetrieben hat, fehlt dann der erforderliche Druck, um diese weiter anzutreiben. Der Dampf wird in einem **Wärmetauscher** abgekühlt. Der Wasserdampf kondensiert und fließt als Wasser zum Dampfkessel zurück und wird erneut erwärmt.
Das **Kühlwasser** im Wärmetauscher erwärmt sich. Zum Abkühlen fließt es in den **Kühlturm** und wird dort versprüht. Dabei steigen Nebelwolken aus dem Kühlturm auf. Auch hier wird viel Wärme ungenutzt an die Umwelt abgegeben. Diese Wärme heißt **Abwärme.**

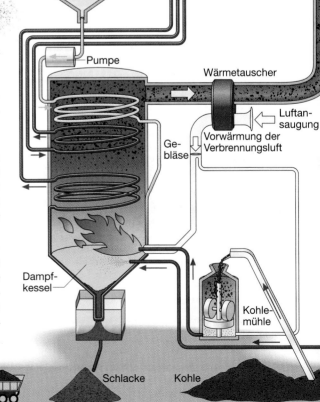

Turbinen

Kühlturm   Generator

Wärme-
tauscher

Pumpe

Pumpe

Wärmetauscher

Luftan-
saugung

Vorwärmung der
Verbrennungsluft

Ge-
bläse

Dampf-
kessel

Kohle-
mühle

Schlacke   Kohle

8.2 Das Kohlekraftwerk

Im **Kohlekraftwerk** wird die *chemische Energie* der Kohle erst in Wärme, dann in Bewegungsenergie und zuletzt in *elektrische Energie* umgewandelt.

Fein gemahlene Kohle wird in den Verbrennungsofen des Kraftwerkes geblasen. Beim Verbrennen der Kohle entstehen **Rauchgase** mit einer Temperatur von über 1500 °C. Sie lassen Wasser verdampfen und erhitzen den Dampf auf über 500 °C. Er steht dadurch unter sehr hohem Druck und kann dann die **Turbinen** antreiben.
Die Drehung der Turbinen wird durch eine Welle auf einen Generator übertragen. Er erzeugt die elektrische Energie. Sie fließt zum **Transformator.** Hier wird die Spannung auf 380 000 V erhöht. Hochspannungsleitungen bringen die elektrische Energie zu Umspannwerken in die Nähe der Wohnorte. Mit niedriger Spannung gelangt die Energie zu den Haushalten.

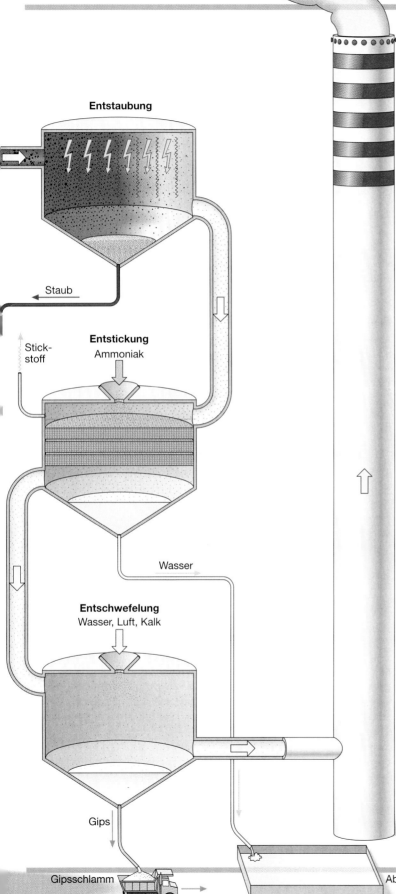

gereinigte
Abgase

Entstaubung

Staub

Entstickung
Ammoniak

Stick-
stoff

Wasser

Entschwefelung
Wasser, Luft, Kalk

Gips

Gipsschlamm

Abwasser (wird aufbereitet)

Rauchgasreinigung

In der **Rauchgasreinigungsanlage** werden die Abgase des Kraftwerks von Staub, *Stickstoffoxiden* und *Schwefeldioxid* gereinigt.

Diese komplizierte Chemiefabrik ist teurer als das eigentliche Kraftwerk und benötigt den doppelten Platz. Die Rauchgasreinigung ist gesetzlich vorgeschrieben, um Umweltbelastungen durch Kraftwerke möglichst gering zu halten.

Die für alle Lebewesen schädlichen Rauchgase werden in dieser Anlage so weit gereinigt, dass nur noch 2 % der ursprünglich im Rauchgas enthaltenen Schadstoffe in die Luft gelangen.

Elektrofilter der **Entstaubungsanlage** halten den feinen *Staub* der Rauchgase zurück.
Stickstoffoxide entstehen, wenn in der Feuerung bei hohen Temperaturen die Luftbestandteile Sauerstoff und Stickstoff miteinander reagieren. Die Stickstoffoxide werden in der **Entstickungsanlage** mithilfe von Ammoniak in Stickstoff und Wasser umgewandelt.
Schwefeldioxid entsteht bei der Verbrennung schwefelhaltiger Kohle. In der **Entschwefelungsanlage** reagiert das Schwefeldioxid mit Wasser, Kalk und Luft zu Gips. Dieser Gips wird als Baustoff eingesetzt.

Im Kohlekraftwerk wird die chemische Energie der Kohle in elektrische Energie umgewandelt. Die dabei entstehenden Abgase werden gereinigt.

1 Welche Energieumwandlungen finden in der Feuerung, bei der Turbine und beim Generator statt?
2 In modernen Kohlekraftwerken wird die chemische Energie der Kohle zu 40 % in elektrische Energie umgewandelt. Wo bleiben die anderen 60 % der eingesetzten Energie?

Projekt

Energiesparen entlastet die Umwelt

Zwei Wochen zu Hause ohne elektrische Energie – stellt euch das einmal vor!

Morgens bleibt der Radiowecker stumm, mittags wird auf dem Campingkocher die Suppe gekocht, abends werden Kerzen zur Beleuchtung angezündet. Der Fernseher bleibt aus, die Wäsche ungebügelt, in der Tiefkühltruhe taut die Pizza auf.

Wir haben uns so an die elektrische Energie gewöhnt, dass wir nicht erstaunt sind, wenn die Glühlampe nach dem Einschalten leuchtet, sondern wenn sie nicht leuchtet. Wir vergessen aber oft, dass bei der Erzeugung von elektrischer Energie viele Abgase entstehen. So wird durchschnittlich 0,6 kg Koh-

1 Verbrauchsmessgeräte

lenstoffdioxid je Kilowattstunde erzeugt. In Kernkraftwerken entsteht radioaktiver Abfall. Außerdem wird viel Abwärme an die Umwelt gegeben. Sparsamer Umgang mit elektrischer Energie bedeutet also Entlastung der Umwelt.

In diesem Projekt erfahrt ihr, dass ihr auf die Annehmlichkeiten der Elektrizität nicht zu verzichten braucht und trotzdem Energie sparen könnt.

Für die Messungen des Energiebedarfs benötigt ihr Verbrauchsmessgeräte, die ihr bei Energieversorgungsunternehmen oder Verbraucherberatungsstellen ausleihen könnt.

2 Fernseher im Standby-Betrieb

3 Verschiedene Lampen

Gruppe 1: Standby-Betrieb

Schließt den Fernseher im Standby-Betrieb an das Verbrauchsmessgerät an. Lest den Energiebedarf nach 24 Stunden ab. Berechnet, wie viel elektrische Energie in einem Jahr unnötig verbraucht wird, wenn das Gerät täglich 4 Stunden zum Fernsehen und 20 Stunden im Standby-Betrieb eingeschaltet ist.

Sucht andere Geräte in der Schule und zu Hause, die unnötig elektrische Energie verbrauchen. Messt den Verbrauch pro Tag. Findet Möglichkeiten, diesen Verbrauch zu vermeiden ohne auf Bequemlichkeit verzichten zu müssen.

Gruppe 2: Beleuchtung

Normale Glühlampen brauchen das Fünffache an elektrischer Energie wie gleich hell leuchtende Energiesparlampen. Energiesparlampen halten achtmal so lange wie Glühlampen. Sie kosten aber etwa das Sechsfache.

Sucht in der Schule oder zu Hause Glühlampen, die durch Sparlampen ersetzt werden können. Messt den Energiebedarf einer 60 W-Glühlampe und einer 11 W-Sparlampe für 4 Stunden. Wie viel Energie kann in einem Jahr eingespart werden? Wie viel Kohlenstoffdioxid wird dadurch vermieden?

Gruppe 3: Kühl- und Gefriergeräte

Kühlgeräte benötigen besonders viel Energie. Häufiges Öffnen und langes Offenhalten lässt Wärme aus der Küche ins Innere des Kühlschranks. Diese muss mit viel Energie wieder nach außen transportiert werden.

Je geringer der Temperaturunterschied zwischen dem Innenraum des Kühlschranks und der Küche ist, desto geringer ist der Verbrauch elektrischer Energie.
Im Innern des Kühlschranks ist eine Temperatur von 8 °C meist ausreichend.
Auf welche Stufe muss der Temperaturregler dann gestellt werden?

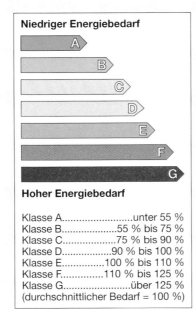

Niedriger Energiebedarf

A
B
C
D
E
F
G

Hoher Energiebedarf

Klasse A.........................unter 55 %
Klasse B...................55 % bis 75 %
Klasse C.................75 % bis 90 %
Klasse D................90 % bis 100 %
Klasse E.............100 % bis 110 %
Klasse F.............110 % bis 125 %
Klasse G.......................über 125 %
(durchschnittlicher Bedarf = 100 %)

4 Der Aufkleber gibt die Effizienzklasse an.

Messt die vom Kühlschrank in 45 Minuten benötigte Energie,
a) wenn die Tür des Kühlschranks geschlossen bleibt.
b) wenn alle 3 Minuten die Tür für 5 Sekunden geöffnet wird.
c) wenn die Tür des Kühlschrankes 10 Minuten geöffnet bleibt.

Messt den Energiebedarf eines Kühlschranks während 24 Stunden. Wie lange könnte mit dieser Energie eine 11 W-Sparlampe leuchten?

Erkundigt euch im Elektrofachgeschäft und im Internet, nach welchen Energieeffizienzklassen Kühlgeräte eingeteilt werden.
Lasst euch Prospektmaterial geben und vergleicht Energiebedarf und Nutzraum der Geräte.

Gruppe 4: Heißes Wasser

Heißes Wasser wird im Haushalt oft gebraucht. Hier sind einige Geräte, mit denen Wasser erwärmt werden kann: Mikrowelle, Herdplatte, Warmwasserbereiter, Tauchsieder und Wasserkocher.

Welches Gerät braucht die wenigste, welches die meiste Energie? Schreibt eure Vermutung auf einen Zettel. Überprüft sie im Anschluss an eure Versuche.

Schließt zur Überprüfung jedes Gerät an ein Verbrauchsmessgerät an. Bringt jeweils 0,5 l Wasser zum Sieden. Die benötigte Energie könnt ihr dann ablesen.

Soll der Topf auf der Herdplatte beim Wasserkochen besser geschlossen oder offen sein? Messt jeweils den elektrischen Energieverbrauch.

5 Wasser wird ...

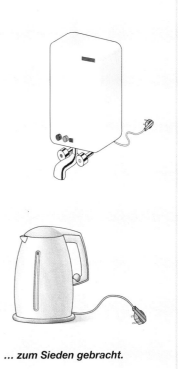

... zum Sieden gebracht.

Nutzung von elektrischer Energie

1. Elektrische Energie ist die Voraussetzung dafür, dass elektrische Geräte arbeiten können. Sie wandeln dabei elektrische Energie in Licht, Wärme, Bewegung oder Schall um.

2. In der Umgebung eines Strom führenden Leiters bildet sich ein Magnetfeld.

3. Eine Kupferdrahtspule mit einem Eisenkern im Inneren wird als Elektromagnet bezeichnet.

4. Elektromagnete sind nur magnetisch, wenn sie an eine Stromquelle angeschlossen sind. Vertauschst du die Pole der Stromquelle, so vertauschen sich auch die Pole des Elektromagneten.

5. Mit einem Elektromagneten können elektrische Kontakte geöffnet und geschlossen werden. Ein magnetisch gesteuerter Schalter heißt Relais.

6. Elektromotoren gibt es in sehr verschiedenen Größen. Sie helfen den Menschen in vielen Lebensbereichen.

7. Der Gleichstrommotor besteht aus Rotor und Stator. Der Rotor ist eine drehbar gelagerte Spule, der Stator ist ein Dauermagnet.

8. Der Kommutator sorgt dafür, dass der Rotor eine fortlaufende Drehbewegung ausführen kann.

9. Viele Spulen im Rotor bewirken den ruhigen Lauf eines Elektromotors.

10. Maschinen, die zur Stromerzeugung verwendet werden, heißen Generatoren.

11. Durch die Bewegung eines Magneten in einer Spule entsteht eine elektrische Spannung. Dieser Vorgang heißt Induktion.

12. Bei der Fahrradlichtmaschine hängt die Höhe der induzierten Spannung von der Geschwindigkeit der Drehbewegung ab.

13. Eine Wechselspannung wird vom Oszilloskop als Sinuskurve angezeigt.

14. Mithilfe eines Transformators lässt sich die Spannung verändern. Er besteht aus zwei voneinander unabhängigen Spulen und einem Eisenkern.

15. Beim Trafo stehen Ausgangs- und Eingangsspannung im gleichen Verhältnis zueinander wie die Windungszahlen der Ausgangs- und Eingangsspulen.

16. Wechselspannung lässt sich mithilfe von Dioden in Gleichspannung umwandeln.

17. In Batterien oder Akkus wird chemische Energie in elektrische Energie umgewandelt.

18. Die Leistung elektrischer Geräte wird in Watt (W) oder Kilowatt (kW) angegeben.

19. Elektrische Arbeit ergibt sich als Produkt der elektrischen Leistung mit der Zeit. Sie wird in Wattsekunden (Ws) oder Kilowattstunden (kWh) angegeben.

20. Energie ist in Energieträgern wie Kohle, Gas, Öl, Uran, Wind oder Wasser gespeichert. Diese Primärenergie wird in Kraftwerken in Sekundärenergie umgewandelt.

21. Der Wirkungsgrad ist das Verhältnis von nutzbarer Energie zu eingesetzter Energie.

22. Im Kohlekraftwerk wird die chemische Energie der Kohle über mehrere Stufen in elektrische Energie umgewandelt.

23. Abwärme ist die Wärme, die beim Kraftwerk ungenutzt an die Umgebung abgegeben wird.

Nutzung von elektrischer Energie

1 Zähle Energieformen auf.

2 Nenne Tätigkeiten, die du ohne elektrische Energie nicht durchführen könntest.

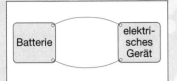

3 Zeichne das Bild ab. Markiere in deiner Zeichnung den Elektronenstrom rot, den Energiestrom blau.

4 Ist die Behauptung: „Elektronen strömen im Kreis, Energie nur in eine Richtung" richtig? Begründe.

5 Beschreibe, wie die Pole eines Elektromagneten vertauscht werden können.

6 Beschreibe die Arbeitsweise eines Relais.

7 Wie heißen die Teile eines Gleichstrommotors?

8 Wie kommt es zu einer halben Umdrehung einer drehbar gelagerten Spule im Feld eines Dauermagneten?

9 Welches Bauteil sorgt dafür, dass die Spule automatisch zur richtigen Zeit umgepolt wird?

10 Welche Stromart entsteht bei der Fahrradlichtmaschine? Wie kannst du das feststellen?

11 Wie kannst du die Fahrradlichtmaschine als Motor benutzen?

12 Welche drei Voraussetzungen müssen erfüllt sein, damit durch Induktion elektrische Spannung erzeugt werden kann?

13 Wovon hängt bei der Induktion die Höhe der induzierten Spannung ab? Formuliere die Abhängigkeiten in Je-desto-Sätzen.

14 Warum kann bei der Fahrradlichtmaschine immer nur Wechselstrom entstehen?

15 Beschreibe den Aufbau eines Transformators.

16 Welche Aufgabe hat der Eisenkern am Trafo?

17 Die Windungszahlen der Spulen eines Trafos stehen im Verhältnis 1 : 4. In welchem Verhältnis stehen die Eingangs- und Ausgangsspannung zueinander?

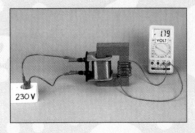

18 Wie muss eine Diode geschaltet werden, damit Elektronen hindurchfließen können? Zeichne einen Schaltplan dazu.

19 Warum müssen verbrauchte Akkus und Batterien vom Händler zurückgenommen und vorschriftsmäßig entsorgt werden?

I.Kuh & D.Backe
Elektrogeräte
D-33033 Illenbach

Typ 14769
230 V ~ 50 - 60 Hz 1400 W
Nur für Wechselstrom • For AC only
Made in Germany

20 Welche Angaben kannst du dem Typenschild entnehmen?

21 Welche Glühlampe setzt mehr Elektrizität um, eine 75 W-Lampe in 4 Stunden oder eine 100 W-Lampe in 3 Stunden?

22 Wie teuer ist es, wenn du alle Elektrogeräte in deinem Zimmer eine Stunde lang betreibst? Der Preis beträgt 0,13 € je kWh.

23 Warum kann der Wirkungsgrad eines Elektrogerätes nicht 100 % sein?

24 Eine Glühlampe hat einen Wirkungsgrad von 5 %. Was bedeutet diese Angabe?

25 Nenne zwei Beispiele für entwertete Energie.

26 Zähle Energieträger auf, deren Energie in elektrische Energie umgewandelt werden kann. Nenne auch die jeweilige Primärenergie und die Wandler.

27 Beschreibe die Energieumwandlungen von der chemischen Energie der Kohle zur Elektrizität.

28 Welche Aufgabe hat der Kühlturm beim Kraftwerk?

CHEMIE –

Gefahrensymbole

T+
sehr giftig

T
giftig

Xn
gesundheitsschädlich

Xi
reizend

C
ätzend

F+
hochentzündlich

F
leichtentzündlich

O
brandfördernd

N
umweltgefährdend

UMWANDELN UND VERÄNDERN

Umgang mit Chemikalien

1. Chemikalien dürfen nicht mit den Fingern angefasst werden.
2. Chemikalien dürfen niemals in Lebensmittelbehältern aufbewahrt werden.
3. Versuche werden mit möglichst wenig Chemikalien durchgeführt, weil nur so die Abfallmenge gering bleibt.
4. Chemikalienreste werden nicht in die Vorratsgefäße zurückgegeben. Sie werden in besonderen Abfallbehältern gesammelt.
5. Gefährliche Abfälle werden grundsätzlich extra gesammelt.

Experimentiertipps

1. Lies oder besprich die Versuchsanleitung vor Beginn eines Versuchs ausführlich. Befolge sie genau.
2. Stelle alle benötigten Geräte und Chemikalien vor Versuchsbeginn bereit. Benutze sie erst nach ausdrücklicher Erlaubnis.
3. Baue alle Geräte standfest und kippsicher auf. Sorge dafür, dass die Vorratsgefäße für Chemikalien sicher stehen.
4. Beachte die vorgeschriebenen Sicherheitshinweise.

Verhalten

1. In naturwissenschaftlichen Fachräumen darf nicht getrunken und gegessen werden.
2. Alle Experimente dürfen grundsätzlich nur mit einer Schutzbrille durchgeführt werden.
3. Geschmacksproben dürfen nicht durchgeführt werden. Den Geruch stellst du durch vorsichtiges Zufächeln fest.
4. Dein Arbeitsplatz soll stets sauber und aufgeräumt sein. Alle Geräte werden nach der Beendigung des Versuchs wieder gereinigt und weggeräumt.

Abfälle

Säuren Laugen	giftige anorganische Stoffe	organische Stoffe ohne Halogene	organische Stoffe mit Halogenen	wasserlösliche, nicht schädliche Stoffe	feste, nicht schädliche Stoffe
Beispiele: Salzsäure Natronlauge	*Beispiele:* Kupfersulfat Silbernitrat	*Beispiele:* Benzin Methanol	*Beispiele:* Chlorpropan Bromhexan	*Beispiele:* Zucker, Kochsalz	*Beispiele:* Kohle, Eisenwolle

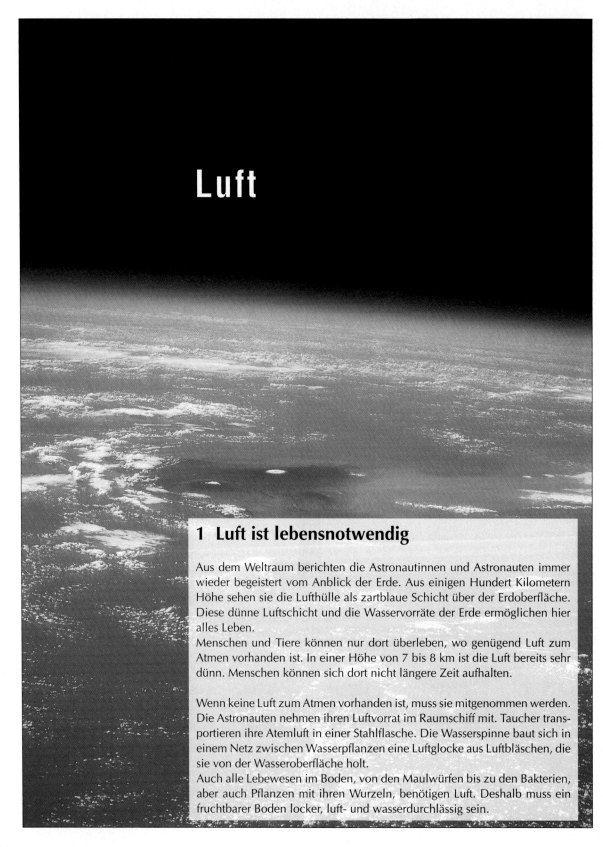

Luft

1 Luft ist lebensnotwendig

Aus dem Weltraum berichten die Astronautinnen und Astronauten immer wieder begeistert vom Anblick der Erde. Aus einigen Hundert Kilometern Höhe sehen sie die Lufthülle als zartblaue Schicht über der Erdoberfläche. Diese dünne Luftschicht und die Wasservorräte der Erde ermöglichen hier alles Leben.

Menschen und Tiere können nur dort überleben, wo genügend Luft zum Atmen vorhanden ist. In einer Höhe von 7 bis 8 km ist die Luft bereits sehr dünn. Menschen können sich dort nicht längere Zeit aufhalten.

Wenn keine Luft zum Atmen vorhanden ist, muss sie mitgenommen werden. Die Astronauten nehmen ihren Luftvorrat im Raumschiff mit. Taucher transportieren ihre Atemluft in einer Stahlflasche. Die Wasserspinne baut sich in einem Netz zwischen Wasserpflanzen eine Luftglocke aus Luftbläschen, die sie von der Wasseroberfläche holt.

Auch alle Lebewesen im Boden, von den Maulwürfen bis zu den Bakterien, aber auch Pflanzen mit ihren Wurzeln, benötigen Luft. Deshalb muss ein fruchtbarer Boden locker, luft- und wasserdurchlässig sein.

1.1 Die Luft als Körper

Wasser in einen Trichter zu gießen ist ganz einfach – oder doch nicht?

Wenn du versuchst, Wasser durch einen Trichter in einen Erlenmeyerkolben zu gießen, der mit einem durchbohrten Gummistopfen verschlossen ist, wird dir das nicht gelingen. Bis auf wenige Tropfen wird das Wasser im Trichter stehen bleiben. Wie ist das zu erklären?

V1 a) Fülle Wasser in einen Erlenmeyerkolben, in dem ein Trichter in einem durchbohrten Stopfen steckt (Bild 1A). Was stellst du fest? Begründe.
b) Stecke den Trichter in einen doppelt durchbohrten Stopfen, in dessen zweiter Öffnung ein gewinkeltes Glasrohr mit einem Schlauch steckt (Bild 1B). Der Schlauch endet in einem Becherglas mit Wasser. Gieße Wasser in den Trichter. Beobachte und erkläre.
c) Schließe an das gewinkelte Glasrohr einen Kolbenprober an (Bild 1C). Gieße 50 ml Wasser in den Trichter. Welches Volumen zeigt der Kolbenprober?

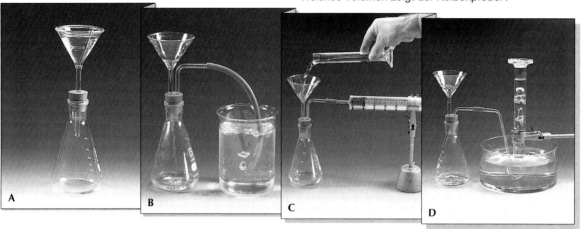

A   B   C   D

Die Luft im Kolben ist ein gasförmiger Körper. Sie nimmt einen bestimmten Raum ein. Wo Luft ist, kann also kein anderer Körper sein.
Wenn die Luft aber durch eine zweite Öffnung ausströmen kann (Bild 1 B), fließt Wasser in den Erlenmeyerkolben. Es verdrängt dabei die Luft.

Wie lässt sich das Volumen der verdrängten Luft messen? Die Luft muss dazu in ein geeignetes Messgefäß, zum Beispiel einen *Kolbenprober,* eingeschlossen werden (Bild 1 C).
Recht einfach lassen sich Luft und andere Gase mit einer *pneumatischen Wanne* (Bild 1 D) auffangen und abmessen. Hier verdrängt die Luft das Wasser aus einem mit Wasser voll gefüllten Messzylinder, der umgekehrt in einer Wanne steht. Am Wasserstand lässt sich das verdrängte Volumen leicht ablesen.

> Luft ist ein gasförmiger Körper und nimmt ein bestimmtes Volumen ein.

1 Wo ein Körper ist, kann kein anderer sein.

V2 Fange die verdrängte Luft wie in Bild 1D mit einer pneumatischen Wanne auf. Beobachte und erkläre.
V3 Versuche einen Ballon aufzublasen, der im Inneren eines Glaskolbens steckt (Bild 2). Was stellst du fest? Erkläre deine Beobachtung.

2 Schwierig aufzublasen   **3 Unter Wasser, aber trocken**

1 In einer Getränkeabfüllanlage sollen Flaschen mit enger Öffnung rasch befüllt werden. Wofür muss dabei gesorgt werden?
2 Beim Einsteigen in ein Auto lässt sich die Tür manchmal schwer schließen. Erkläre, wie es leichter geht.

V4 Eine Papierserviette lässt sich vollständig unter Wasser tauchen, ohne dass sie nass wird. Überlege dir eine Möglichkeit und führe sie durch (Bild 3).

1 Mehr Luft hinein – wird der Ball schwerer?

V 1 Lege einen nicht vollständig aufgepumpten Ball auf eine Waage und bestimme seine Masse. Pumpe dann den Ball so weit wie möglich auf und bestimme erneut die Masse. Was stellst du fest?

A   B

2 Die Masse von Luft wird bestimmt.

V 2 a) Pumpe in die Kunststoff-Hohlkugel mindestens 10 Stöße Luft mit einer Luftpumpe. Bestimme die Masse der Kugel mit der zusätzlichen Luft.
b) Lass die Luft über einen Schlauch in den Messzylinder der pneumatischen Wanne strömen. Miss möglichst 500 ml Luft ab.
c) Wäge die Kugel erneut und bestimme die Masse der ausgeströmten Luft.
A 3 Berechne die Masse von 1 l und von 1 m³ Luft.

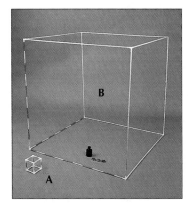

3 Luft: 1 dm³ (A),
1 m³ (B)

1.2 Luft hat Masse

Niemand käme wohl auf die Idee, einen Ball nur deshalb nicht ordentlich aufzupumpen, weil er dann zu schwer würde. Ob er wirklich merkbar schwerer wird, lässt sich überprüfen.
Du wägst einen schlaffen Ball, pumpst ihn danach kräftig auf und wägst ihn erneut. Es stellt sich heraus, dass er tatsächlich ein wenig schwerer geworden ist. Seine Masse hat um 2 g bis 3 g zugenommen, je nachdem, wie viel Luft hineinging. Das war zu erwarten, denn die Luft im Ball ist ja ein Körper mit einer bestimmten Masse.

Nun sind 2 g bis 3 g Luft im Ball nicht sehr viel. Doch welche Masse wird beispielsweise die Luft in deinem Klassenraum haben – 100 g, 10 kg? Könntest du diese Luft tragen?
Den Klassenraum kannst du schlecht auf die Waage legen. Einen Teil der Luft kannst du aber in ein Gefäß einschließen und dann die Masse bestimmen.

Wenn du beispielsweise die Masse von 1 l Luft kennst, kannst du die Masse der Luft im Klassenraum berechnen. Ähnlich wie beim Versuch mit dem Ball wird zusätzlich Luft in eine Kugel gepumpt. Dies ist möglich, da sich die Luft ja zusammenpressen lässt. Die Kugel wird jetzt gewogen. Dann wird eine bestimmte Luftmenge durch einen Schlauch in den Messzylinder der pneumatischen Wanne abgelassen. Nun kannst du das Volumen der herausgeströmten Luft direkt ablesen. Danach wird die Kugel erneut gewogen. Der Massenunterschied, den du mit beiden Wägungen festgestellt hast, entspricht der Masse der Luft im Messzylinder. Für 1 l Luft ergibt das eine Masse von 1,3 g. Dieser Zahlenwert gilt für Luft, die wie die Luft im Klassenraum nicht zusammengepresst ist.

Nun lässt sich die Masse der Luft in deinem Klassenraum leicht berechnen:
Ein Raum mit den Maßen 7 m · 10 m · 3 m enthält 210 m³ Luft. 1 m³ (= 1000 l) Luft wiegt 1,3 kg. Die Luft in deinem Klassenraum hat also eine Masse von 273 kg.

> 1 m³ Luft hat die Masse von 1,3 kg.

1 In eine Pressluftflasche wurden 2400 l Luft hineingepumpt. Um welchen Wert nahm die Masse der Flasche zu?
2 In einem Stahlbehälter sind 13 kg Pressluft. Welches Volumen hätte die Luft, wenn sie nicht zusammengepresst wäre?

1.3 Die Dichte von Luft

Aus der Messung mit der pneumatischen Wanne hast du das Volumen einer bestimmten Luftmenge erhalten. Mit einer Waage hast du ihre Masse bestimmt. Damit kennst du die beiden Messwerte, mit denen du die Dichte von Luft berechnen kannst. Aus den Messungen ergab sich, dass 1 l Luft 1,3 g wiegt. Mit der Formel $\rho = \frac{m}{V}$ erhältst du die Dichte für Luft:

$\rho = 1,3\ \frac{g}{l}$ oder $\rho = 1,3\ \frac{kg}{m^3}$.

Bei der Angabe der Dichte musst du beachten, dass sich Luft zusammenpressen lässt, wie du es beim Einpumpen der Luft in die Kunststoff-Hohlkugel getan hast. Der Wert 1,3 $\frac{g}{l}$ gilt nur dann, wenn sich die Luft im „Normalzustand" befindet wie in deinem Klassenraum.

Wenn du mehr Luft in die Kunststoff-Hohlkugel pumpst, wird die Masse der Luft in der Kugel größer, das Volumen bleibt gleich, da sich die Kugel nicht ausdehnen kann. Damit ergibt sich ein größerer Zahlenwert für die Dichte der Luft in der Hohlkugel.
Wenn du Luft aus der Kugel herausziehst, wird die Masse der Luft in der Kugel kleiner, das Volumen bleibt wieder gleich. Nun wird der Zahlenwert für die Dichte der Luft in der Kugel kleiner.

> Die Dichte von Luft im Normalzustand beträgt 1,3 $\frac{g}{l}$.

1 Warum wird die Dichte von Luft in $\frac{g}{l}$ und nicht wie bei festen und flüssigen Stoffen in $\frac{g}{cm^3}$ angegeben?

2 Ein Kolbenprober ist mit 50 ml Luft im Normalzustand gefüllt. Welche Dichte hat die Luft, wenn der Kolben
a) auf 100 ml herausgezogen,
b) auf 25 ml hineingedrückt wird?

Bestimmung des Lungenvolumens

Dein Lungenvolumen kannst du bestimmen, wenn du tief einatmest und die gesamte Luft in das Messgefäß einer pneumatischen Wanne ausatmest.

a) Verwende als Messgefäß einen 5 l-Kunststoffkanister. Stelle ihn waagerecht auf und fülle in Halb-Liter-Portionen Wasser hinein.
Markiere dabei den Wasserstand, damit eine Skala entsteht.

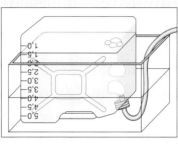

b) Fülle den Kanister randvoll mit Wasser und verschließe ihn mit dem Deckel. Stelle ihn dann umgekehrt in eine zur Hälfte mit Wasser gefüllte Wanne und öffne ihn unter Wasser.

c) Atme tief ein und blase so viel Luft wie möglich durch einen Schlauch in den Kanister. Lies das Volumen der ausgeatmeten Luft ab.

Auch Fische brauchen Luft zum Atmen

Alle Säugetiere brauchen Luft zum Atmen. Wale und Delfine, die ständig im Wasser leben, müssen zum Atmen immer wieder an die Wasseroberfläche.

kurzer Zeit Luftblasen am Rand des Glases beobachten. In warmem Wasser löst sich deutlich weniger Luft als in kaltem. Die Luft tritt aus dem Wasser heraus.

Fische ersticken jedoch außerhalb des Wassers. Sie „atmen" die im Wasser gelöste Luft.
Ein einfacher Versuch zeigt, dass Luft im Wasser gelöst ist. Wenn du ein Becherglas mit kaltem Wasser in die Sonne oder auf die Heizung stellst, kannst du nach

Wenn sich Seen und Teiche im Sommer zu stark erwärmen, ist zu wenig Luft im Wasser gelöst. Es kann dann sogar zum Fischsterben kommen.
Aquarien, die in geheizten Räumen stehen, müssen deshalb ständig belüftet werden.

Luft

1 Petroleumleuchte und Stövchen

A1 Betrachte die Petroleumleuchte und das Stövchen. Wo kann Luft einströmen und an die Flamme gelangen?

V2 a) Stelle ein Teelicht auf eine feuerfeste Unterlage und entzünde es. Stülpe einen Glaszylinder über das Teelicht (Bild 2 A).

b) Verschließe den Glaszylinder mit einer Glasplatte (Bild 2 B).

c) Entzünde das Teelicht erneut, stülpe den Glaszylinder darüber und halte ein schwelendes Räucherstäbchen an den oberen Zylinderrand.

d) Stelle den Glaszylinder auf zwei Bleistifte (Bild 2 C). Halte das schwelende Räucherstäbchen sowohl an den oberen Rand als auch an den unteren Rand des Glaszylinders.

e) Verschließe den Glaszylinder mit der Glasplatte (Bild 2 D). Halte das schwelende Räucherstäbchen an den unteren Rand.

f) Beobachte jeweils die Flamme und den Rauch des Räucherstäbchens. Beschreibe und erkläre deine Beobachtungen aus den Versuchen a) bis e).

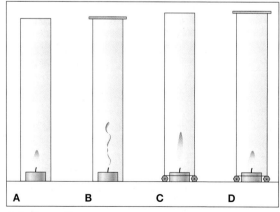

2 Luft zum Brennen

2 Luft und Verbrennung

2.1 Ohne Luft keine Verbrennung

Die Flammen in der Petroleumleuchte und im Stövchen benötigen Luft. Die Luft kann durch Öffnungen an die Flammen gelangen. Aber nur ein ständiger Luftstrom unterstützt die Verbrennung besonders gut.

Wird bei einer Verbrennung die Luftzufuhr unterbunden, so wie bei der Kerzenflamme in Bild 2 B, dann erstickt die Flamme sehr schnell, obwohl im Zylinder noch Luft ist. Die Luft besteht nämlich aus verschiedenen Gasen. Der Anteil der Luft, der das Brennen unterstützt, heißt **Sauerstoff.** Der Anteil der Luft, der die Flamme erstickt, heißt **Stickstoff.**

In der Chemie gibt es für die Bezeichnung der Stoffe Abkürzungen. Diese **chemischen Symbole** werden weltweit verstanden. Das chemische Symbol für Sauerstoff ist **O,** für Stickstoff **N.**

Der Schornstein-Effekt

Wenn Luft und damit Sauerstoff nur von oben an die Flamme kommen können, brennt sie nur schwach. Die warme Luft steigt im Zylinder nach oben, so kann nur wenig frische Luft nachströmen (Bild 2 A).

Wenn die Luftzufuhr von unten gesichert ist und die Verbrennungsgase zusammen mit dem Stickstoff leicht entweichen können, brennt das Feuer besonders gut. Dabei entsteht im Schornstein ein Luftzug von unten nach oben. Die Verbrennungsgase können nach oben entweichen und frische Luft kann von unten nachströmen (Bild 2 C). Dies wird als **Schornstein-Effekt** bezeichnet. Sobald der Schornstein abgedeckt wird, können die Verbrennungsgase nur schlecht entweichen und die Flamme brennt nicht so groß und hell (Bild 2 D).

> Bei jeder Verbrennung wird Luft benötigt. Je besser Luft an ein Feuer gelangt, desto heller und heftiger brennt es. Ohne Frischluft-Zufuhr erlischt das Feuer. Luft besteht hauptsächlich aus den Gasen Sauerstoff (O) und Stickstoff (N).

1 Erkunde an verschiedenen Feuerstellen, wie jeweils eine gute Luftzufuhr erreicht wird.
2 Erkunde, wie die Luftzufuhr beim Gasbrenner geregelt wird.

122

2.2 Luft besteht aus verschiedenen Gasen

Stickstoff

- Der Hauptanteil der Luft ist Stickstoff.
- Stickstoff ist ein farb- und geruchloses Gas.
- In reinem Stickstoff würden Lebewesen ersticken.
- Obst, Gemüse und andere Lebensmittel werden in Stickstoff gelagert. Sie verderben dadurch nicht so schnell wie in Luft.
- In Stickstoff kann auch nichts verbrennen. Eine Kerzenflamme erstickt darin.

Sauerstoff

- Sauerstoff ist für Menschen und Tiere der wichtigste Bestandteil der Luft. Sie brauchen ihn zum Atmen. Ohne Sauerstoff gäbe es kein Leben auf der Erde.
- Sauerstoff ist ein farb- und geruchloses Gas.
- Ohne Sauerstoff ist keine Verbrennung möglich.

Edelgase

- Edelgase sind Argon, Helium, Krypton, Neon, Radon, Xenon.
- Sie sind farb- und geruchlos.
- Helium ist leichter als Luft und wird als Füllgas für Ballons und Luftschiffe verwendet.
- Argon und Krypton werden in Glühlampen eingesetzt.
- In Leuchtstoffröhren ergeben Argon, Krypton und Neon farbiges Licht.

Zusammensetzung der Luft

1 l (= 1000 ml) Luft enthält:
781,0 ml Stickstoff
209,3 ml Sauerstoff
9,3 ml Edelgase
0,3 ml Kohlenstoffdioxid
0,1 ml sonstige Gase

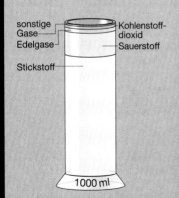

sonstige Gase
Edelgase
Kohlenstoffdioxid
Sauerstoff
Stickstoff

1000 ml

Luft ist ein Gemisch aus verschiedenen Gasen. Die Hauptbestandteile sind Stickstoff und Sauerstoff.

1 Nenne die Eigenschaften der Hauptbestandteile der Luft.
2 Nenne Beispiele für die Verwendung von Edelgasen.
3 Erkläre, warum in vielen Lebensmittelverpackungen die Luft durch Stickstoff ersetzt wurde.

V1 Halte ein Büschel Eisenwolle mit einer Tiegelzange kurz in eine Brennerflamme und beobachte.

V2 Fülle in ein großes Glasgefäß eine Schicht Sand, sodass der Boden geschützt ist. Lass dir das Glas mit Sauerstoff füllen und verschließe es mit einem Deckel. Bringe ein Büschel Eisenwolle zum Glühen und halte es in das Glas. Was beobachtest du? Erkläre deine Beobachtung.

1 Eisenwolle brennt in Sauerstoff.

V3 Entzünde einen Holzspan. Lass ihn kurze Zeit brennen. Puste ihn dann aus. Halte den noch glimmenden Span in ein mit Sauerstoff gefülltes Gefäß. Beschreibe und begründe deine Beobachtung.

2 Glimmspanprobe

3 Gewinnung von Sauerstoff

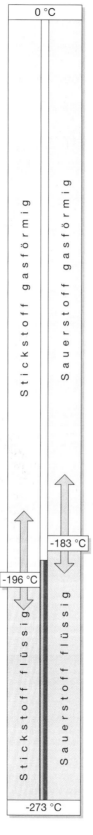

0 °C

Stickstoff gasförmig

Sauerstoff gasförmig

-183 °C

-196 °C

Stickstoff flüssig

Sauerstoff flüssig

-273 °C

2.3 Der Sauerstoff

Von allen Stoffen ist Sauerstoff (O) in der Atmosphäre, im Wasser und im Erdboden am häufigsten vertreten. Der meiste Sauerstoff ist jedoch nicht in der Luft, sondern in den Gesteinen enthalten. Du kannst dir die Mengenverhältnisse in einem Vergleich so vorstellen: Angenommen, die Menge des Sauerstoffs in der ganzen Lufthülle unserer Erde passt in einen Tanklastwagen. Für die Menge des Sauerstoffs, die im gesamten Wasser der Erde enthalten ist, würden dann schon 1000 Tanklastwagen benötigt. Für die Menge des Sauerstoffs, der in allen Gesteinen der Erde gebunden ist, würden sogar 1 000 000 Tanklastwagen gebraucht.

Sauerstoff ist überall dort notwendig, wo eine Verbrennung stattfinden soll. Sauerstoff selbst brennt aber nicht. Verbrennungsvorgänge laufen umso besser ab, je mehr Sauerstoff vorhanden ist. In reinem Sauerstoff verbrennt sogar Eisenwolle unter heftigem Funkensprühen (Bild 1).
Tauchst du einen glimmenden Holzspan in ein Gefäß mit reinem Sauerstoff, fängt er an zu brennen (Bild 2). Dieser Versuch wird **Glimmspanprobe** genannt. Das ist der Nachweis für Sauerstoff.

Gewinnung von Sauerstoff

Reiner Sauerstoff wird in der Technik benötigt, um Verbrennungsvorgänge zu verstärken. Deshalb wird er in großen Mengen aus der Luft gewonnen.
Das geschieht mithilfe des *Linde-Verfahrens.* Dabei werden die verschiedenen Siedetemperaturen von Sauerstoff (–183 °C) und Stickstoff (–196 °C) zur Trennung genutzt. Zuerst wird Luft unter –200 °C abgekühlt. Sie wird dabei flüssig. Dann wird sie langsam wieder erwärmt. Wenn eine Temperatur von –196 °C erreicht ist, siedet der Stickstoff und verdampft. Der Sauerstoff bleibt bei dieser Temperatur noch flüssig. Jetzt kann der fast reine Sauerstoff in Stahlflaschen abgefüllt werden. Die Sauerstoffflaschen sind blau gekennzeichnet.

> Sauerstoff ist bei jeder Verbrennung notwendig. In reinem Sauerstoff laufen Verbrennungen heftiger ab als in Luft. Die Glimmspanprobe ist ein Nachweis für Sauerstoff.

1 Erkundige dich, wo in der Industrie und im Handwerk Sauerstoff eingesetzt wird.

2.4 Wie viel Sauerstoff ist in der Luft?

Der Sauerstoffanteil der Luft kann durch eine Verbrennungsreaktion bestimmt werden. Das gelingt aber nur dann, wenn das Verbrennungsprodukt nach der Reaktion aus der Luft verschwindet. Ein für diesen Versuch geeigneter Stoff ist der rote Phosphor. Er reagiert sehr gut mit dem Sauerstoff. Dabei entsteht ein weißer fester Stoff, das Phosphoroxid.

Wird die Verbrennung wie in Bild 1 durchgeführt, so erlischt nach einiger Zeit die Phosphorflamme. Der in der Glasglocke vorhandene Sauerstoff hat sich vollständig mit dem Phosphor zu Phosphoroxid verbunden. Das Phosphoroxid löst sich sofort im Wasser. Dabei steigt der Wasserspiegel in der Glasglocke an und der Platz des Sauerstoffs wird jetzt vom Wasser eingenommen. Das in der Glasglocke zurückgebliebene Restgas macht nur noch vier Fünftel des Ausgangsvolumens aus. Wird eine brennende Kerze hineingehalten, so geht sie sofort aus. Das Restgas besteht hauptsächlich aus Stickstoff.

Ein weiterer Versuch zeigt ebenfalls, dass Luft zu etwa einem Fünftel aus Sauerstoff besteht. Werden 100 ml Luft über stark erhitzte Eisenwolle geleitet, glüht diese anfangs stark auf, später glüht sie nicht mehr. Nach dem Abkühlen der Apparatur lässt sich nur noch ein Volumen von etwa 80 ml ablesen. Der Sauerstoffanteil von ungefähr 20 ml hat sich mit der Eisenwolle verbunden.

zu Beginn / **am Ende**

1 Phosphor wird verbrannt.

V1 Lehrerversuch: Auf einer Korkscheibe wird ein Blechdeckel befestigt. Auf den Deckel wird etwas roter Phosphor gegeben. Die Korkscheibe wird in eine Glaswanne mit Wasser gelegt. Darüber wird eine Glasglocke gestülpt (Bild 1 A). Mit einem glühenden Draht wird der Phosphor entzündet. Die Öffnung der Glocke wird sofort mit einem Stopfen verschlossen.

A2 Notiere deine Beobachtungen aus V1. Erkläre, warum der Wasserspiegel in der Glocke ansteigt.

V3 Lehrerversuch: Nachdem die Flamme in V1 erloschen ist, wird in die Glaswanne so viel Wasser nachgefüllt, bis der Wasserspiegel innen und außen gleich hoch ist. Dann wird eine brennende Kerze durch die Öffnung in die Glocke gehalten.

Hinweis: Das Wasser wird zugegossen, damit beim Öffnen keine Luft von außen in die Glocke gesaugt wird.

A4 Notiere deine Beobachtungen und erkläre sie.

V5 Baue den Versuch wie in Bild 2 auf. Gib in das Verbrennungsrohr entfettete, trockene Eisenwolle. Erhitze das Rohr mit der blauen Brennerflamme. Drücke die 100 ml Luft aus dem Kolbenprober über die Eisenwolle mehrfach hin und her. Lies das Volumen der Luft ab, nachdem die Apparatur abgekühlt ist und erkläre.

> Etwa ein Fünftel der Luft ist Sauerstoff.

1 Welche Gase befinden sich nach dem Versuch noch in der Apparatur von Versuch 5?

2 Bestimmung des Sauerstoffteils der Luft

2.5 Brandentstehung – Brandbekämpfung

Ein Brand entsteht nur dort, wo **brennbare Stoffe** vorhanden sind. Brennstoffe können fest, flüssig oder gasförmig sein.

Ohne **Sauerstoff** kann keine Verbrennung stattfinden. Je mehr Luft an das Feuer gelangt, desto mehr Sauerstoff erhält das Feuer.

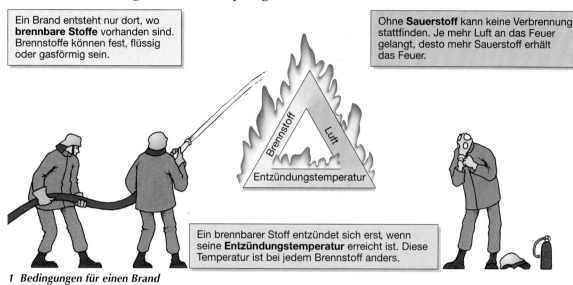

Ein brennbarer Stoff entzündet sich erst, wenn seine **Entzündungstemperatur** erreicht ist. Diese Temperatur ist bei jedem Brennstoff anders.

1 Bedingungen für einen Brand

Verschiedene Möglichkeiten der Brandbekämpfung

Ein Feuer kann sich nicht weiter ausbreiten, wenn die **brennbaren Stoffe** beseitigt werden.

Deshalb werden in einem Wald mit schweren Räumfahrzeugen Brandschneisen geschlagen. Die Feuerwehrleute und Forstarbeiter beseitigen das Holz und alle anderen brennbaren Stoffe. Ein möglicher Waldbrand kann sich so nicht weiter ausbreiten.

Ein Brand kann auch bekämpft werden, indem die Temperatur des Feuers unter die **Entzündungstemperatur** der brennbaren Stoffe abgekühlt wird.

Das Ausblasen einer kleinen Flamme ist eine Möglichkeit. Bei einem großen Feuer löscht die Feuerwehr mit Wasser. Dies ist die bekannteste Brandbekämpfung durch Abkühlung.

Eine weitere Möglichkeit, einen Brand zu bekämpfen, ist die Luftzufuhr und damit die **Sauerstoffzufuhr** zu verhindern.

So müssen in einem Zimmer, in dem es brennt, alle Fenster und Türen geschlossen werden. Ein Lagerfeuer lässt sich am einfachsten mit Sand löschen. Bei einem Ölfeuer setzt die Feuerwehr Löschschaum ein.

2 Brandschneise

3 Kühlung durch Wasser

4 Löschschaum

Zerteilungsgrad und Entzündungstemperatur

Die Entflammbarkeit eines Stoffes hängt nicht nur von der Entzündungstemperatur, sondern auch vom **Zerteilungsgrad** ab. So beginnen Holzspäne sehr schnell zu brennen, wenn sie erhitzt werden, bei Holzstücken dauert es länger. Dabei besteht beides aus Holz mit der gleichen Entzündungstemperatur.

Je stärker das Brennmaterial zerkleinert und verteilt ist, desto schneller entflammt es. Das kann sogar explosionsartig geschehen, wenn die Stoffe staubfein zerteilt sind. Bild 5 zeigt die verheerende Wirkung einer Mehlstaubexplosion. Dabei wurde die Rolandmühle in Bremen völlig zerstört.

Zündungsmöglichkeiten

Bei brennbaren Stoffen mit niedriger Entzündungstemperatur, wie Benzin oder feinverteilter Holzstaub, genügt bereits ein Funke für die Entzündung. Eine Glasflasche im Wald kann als Brennglas ausreichen, um trockenes Holz zu entzünden. Beim Streichholz wird die erforderliche Entzündungstemperatur durch Reibung erzeugt.

> Ein Feuer kann nur dann entstehen, wenn ein brennbarer Stoff, Sauerstoff und die erforderliche Entzündungstemperatur vorhanden sind. Je feiner der Brennstoff zerteilt ist, desto schneller entzündet er sich.

1 Nenne Beispiele für feste, flüssige und gasförmige Stoffe, die brennbar sind.

2 Wie gehst du vor, um ein Lagerfeuer zu entzünden?

3 Warum wird in Heizkraftwerken die Kohle fein zermahlen, ehe sie verbrannt wird?

Mehlstaub wirkte wie 20 Tonnen Sprengstoff

SSV, 9.2.79: Meterweit geschleuderte Gesteinsbrocken, eingestürzte Hauswände, hunderte von eingedrückten Fensterscheiben, dichter Qualm und Brandgeruch, so sah noch 14 Stunden nach dem verheerenden Explosionsunglück die Umgebung der Bremer Rolandmühle am Holz- und Fabrikhafen aus. Die schwerste Explosion, die nach Kriegsende in der Hansestadt zu verzeichnen war, hat wahrscheinlich 14 Todesopfer gefordert.

5 Mehlstaubexplosion zerstört eine Mühle.

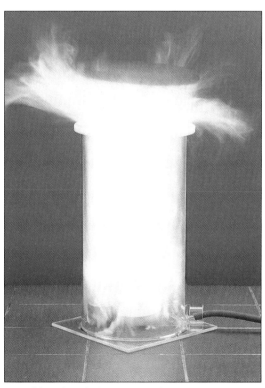

6 Mehlstaubexplosion im Experiment

V 1 Lege auf einen Dreifuß ein Blech und darauf im Abstand von 5 cm um die Mitte einige Holzspäne, Holzkohlestücke, Streichholzköpfe und Papierstücke. Erhitze das Blech in der Mitte mit der Brennerflamme. In welcher Reihenfolge entzünden sich die Stoffe?

V 2 Wiederhole V 1. Lege zusätzlich zerkleinerte Holzkohle und größere Holzstücke auf das Blech. Was stellst du fest? Erkläre deine Beobachtung.

V 3 **Lehrerversuch:** In einem Acrylglaszylinder, auf dem ein Deckel lose aufliegt, stehen eine brennende Kerze und ein Tiegel mit Mehl oder Bärlappsporen. Auf den Tiegel führt von außen ein Glasrohr. Mit einer Pumpe wird kräftig Luft auf den Tiegel geblasen, die das Pulver aufwirbelt.

A 4 Beschreibe deine Beobachtung aus V 3.

V 5 Puste mit einem Glasröhrchen etwas Holzstaub in die Brennerflamme. Beschreibe deine Beobachtung.

A 6 Begründe die Ergebnisse aus V 3 und V 5.

Pinnwand

112
Feuer • Unfall • Notruf

Ein Brand muss noch nicht gleich ein Unglück sein. Aber falsches Verhalten kann einen kleinen Brand zu einer großen Katastrophe werden lassen. Wenn es einmal brennt, musst du wissen, wie du ein Feuer meldest, und du musst über den richtigen Umgang mit Löschgeräten informiert sein. Es ist auch wichtig, die Bedeutung der Hinweisschilder zu kennen.
Stets sind aber die Anweisungen der Feuerwehrleute zu befolgen.

A1 Welche Anweisungen und Hinweise geben die sechs Schilder?

Fluchtweg
„Da geht's lang!" – Gibt den kürzesten und sichersten Weg aus einem Gebäude an.

Notausgang
„Hier geht's 'raus!" – Kennzeichnet den Ausgang in einen sicheren Bereich.

Feuerlöscher
Das wichtigste Gerät zur sofortigen Bekämpfung von Bränden.

A2 Welche Feuerlöscher dürfen bei welchen Bränden nicht eingesetzt werden?

Löschwasserschlauch
Der Schlauch ist schon angeschlossen und sofort einsatzbereit.

Verbot offener Flammen
Hier dürfen weder Streichhölzer entzündet noch Feuerzeuge benutzt werden.

Verbandskasten
Vom Pflaster bis zum Verband findest du hier alles Notwendige für die Erste Hilfe.

	Brandklasse	Feuerlöscher
A	feste Stoffe, die Glut bilden: z. B. Holz, Papier	Pulverlöscher, Wasserlöscher, Schaumlöscher
B	flüssige Stoffe oder Stoffe, die flüssig werden: z. B. Öl, Wachs	Pulverlöscher, Wasserlöscher, CO_2-Löscher
C	gasförmige Stoffe: z. B. Erdgas	Pulverlöscher
D	brennbare Metalle: z. B. Magnesium	nur Spezialpulverlöscher mit Metallbrandpulver

ALARMIERUNG DER FEUERWEHR

- 112 anrufen
- Folgende Angaben machen:
  Wer meldet?
  Wo brennt es?
  Was brennt?
  Wie sieht es jetzt aus?
- Warten, welche Anweisungen folgen

A4 Übe die korrekte Meldung eines Brandes bei der Feuerwehr

Feuermelder
Scheibe einschlagen
37
Knopf tief drücken

Schnellste Meldung eines Feuers bei der Feuerwehr.

A3 Nenne Vor- und Nachteile des Feuermelders.

Von vorn nach hinten löschen!
Immer in Windrichtung löschen!

Mit diesen zwei Anweisungen ist sicher schon oft Hilfe möglich. Richtiges Helfen in allen Situationen kannst du bei der Feuerwehr lernen, als Mitglied der Jugendfeuerwehr. Dort kommt neben der Ausbildung und den Übungen auch der Spaß nicht zu kurz. In Zeltlagern und bei Wettkämpfen mit anderen Jugendfeuerwehren stehen spannende Spiele an erster Stelle.

Öl brennt in der Pfanne. Jetzt heißt es überlegt handeln! Schnell einen Topfdeckel auf die Pfanne und das Feuer ersticken. Dann musst du die Herdplatte ausstellen und warten, bis alles abgekühlt ist.
Auf keinen Fall darfst du hier Wasser benutzen. Es würde explosionsartig verdampfen. Schwere Verbrennungen am Körper und ein großer Brand im Haus könnten die Folgen sein.

Brennt die Kleidung an einem Menschen, müssen die Flammen schnellstens erstickt werden. Mit einer Löschdecke oder einer anderen Decke kannst du hier helfen.

1 Wie werden Feuerlöscher, Löschwasserschlauch und Löschdecke zur Brandbekämpfung eingesetzt?
2 Nenne Aufgaben der Feuerwehr und ordne sie den Bereichen Löschen – Bergen – Retten – Schützen zu.
3 Suche einen Bericht über einen Feuerwehreinsatz, lies ihn und berichte deinen Mitschülern.
4 Welche Regeln gelten für den Feueralarm an deiner Schule?
5 Welche Vorsorgemaßnahmen oder Schutzeinrichtungen gibt es in deiner Wohnung oder der näheren Umgebung?
6 Warum würdest du durch einen falschen Alarm andere Menschen in Gefahr bringen?

Magnesium   Magnesium-oxid

1 Aus Magnesium wird Magnesiumoxid.

3 Oxidation von Metallen

3.1 Metalle können verbrennen

Magnesium (Mg) ist ein Metall. Es entzündet sich bei 500 °C und verbrennt in der Luft. Dabei verbindet es sich mit dem Sauerstoff der Luft, es **reagiert** mit dem Sauerstoff. Dadurch entsteht ein weißes Pulver.

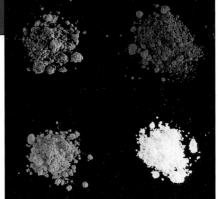

2 Verschiedene Metalloxide

Mit einem brennenden Holzspan kannst du nachweisen, dass das Magnesium bei dieser Reaktion den Sauerstoff im Zylinder verbraucht hat.
Zunächst brennt der Holzspan im Standzylinder weiter. Nach dem Verbrennen des Magnesiums erlischt er sofort.

V1 Entzünde einen Magnesiumstreifen in der Brennerflamme. *Vorsicht*, schaue nicht direkt in die Flamme. Beschreibe deine Beobachtung.

V2 a) Halte einen brennenden Holzspan in einen Standzylinder. Was geschieht?
b) Bedecke den Boden des Standzylinders mit Sand. Entzünde einen 5 cm langen Magnesiumstreifen und lass ihn in den Standzylinder fallen. Decke den Zylinder sofort ab. Führe wieder einen brennenden Holzspan in den Standzylinder. Erkläre deine Beobachtungen.

V3 a) Falte ein Kupferblech zusammen und biege die Ränder fest um.
b) Erhitze das gefaltete Kupferblech in der Brennerflamme bis es glüht. Falte nach dem Abkühlen das Blech wieder auf. Beschreibe, wie sich das Kupferblech verändert hat. Erkläre deine Beobachtungen.

Kupfer (Cu) ist ebenfalls ein Metall. Wenn es mit der Brennerflamme erhitzt wird, glüht es nach einiger Zeit. Nach dem Abkühlen kannst du feststellen, dass sich das Kupfer verändert hat. An der Oberfläche hat sich eine schwarze Schicht gebildet.
Die Stellen des Kupferblechs, die beim Glühen nicht mit dem Sauerstoff der Luft in Berührung kommen konnten, haben sich nicht verändert. Das siehst du, wenn du ein Kupferblech faltest und zum Glühen bringst. Die Innenflächen bleiben unverändert.

Verbrennungsvorgänge heißen Oxidationen

Beide Vorgänge sind Verbrennungen. Dabei reagiert jeweils das Metall mit dem Sauerstoff der Luft. Diese Reaktion eines Stoffes mit Sauerstoff heißt **Oxidation.** Die entstandenen Stoffe heißen **Oxide.**
Wenn Magnesium (Mg) mit Sauerstoff (O) reagiert, entsteht weißes Magnesiumoxid (MgO).
Bei der Reaktion von Kupfer mit Sauerstoff entsteht schwarzes Kupferoxid (CuO).

3 Kupferblech wird erhitzt.

1 Wenn Werkzeuge an der Schleifmaschine geschliffen werden, sprühen Funken. Erkläre diese Erscheinung.

> Ein Verbrennungsvorgang wird als Oxidation bezeichnet. Dabei reagiert ein Stoff mit Sauerstoff. Die Stoffe, die bei der Oxidation entstehen, heißen Oxide.

3.2 Die Oxidation ist eine chemische Reaktion

Eisenwolle ist silbergrau, metallisch-glänzend und verformbar.
Sie kann leicht zum Glühen gebracht werden. Dabei verändert sie sich. Sie wird blau-schwarz, stumpf und spröde.
Bei diesem Stoff kann es sich also nicht mehr um Eisenwolle handeln.

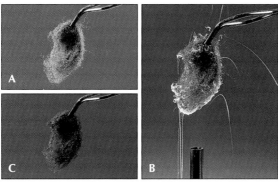

1 Eisenwolle vor, während und nach der Verbrennung.

Wenn du ein Büschel Eisenwolle an einer Waage zum Glühen bringst, kannst du sogar noch mehr beobachten: Das Büschel wird während des Glühens schwerer. Was passiert mit der Eisenwolle?

Das Eisen verbindet sich, genauso wie das Kupfer oder das Magnesium, mit dem Sauerstoff aus der Luft. Es *oxidiert.* Dabei wird Wärme frei, deshalb glüht die Eisenwolle weiter. Bei dieser *Oxidation* entsteht ein neuer Stoff mit neuen Eigenschaften, das *Eisenoxid.* Dieser neue Stoff ist schwerer als das Eisen vorher, weil der Sauerstoff *hinzugekommen* ist.

Sprechweise:
 Eisen und Sauerstoff reagieren zu Eisenoxid.
Wortgleichung:
 Eisen + Sauerstoff → Eisenoxid
Symbolgleichung:
 Fe + O → FeO

Ein Vorgang, bei dem aus Ausgangsstoffen *neue* Stoffe mit *neuen* Eigenschaften entstehen, wird **chemische Reaktion** genannt. Die Oxidation ist ein typisches Beispiel für eine chemische Reaktion.

Auch andere Metalle verbinden sich mit dem Sauerstoff der Luft und bilden Oxide (Bild 3). Magnesium (Mg) reagiert mit dem Sauerstoff besonders heftig, Blei (Pb) nur träge und Gold (Au) gar nicht.

Bei einer chemischen Reaktion entstehen neue Stoffe. Sie haben andere Eigenschaften als die Ausgangsstoffe. Dabei wird oft Wärme frei.

---

1 Begründe, warum viele Metalle in der Luft nach einiger Zeit ihren ursprünglichen Glanz verlieren.

V1 a) Beschreibe die Eigenschaften von Eisenwolle.
b) Bringe ein Büschel Eisenwolle mit einer Brennerflamme zum Glühen. Beschreibe nach dem Erkalten die Eigenschaften erneut.

V2 Hänge zwei Büschel Eisenwolle an eine Balkenwaage. Achte darauf, dass die Waage im Gleichgewicht ist.
Entzünde mit der Brennerflamme ein Büschel. Entferne die Brennerflamme, wenn das Büschel glüht. Beobachte und beschreibe, was geschieht.

2 Eisenwolle an der Balkenwaage

V3 a) Puste  wie in Bild 3 mit einem Glasrohr nacheinander pulverförmiges Kupfer (Cu), Eisen (Fe), Zink (Zn) und Magnesium (Mg) in die blaue Brennerflamme.
b) Ordne die Metalle nach der Heftigkeit der beobachteten Reaktionen.
c) Stelle die Reaktionsgleichungen als Wortgleichungen und als Symbolgleichungen auf.

3 Metallpulver reagiert in der Brennerflamme.

Streifzug durch die Technik   Funkenflug

1 Beim Bau eines Schiffes

Beim Schweißen, Schleifen oder Trennen von Metallen entsteht oft heftiger und gefährlicher Funkenflug. Vor allem glühende Eisen- und Stahlteilchen können

schmerzhafte Verbrennungen oder gefährliche Augenverletzungen verursachen.

Der Funkenflug in Bild 1 entsteht durch die Schweißflamme. Die glühenden Eisenteilchen haben auch noch in einigem Abstand eine hohe Temperatur.

Mit einem Gesichtsschutz, mit Handschuhen und einem feuerabweisenden Overall ist der Arbeiter in Bild 1 geschützt. So können keine Funken auf die Haut oder in die Augen gelangen.

Beim Schleifen des Meißels in Bild 2 entsteht Reibungswärme. Sie ist so hoch, dass auch hier glühende Eisenteilchen umher fliegen. Hier ist eine weitere Schutzmöglichkeit abgebildet.

Die Funken werden durch eine Abdeckung an der Maschine vom Arbeiter weg in eine andere Richtung gelenkt. Trotzdem ist aber auch hier ein Gesichtsschutz erforderlich.

2 Eine Schleifmaschine

Praktikum   Wunderkerze

Material:

Bariumnitrat, Aluminium-
pulver, grobes Eisenpulver, Wasser; Tapetenkleister, Bierdeckel, Pfeifenreiniger; feuerfeste Unterlage, Bechergläser, Spatel, Schere, Waage

Sicherheitshinweise

1. Die Wunderkerzen dürfen nur einzeln abgebrannt werden.
2. Sie sollten über einer feuerfesten Unterlage oder im Freien abgebrannt werden.

3 Eine Wunderkerze

Herstellung:

1. Rühre in 200 ml Wasser einen halben Löffel Tapetenkleister ein und stelle einen steifen Brei her.
2. Vermische 11 g Bariumnitrat, 1 g Aluminiumpulver und 5 g grobes Eisenpulver.
3. Verrühre das Chemikaliengemisch mit einer kleinen Portion des Tapetenkleisters zu einer streichfähigen Masse.
4. Bohre in die Mitte des Bierdeckels ein kleines Loch und stecke einen Pfeifenreiniger zur Hälfte hindurch.
5. Trage die Masse auf den oberen Teil des Pfeifenreinigers auf.
6. Lass die Wunderkerzen eine Woche bis zum völligen Trocknen stehen.

3.3 Oxide von Nichtmetallen

1 Holzkohle oxidiert.

Holzkohle ist fast reiner Kohlenstoff (C). Er reagiert beim Verbrennen mit Sauerstoff (O) zu einem *gasförmigen* Oxid, dem Kohlenstoffdioxid (CO_2). Wird das Kohlenstoffdioxid in klares Kalkwasser eingeleitet, trübt sich das Kalkwasser. Diese Trübung des Kalkwassers ist ein *Nachweis* für Kohlenstoffdioxid.

Kohlenstoffdioxid ist auch in der Luft enthalten, aber in so geringer Menge, dass offen stehendes Kalkwasser davon erst nach längerer Zeit getrübt wird. Pustest du aber *ausgeatmete* Luft in Kalkwasser, dann trübt es sich nach kurzer Zeit. Die ausgeatmete Luft enthält einen viel höheren Anteil an Kohlenstoffdioxid als die Luft, die du einatmest.

V1 Fülle in einen Standzylinder 2 cm hoch Kalkwasser. Erhitze ein kleines Stück Holzkohle auf einem Verbrennungslöffel mit der Brennerflamme. Halte es dann in den Standzylinder wie in Bild 1. Nimm die Holzkohle heraus, wenn sie nicht mehr glüht. Lege das Deckglas wieder auf, halte es fest und schüttle den Zylinder. Was beobachtest du?

V2 Fülle einen Standzylinder etwa 2 cm hoch mit klarem Kalkwasser. Verschließe den Zylinder und schüttle ihn. Was beobachtest du? Vergleiche mit V1.

V3 Fülle ein Reagenzglas zu einem Drittel mit Kalkwasser. Puste vorsichtig mit einem Trinkhalm in das Kalkwasser. Was passiert mit dem Kalkwasser? Erkläre.

V4 **Lehrerversuch:** Unter dem Abzug wird Schwefel in einem Verbrennungslöffel entzündet. Der Schwefel wird in einen Standzylinder gehalten, in dem eine Apfelscheibe liegt. Der Standzylinder wird verschlossen. Neben dem Zylinder liegt eine zweite Apfelscheibe.

A5 Beobachte und beschreibe nach einiger Zeit die Veränderungen an den beiden Apfelscheiben.

2 Ausgeatmete Luft trübt Kalkwasser.

3 Schwefeldioxid verhindert Fäulnis.

Überall wo Stoffe verbrennen, die Kohlenstoff enthalten, wie Holz, Öl oder Benzin, entsteht Kohlenstoffdioxid. Auch in unserem Körper oxidiert der Kohlenstoff aus der Nahrung langsam zu Kohlenstoffdioxid. In Mineralwasser und Erfrischungsgetränken sorgt Kohlenstoffdioxid für den säuerlichen, prickelnd frischen Geschmack.

Kohlenstoffdioxid wird bei −80 °C fest. In diesem Zustand wird es als Trockeneis oder zur Erzeugung von Disconebel verwendet.

Schwefel (S) verbrennt zu dem giftigen, stechend riechenden Gas Schwefeldioxid (SO_2). Es tötet Fäulnisbakterien ab und wird deshalb verwendet, um Trockenfrüchte oder Weinfässer keimfrei zu machen.

> Schwefel und Kohlenstoff verbrennen zu gasförmigen Oxiden. Kohlenstoffdioxid kann mit Kalkwasser nachgewiesen werden.

1 Wie kannst du das Gas Kohlenstoffdioxid (CO_2) in Mineralwasser nachweisen?

2 Wodurch unterscheidet sich die Luft, die du einatmest, von der Luft, die du ausatmest?

3 Stelle die Wortgleichungen für die Verbrennung von Kohlenstoff und Schwefel auf.

Streifzug durch die Ökologie

Umweltprobleme durch gasförmige Oxide

Wegen des großen Energiebedarfs werden heute sehr viel Kohle und Öl verbrannt. Dadurch entstehen große Mengen von Stickstoffoxiden, Kohlenstoffoxiden und Schwefeloxiden. Diese Nichtmetalloxide gefährden uns und unsere Umwelt.

Schwefeldioxid (SO_2)

Steinkohle, Braunkohle und Erdöl enthalten Schwefel. Beim Verbrennen dieser Energieträger entsteht das Gas Schwefeldioxid (SO_2). Hier sind die Kraft- und Fernheizwerke, die Industrie und die Haushalte die Hauptverursacher. Aus dem Schwefeldioxid entsteht der saure Regen.

Kohlenstoffoxide (CO_2 und CO)

Kohlenstoffdioxid (CO_2) ist ein Gas, das auch in der Natur entsteht. Es ist ein wichtiger Bestandteil der Lufthülle, denn es gibt unserer Erde einen Wärmeschutzschild. Es lässt die Sonneneinstrahlung fast ungehindert durch und sorgt dafür, dass die von der Erde abgestrahlte Wärme nicht entweicht. Gäbe es diesen *natürlichen Treibhauseffekt* nicht, würde die Erde auf durchschnittlich –18 °C abkühlen.

Durch die Verbrennung von Kohle, Erdgas, Heizöl, Dieselöl und Benzin wird aber zusätzlich Kohlenstoffdioxid erzeugt. Dadurch wird das Gleichgewicht zwischen Abstrahlung und Speicherung gestört. Das führt zur ständigen weiteren Erwärmung der Erde.
Die Hauptverursacher dieser Störung des Wärmegleichgewichts sind Kraftwerke, Straßenverkehr, Industriefeuerungen und Haushalte.

Wenn der Kohlenstoff bei der Verbrennung zu wenig Sauerstoff erhält, entsteht das Gas Kohlenstoffmonooxid (CO). Es ist schon in kleinen Mengen sehr giftig.

Stickstoffoxide (NO_x)

Stickstoffoxide entstehen aus dem Stickstoff der Luft bei Verbrennungen mit hohen Temperaturen. Kraftwerke, Kraftfahrzeug- und Flugzeugmotoren tragen so zur Smogbildung und zum sauren Regen bei.

Es kamen von 1000 t	NO_x	CO_2	SO_2
von Kraft- und Fernheizwerken	198 t	377 t	618 t
von Industriefeuerungen	99 t	164 t	172 t
von privaten Haushalten	61 t	156 t	85 t
vom Verkehr – Straße, Luft, Schiene	609 t	198 t	23 t
von anderen	33 t	105 t	102 t
insgesamt wurden erzeugt (in Tsd. t)	1859	910 000	1851

1 Verursacher beim Ausstoß von Nichtmetalloxiden (Stand 1998)

2 Hauptverursacher von NO_x

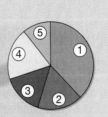
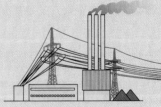

3 Hauptverursacher von CO_2

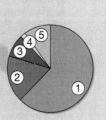

4 Hauptverursacher von SO_2

1 Emissionen von Kraft- und Fernheizwerken
2 Emissionen aus Industrieanlagen
3 Emissionen durch private Haushalte
4 Emissionen durch den Verkehr
5 Emissionen durch andere Verursacher

Gefahren durch gasförmige Oxide

Schwefeldioxid (SO_2)

Farbloses, stechend riechendes Gas, schwerer als Luft; entsteht bei der Verbrennung schwefelhaltiger Stoffe, vor allem bei Kohle; Hauptverursacher des „Smog"; verbindet sich beim Einatmen mit der Feuchtigkeit der Schleimhäute zu schwefelhaltiger Säure; verursacht Hustenreiz und Rachenschmerzen; Neutralisierung der schwefligen Säure an den Schleimhäuten durch schwache Lauge möglich

Kohlenstoffdioxid (CO_2)

Farbloses, geruchloses Gas; schwerer als Luft; entsteht bei allen Verbrennungsvorgängen mit Kohlenstoff, aber auch bei Gärprozessen (Weinkeller, Grünfutter-Silo); verbindet sich in der Lunge mit roten Blutkörperchen, Sauerstofftransport wird damit erschwert oder unterbunden; lähmt bei einer Konzentration von 40 % in der eingeatmeten Luft in Sekunden lebenswichtige Zentren des Körpers; löst sich beim Einatmen von reinem Sauerstoff wieder von den roten Blutkörperchen

Kohlenstoffmonooxid (CO)

Geruchloses Gas, leichter als Luft; entsteht bei Verbrennungsvorgängen, bei denen nicht genug Sauerstoff vorhanden ist; ist auch im Auspuffgas von Benzinmotoren bis zu 5 % enthalten; schon bei 15 % Konzentration in der eingeatmeten Luft nach einer Stunde lebensgefährlich; innere Erstickung, da sich die roten Blutkörperchen mit CO verbinden und keinen Sauerstoff mehr transportieren können; erst nach Blutaustausch ist Sauerstofftransport wieder möglich

KRAFT, Markus

Symptome: klagt über Rachenschmerzen, Übelkeit, Hustenreiz; Schleimhäute im Rachen- und Nasenraum stark gerötet

Ursache: Einatmung von Schwefeldioxiddämpfen beim Schwefeln von Weinfässern

Diagnose: Vergiftungserscheinungen durch Schwefeldioxid; Reizungen der Schleimhäute durch Säurebildung

Therapie: Säure an den Schleimhäuten neutralisieren durch Besprühen der Schleimhäute mit schwacher Lauge

BAR, Dag

Symptome: klagt über Druckgefühle im Kopf und über Schwindelanfälle; stark beschleunigter Atem

Ursache: Arbeit im Gärsilo ohne Schutzvorrichtung

Diagnose: Vergiftungserscheinungen durch Kohlenstoffdioxid

Therapie: Sauerstoffinhalation und künstliche Beatmung; Einweisung ins Krankenhaus

FREES, Arndt

Symptome: klagt über starke Kopfschmerzen, Augenflimmern und heftigen Brechreiz; auffallend helle Haut

Ursache: Arbeiten am Auto in der Garage bei laufendem Motor

Diagnose: Vergiftungserscheinungen durch Kohlenstoffmonooxid

Therapie: Bluttransfusion; Einweisung ins Krankenhaus

Blut

Der normale Mensch hat zwischen 5 und 7 Liter Blut in seinem Körper. Es wird im Knochenmark durch Zellteilung immer wieder neu gebildet. Die wichtigsten Bestandteile des Blutes, die roten und die weißen Blutkörperchen, haben nur eine beschränkte Lebensdauer. Die weißen Blutkörperchen leben 4 bis 10 Tage. Sie fressen die Fremdkörper und Krankheitserreger im Blut. Die roten Blutkörperchen leben etwa 120 Tage. Sie enthalten **Hämoglobin**.

Der eingeatmete Sauerstoff verbindet sich in der Lunge mit dem Hämoglobin der roten Blutkörperchen und wird dadurch in die einzelnen Körperzellen transportiert.

Die Gase CO_2 und CO verbinden sich, wenn sie eingeatmet werden, besser mit dem Hämoglobin als das Gas Sauerstoff.

Die Verbindung des Hämoglobins mit CO_2 kann wieder aufgelöst werden. Die roten Blutkörperchen sind dann wieder für den Transport des Sauerstoffs frei.

Die Verbindung des Hämoglobins mit CO kann nicht mehr aufgelöst werden. Der Sauerstofftransport ist blockiert.

Projekt | # Luftverschmutzung und Gegenmaßnahmen

„Das Wasser im Rhein wird immer reiner und die Luft immer schmutziger." Damit soll deutlich gemacht werden, dass noch viele technische und politische Anstrengungen unternommen werden müssen, damit auch die Luft sauberer wird.
Die folgenden Aufträge sind Anregungen, um zu erfahren, was ihr mit anderen für die Reinhaltung der Luft tun könnt.
Bei euren Erkundungen können viele Behörden, Umweltverbände, sachkundige Personen und die Suche im Internet weiterhelfen.

Bei der Durchführung des Projektes habt ihr sicher selbst noch Vorschläge und stoßt auf andere, ähnliche Fragen, die ihr notieren und ebenfalls klären solltet.

Gruppe 1: Schwefeldioxid (SO_2)

Der Ausstoß von SO_2 konnte in Deutschland in den letzten Jahren deutlich verringert werden. Ermittelt
– warum das geschah;
– wie das technisch realisiert wird;
– wo die Emissionen besonders stark verringert wurden;
– welche weiteren Senkungen des Ausstoßes geplant sind und in welchen Bereichen;
– welche Stoffe das Waldsterben bewirken;
– wie sich das Waldsterben in den letzten Jahren in Deutschland entwickelt hat.

Gruppe 2: Autoabgase

Pkw und Lkw tragen zur Emission von Kohlenstoffoxiden und Stickoxiden in hohem Maße bei. Besorgt euch Informationen um festzustellen,
– wie sich der Kfz-Bestand in den letzten 5 Jahren in Deutschland ausgeweitet hat;
– wie sich die Fahrleistung pro Kraftfahrzeug in der gleichen Zeit verändert hat;
– wie sich die Emissionszahlen für Stickstoffoxide und Kohlenstoffoxide beim Straßenverkehr entwickelt haben;
– wie viel Kohlenstoffdioxid ein Auto bei durchschnittlicher Fahrleistung in einem Jahr erzeugt (der Verbrauch von 1 l Benzin erzeugt 2,32 kg CO_2); wie viel es erzeugen würde, wenn die Fahrleistung um ein Drittel vermindert werden könnte; wie viel Kohlenstoffdioxid es erzeugen würde, wenn es ein 3 Liter-Auto wäre;
– welche Vorschriften erlassen wurden, um die Schadstoffe in den Autoabgasen zu vermindern;
– was die Abgasuntersuchung für das Auto ist, was dabei gemessen und korrigiert wird;
– wie ein Katalysator funktioniert und wie er recycelt wird.

Gruppe 3: Energieeinsparung in der Schule

Die Nutzung von Energieträgern wie Gas, Heizöl und Kohle für die Umwandlung in Elektrizität und Wärme ändert sich in Deutschland in jedem Jahr. Je mehr Energie benötigt wird, umso mehr Schadstoffe gelangen auch in die Luft. Ebenso erheblich sind die Kosten, die dadurch entstehen. Ermittelt hierzu an eurer Schule

– welche Energieträger für die Heizung eingesetzt werden;

– welche Energieträger das Kraftwerk einsetzt, das eure Schule mit Elektrizität beliefert;

– wie viele Liter Heizöl, Kubikmeter Gas oder Kilowattstunden Elektrizität für die Energieversorgung der Schule erforderlich sind;

– welche Energieeinsparungen bei der Heizung und beim Licht möglich wären;

– wie der Verbrauch an elektrischer Energie und Wärme in der Turnhalle verringert werden kann;

– welche Ideen euer Hausmeister zum Energiesparen hat.

Ihr könnt nach euren Ermittlungen als Energiemanagerin oder als Energiemanager tätig werden und ein Programm zum Energiesparen an eurer Schule entwerfen und umsetzen.

Schule profitiert mit 70 % – Stadt mit 30 %

Wenn wir elektrische Energie, Wärme und Wasser sparen – dürfen wir dann das eingesparte Geld behalten?" Glatte 13 000,– DM brachte diese Frage in einem einzigen Jahr den Beteiligten ein. Die Zauberformel „KESch", die der Schule und dem Stadtsäckel Geld einbrachte, bedeutet **K**limaschutz und **E**nergiesparen an Koblenzer **Sch**ulen. So können die Schulen 30 % der ersparten Mittel frei verwenden, 40 % sind für Investitionen im Energiebereich an den Schulen vorgesehen und weitere 30 % gehen an die Stadt zurück. Besonderen Anteil daran hatten die Schüler, die als Energiedetektive tätig wurden. Das Ergebnis kann sich sehen lassen: In einem Jahr kam durch die Ideen aller Beteiligter zu 5,9 % Einsparung bei der Wärme und 23,9 % Einsparung bei elektrischen Energie. Die erwirtschafteten Mittel werden sowohl verwendet, um Bauvorhaben der Schule zu erfüllen, als auch für die weitere ökologische Ausstattung der Schule (Treppenlichtschalter, Reflexionsfolie, Bewegungsmelder).

Gruppe 4: Energiebedarf im Haushalt

Die privaten Haushalte sind an der Belastung unserer Luft ebenso beteiligt wie Straßenverkehr, Kraftwerke und Industrie. Klärt mit dem jeweiligen Fachhandel und Energieversorgungsunternehmen

– welche Brennstoffe für das Heizen verwendet werden und welche die günstigsten Abgaswerte haben;

– wie Heizungsanlagen so gesteuert werden können, dass sie einen sparsamen Verbrauch sicherstellen;

– was Thermostate an Heizkörpern bewirken und wie sie arbeiten;

– welche Möglichkeiten für Wärmedämmung es in einem Haus gibt, was die verschiedenen Wärmedämmungen für ein durchschnittliches Haus kosten und welche Ersparnis sie erbringen;

– wie viel elektrische Energie die Großgeräte verbrauchen, was Energieeffizienzklassen sind und welche Vorteile bei den einzelnen Effizienzklassen bestehen;

– welche Vergünstigung Energieversorgungsunternehmen anbieten, wenn ein Haushalt seine Geräte auf Energieeffizienzklasse „A" umstellt;

– welche Geräte die Einrichtung von Stand-by-Betrieb haben und wie viel elektrische Energie dieser Betrieb jeweils benötigt, was er in einem Jahr kostet und was das umgerechnet auf rund 40 000 000 Haushalte in Deutschland bedeutet.

1 Disconebel

3.4 Das Teilchenmodell

Lässt du ein Schälchen mit Parfüm offen stehen, so stellst du bald fest, dass du das Parfüm überall im Raum riechen kannst. Nach einiger Zeit ist die Flüssigkeit verschwunden. Das Parfüm ist verdunstet. Auch die Gerüche, die beim Backen oder Kochen entstehen, lassen sich nach kurzer Zeit fast überall im Haus wahrnehmen.

Ein Stoff, der ebenfalls leicht verdunstet, ist festes Kohlenstoffdioxid. Er wird zum Beispiel zur Erzeugung von Disconebel eingesetzt. Dieser entsteht dadurch, dass Wasserdampf über das sehr kalte Kohlenstoffdioxid strömt und kondensiert. Es bilden sich kleine Wassertröpfchen, die als Nebel sichtbar werden.

Wie lässt sich das Verdunsten erklären? Alle Stoffe bestehen aus kleinsten Teilchen. Du kannst sie dir vereinfacht als Kugeln vorstellen. Sie sind so klein, dass du sie auch mit dem besten Lichtmikroskop nicht sehen kannst. Diese kleinsten Teilchen werden **Atome** oder **Moleküle** genannt. Kohlenstoffdioxid ist bei einer Temperatur von –80 °C fest. Im festen Kohlenstoffdioxid liegen die Moleküle ganz dicht nebeneinander. Sie bewegen sich an ihrem Platz nur wenig hin und her. Steigt die Temperatur an, so geraten die Moleküle in immer stärkere Bewegung. Sie bewegen sich immer heftiger und stoßen sich auch gegenseitig an. Sie reißen sich los und immer mehr Moleküle werden aus dem festen Verband herausgestoßen.

Da Kohlenstoffdioxid schwerer als Luft ist, breitet es sich zunächst direkt über dem Boden aus. Durch die Bewegung der Luftteilchen werden die Kohlenstoffdioxidmoleküle nach einiger Zeit im ganzen Raum verteilt.

> Alle Stoffe bestehen aus kleinsten Teilchen. Sie werden Atome oder Moleküle genannt.

V1 a) Auf ein Uhrglas wird eine Parfümprobe gegossen und an einer beliebigen Stelle im Raum abgestellt.
b) Melde dich, sobald du das Parfüm riechst.

V2 a) Gib ein Stück festes Kohlenstoffdioxid mit einer Tiegelzange in einen Standzylinder und beschreibe deine Beobachtung.
b) Gieße, nachdem das feste Kohlenstoffdioxid verschwunden ist, etwas Kalkwasser in den Standzylinder. Was schließt du aus deiner Beobachtung?

V3 Lege einige Stücke festes Kohlenstoffdioxid in ein Sieb. Halte dieses in ein Becherglas mit heißem Wasser. Was beobachtest du?

1 Erkläre die Ausbreitung des Parfüms im Raum mit dem Teilchenmodell.

2 Disconebel im Labor

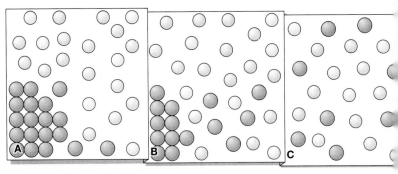

3 Festes Kohlenstoffdioxid verdunstet.

Luft

1. Luft ist ein gasförmiger Körper. Sie hat ein Volumen und eine Masse. Wo Luft ist, kann kein anderer Körper sein.

2. Die Dichte von Luft ist
$\rho = 1,3 \frac{g}{l} = 1,3 \frac{kg}{m^3}$.

3. Ohne Luft gibt es keine Verbrennung. Dazu ist Sauerstoff nötig. Der Anteil der Luft, der eine Flamme erstickt, heißt Stickstoff.

4. Luft ist ein Gemisch aus Stickstoff (N), Sauerstoff (O) und einigen anderen Gasen.

5. Der Sauerstoffanteil in der Luft beträgt etwa ein Fünftel. Sauerstoff wird mit der Glimmspanprobe nachgewiesen.

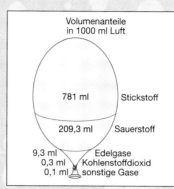

Volumenanteile in 1000 ml Luft

781 ml — Stickstoff
209,3 ml — Sauerstoff
9,3 ml — Edelgase
0,3 ml — Kohlenstoffdioxid
0,1 ml — sonstige Gase

6. Ein Feuer entsteht, wenn ein brennbarer Stoff vorhanden ist, ausreichende Luftzufuhr gegeben ist und die erforderliche Entzündungstemperatur erreicht wird. Um Feuer zu löschen, muss mindestens eine dieser Bedingungen beseitigt werden.

7. Bei einer chemischen Reaktion entstehen neue Stoffe. Sie haben andere Eigenschaften als die Ausgangsstoffe.

8. Eine Verbrennung ist eine chemische Reaktion. Hierbei reagiert ein Stoff mit Sauerstoff. Es entsteht ein Oxid.

9. Nichtmetalle verbrennen zu gasförmigen Oxiden.

10. Kohlenstoffdioxid wird durch die Trübung von Kalkwasser nachgewiesen.

11. Nichtmetalloxide wie Schwefeloxide, Stickoxide und Kohlenstoffoxide gefährden uns und unsere Umwelt.

Luft

1 Warum benötigen Passagierflugzeuge, die zwischen 11 km und 12 km hoch fliegen, eine luftdichte Kabine?

2 Nenne einen Versuch, der zeigt, dass Luft ein Körper ist.

3 Welche Eigenschaften hat der Körper Luft?

4 Aus welchen Gasen besteht das Gemisch Luft? Wo werden diese Gase technisch genutzt?

5 Beschreibe einen Versuch, mit dem der Anteil des Sauerstoffs in der Luft bestimmt werden kann.

6 Welche Eigenschaft des Sauerstoffs wird bei der Glimmspanprobe genutzt?

7 Begründe, warum beim Umgang mit reinem Sauerstoff besondere Brandschutz-Maßnahmen nötig sind, obwohl Sauerstoff selbst nicht brennbar ist.

8 Welche 3 Bedingungen müssen beim Feuermachen mindestens erfüllt werden?

9 Warum ist es wichtig, dass beim Verlassen der Schule bei einem Feueralarm alle Türen und Fenster geschlossen werden?

10 Weshalb verbrennt Eisenpulver heftiger als Eisenwolle?

11 Woran erkennst du eine chemische Reaktion?

12 Schreibe die Oxidation von Magnesium als Wortgleichung und als Symbolgleichung.

13 Wie heißen die Oxide von Schwefel und Stickstoff?

14 a) Welche Nichtmetalloxide sind besonders umweltschädlich?
b) Welche Schäden entstehen durch die übermäßige Abgabe solcher Oxide?

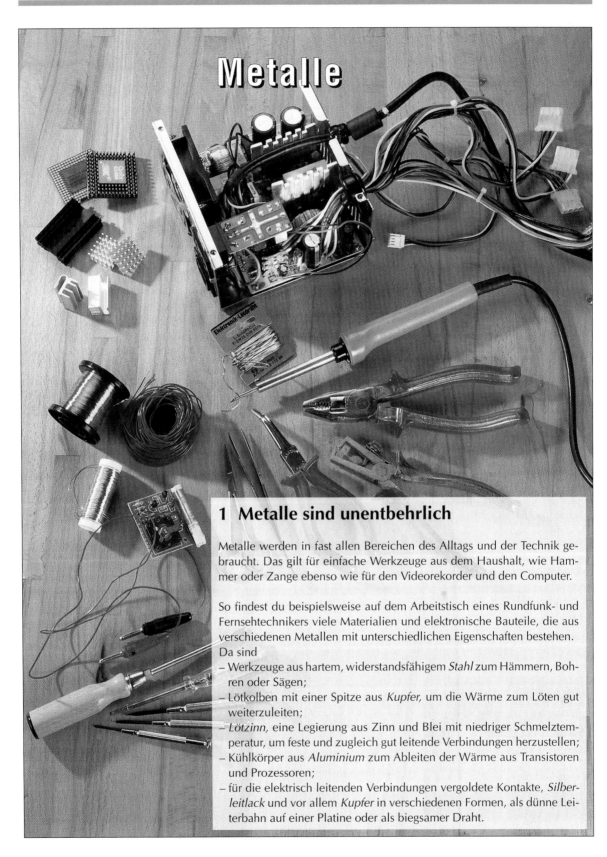

Metalle

1 Metalle sind unentbehrlich

Metalle werden in fast allen Bereichen des Alltags und der Technik gebraucht. Das gilt für einfache Werkzeuge aus dem Haushalt, wie Hammer oder Zange ebenso wie für den Videorekorder und den Computer.

So findest du beispielsweise auf dem Arbeitstisch eines Rundfunk- und Fernsehtechnikers viele Materialien und elektronische Bauteile, die aus verschiedenen Metallen mit unterschiedlichen Eigenschaften bestehen. Da sind
– Werkzeuge aus hartem, widerstandsfähigem *Stahl* zum Hämmern, Bohren oder Sägen;
– Lötkolben mit einer Spitze aus *Kupfer,* um die Wärme zum Löten gut weiterzuleiten;
– *Lötzinn,* eine Legierung aus Zinn und Blei mit niedriger Schmelztemperatur, um feste und zugleich gut leitende Verbindungen herzustellen;
– Kühlkörper aus *Aluminium* zum Ableiten der Wärme aus Transistoren und Prozessoren;
– für die elektrisch leitenden Verbindungen vergoldete Kontakte, *Silberleitlack* und vor allem *Kupfer* in verschiedenen Formen, als dünne Leiterbahn auf einer Platine oder als biegsamer Draht.

1 Aluminium – ein Leichtmetall

1.1 Die Stoffgruppe der Metalle

Ob Eisen, Aluminium, Kupfer, Gold oder Silber, du erkennst diese Stoffe sofort. Es sind **Metalle.**
Im Alltag gebrauchst du sie als Werkzeuge oder Schmuck, nutzt sie als Verpackungsmaterial bei Getränke- und Konservendosen oder in vielen anderen Bereichen.
Eine gemeinsame Eigenschaft der Metalle ist der *metallische Glanz*. Du kennst ihn von den Edelmetallen Silber und Gold. Aber auch Eisen und Aluminium glänzen, wenn die Oberfläche der Metalle gerade erst geschmirgelt wurde.
Metalle sind auch *verformbar, leiten den elektrischen Strom* und die *Wärme*. Da alle Metalle diese Eigenschaften besitzen, werden sie zur **Stoffgruppe** der Metalle zusammengefasst.
Innerhalb der Stoffgruppe der Metalle gibt es aber auch Unterschiede. Die Metalle können zum Beispiel in Leichtmetalle und Schwermetalle oder in Edelmetalle und Nichtedelmetalle unterteilt werden.

Alle anderen Stoffe, die nicht diese gemeinsamen Eigenschaften der Metalle besitzen, werden als **Nichtmetalle** bezeichnet. Auch in der Stoffgruppe der Nichtmetalle lassen sich Stoffe zusammenfassen, die gemeinsame Eigenschaften haben, zum Beispiel die Edelgase.

V1 Beschreibe das Aussehen folgender Stoffe: Schwefel, Aluminium, Kochsalz, Eisen, Kupfer, Zink, Holz, Wachs.

V2 Teste die Stoffe aus V 1 auf ihre Verformbarkeit. Beschreibe.

2 Blei – ein Schwermetall

V3 Untersuche die Stoffe aus V 1 auf ihre Härte. Ritze die Stoffe dazu mit einem Bleistift, einem Eisen- und einem Stahlnagel.

V4 Baue eine Prüfstrecke auf und untersuche die Stoffe aus V 1 auf ihre elektrische Leitfähigkeit. Beobachte und notiere die Ergebnisse.

3 Eisen – ein unedles Metall

> Metalle haben gemeinsame Eigenschaften. Deshalb werden sie in einer Stoffgruppe zusammengefasst.

1 Warum ist Quecksilber ein besonderes Metall?

A5 Stelle alle Ergebnisse von V 1 bis V 4 in einer Tabelle zusammen. Vergleiche. Was stellst du fest?

Eigenschaften \ Stoff	Schwefel	Aluminium	
Aussehen			
Verformbarkeit			
Härte			
elektrische Leitfähigkeit			

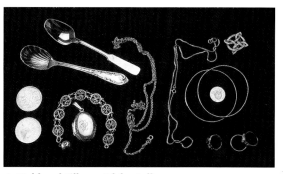

4 Gold und Silber – Edelmetalle

V 1 Vergleiche ein Stück Aluminiumblech mit einem Zinkblech. Beschreibe dabei die Eigenschaften der beiden Stoffe mithilfe deiner Sinnesorgane. Lege dazu für beide Stoffe einen einfachen Steckbrief an.

V 2 a) Ritze beide Bleche wechselseitig. Beschreibe. Was schließt du daraus?
b) Ritze das Aluminiumblech und das Zinkblech mit einem Bleistift, einem Eisennagel und einem Stahlnagel. Vergleiche die Ergebnisse.

V 3 a) Bestimme mit einer Waage die Masse des Aluminiumblechs und die Masse von Zinkblech. Notiere die Ergebnisse in Gramm.
b) Miss das Volumen von beiden Blechen mit einem Messzylinder. Achte darauf, dass der ganze Körper in das Wasser taucht. Notiere die Ergebnisse in cm³.
Beachte: 1 ml = 1 cm³
c) Berechne die Dichte von Aluminium und von Zink nach der Formel:
Dichte = $\frac{\text{Masse}}{\text{Volumen}}$
d) Vergleiche die Ergebnisse. Was stellst du fest?

V 4 Prüfe mit einem Magneten die Magnetisierbarkeit des Aluminiumbleches und des Zinkbleches.

A 5 Erweitere mit den Ergebnissen aus V 2 bis V 4 die einfachen Steckbriefe aus V 1.

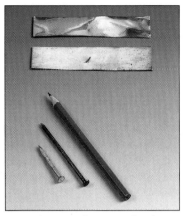

2 Bestimmung der Härte durch Ritzen

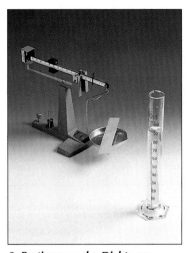

3 Bestimmung der Dichte aus Masse und Volumen

Steckbrief

Aussehen:
Aggregatzustand: fest
Härte:
Dichte:
Magnetisierbarkeit:
    nicht magnetisierbar
elektrische Leitfähigkeit:
    leitet den elektrischen Strom
Siedetemperatur:
Schmelztemperatur: 660 °C

Stoff: Aluminium

1 Steckbrief für Aluminium

4 Bestimmung der Magnetisierbarkeit

1.2 Stoffeigenschaften lassen sich untersuchen

In unserem Alltag begegnen uns immer wieder Stoffe, die sich sehr ähnlich sind. So kann es Probleme geben, wenn Stoffe gleich aussehen und die Gefäße nicht mehr richtig beschriftet sind.
Es gibt verschiedene Verfahren, mit denen die Eigenschaften von Stoffen genau untersucht werden können. So kannst du alle diese Stoffeigenschaften in einem **Steckbrief** wie in Bild 1 zusammenfassen.

Härte

Durch Ritzen kannst du feststellen, wie *hart* die Stoffe sind.
Um Stoffe miteinander zu vergleichen, können sie wechselseitig geritzt werden. Dabei musst du immer mit gleicher Kraft arbeiten.

Du kannst aber auch mit einem Bleistift, einem Eisennagel oder einem Stahlnagel Ritzversuche durchführen. So hast du die Möglichkeit über die Ritztiefe die Härte von Stoffen zu vergleichen.

Dichte

Um die Dichte eines Stoffes zu bestimmen, musst du die *Masse* und das *Volumen* eines Körpers messen.

Die Masse bestimmst du mithilfe einer Waage. Sie wird in g angegeben. Das Volumen wird mit der Überlaufmethode oder der Differenzmethode ermittelt. Es wird in cm³ angegeben.

Magnetisierbarkeit

Mithilfe eines Magneten kannst du überprüfen, ob ein Stoff *magnetisch* oder *magnetisierbar* ist.

Elektrische Leitfähigkeit

Mit einer Prüfstrecke kannst du herausfinden, ob ein Stoff den *elektrischen Strom leitet.*

Bestimmung der Schmelztemperatur

Wenn feste Körper erwärmt werden, können sie *schmelzen.* Sie werden flüssig. Du kannst die dazu notwendige Temperatur bestimmen. Dazu musst du einen festen Körper langsam erwärmen und die Temperatur messen, bis er vollständig geschmolzen ist. Du hast dann seine *Schmelztemperatur* ermittelt. Besonders gut kannst du den Übergang vom festen in den flüssigen Aggregatzustand bei Wasser beobachten. Eis schmilzt bei 0 °C.

Bestimmung der Siedetemperatur

Für die Bestimmung der *Siedetemperatur* musst du den Körper erhitzen und seine Temperatur messen. Wenn der Stoff vom flüssigen in den gasförmigen Aggregatzustand übergeht, *siedet* er. Erhitzt du dann weiter, bleibt seine Temperatur trotzdem konstant, bis er vollständig verdampft ist. Das kannst du gut beim Wasser beobachten. Es hat eine Siedetemperatur von 100 °C.

> Eigenschaften von Stoffen lassen sich durch verschiedene Mess- und Prüfverfahren bestimmen. Dadurch lassen sich Stoffe voneinander unterscheiden.

1 Beschreibe, wie du die Dichte und die elektrische Leitfähigkeit von Flüssigkeiten bestimmen kannst.

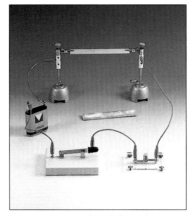

5 Bestimmung der elektrischen Leitfähigkeit

6 Bestimmung der Schmelztemperatur

7 Bestimmung der Siedetemperatur

V6 Teste mithilfe einer Prüfstrecke die elektrische Leitfähigkeit von Körpern aus Aluminium und Zink. Berichte.

V7 a) Erhitze zuerst ein Stück Aluminium und dann ein Stück Zink mithilfe einer Tiegelzange in der nicht leuchtenden Brennerflamme. *Vorsicht:* Benutze eine feuerfeste Unterlage. Beobachte und beschreibe.
b) Vergleiche das Verhalten der beiden Stoffe und notiere deine Beobachtungen.

A8 Suche aus einer Tabelle die Siede- und Schmelztemperaturen von Aluminium und Zink heraus. Vergleiche sie. Was stellst du fest?

A9 Vervollständige die erweiterten Steckbriefe aus A 5.

V10 a) Fülle einen hohen Erlenmeyerkolben mit zerstoßenem Eis. Erhitze ihn wie in Bild 6. Miss die Temperatur alle 30 Sekunden, bis das Eis geschmolzen ist. Fertige eine Tabelle an, in der du die Zeit und die dazugehörige Temperatur einträgst.

V11 Fülle 100 ml Wasser in einen Erlenmeyerkolben und füge zwei Siedesteinchen hinzu. Erhitze bis zum Sieden (Bild 7). Miss alle 30 Sekunden die Temperatur und beobachte die Veränderungen. Bestimme die Siedetemperatur. Ergänze die Tabelle aus V 10.

Steckbrief

Aussehen: silbergrau
Aggregatzustand:
Härte:
Dichte:
Magnetisierbarkeit:
elektrische Leitfähigkeit:
leitet den elektrischen Strom
Siedetemperatur:
Schmelztemperatur:

Stoff: Zink

8 Steckbrief für Zink

1 Im Schmuckladen

Nickel-Allergie – was ist das?

Nickel zählt heute zu den Hauptverursachern von Hautallergien. Besonders Frauen sind davon betroffen. Sie können durch den engen Kontakt mit nickelhaltigen Gegenständen Hautausschläge bekommen.

Nickel kommt in zahlreichen Haushalts- und Gebrauchsgegenständen vor. Spülbecken und Dunstabzugshauben bestehen aus Chrom-Nickel-Stahl. Münzen, Brillengestelle, Druckknöpfe, Reißverschlüsse, Bestecke und Kochtöpfe, aber auch manche Haarfärbemittel oder Kosmetika können Nickel enthalten.

1 Informiere dich bei einem Juwelier über den unterschiedlichen Silbergehalt in Schmuckstücken.

1.3 Was sind Legierungen?

Andrea hatte sich von ihrem Taschengeld Ohrstecker aus Silber gekauft. Sie konnte sich aber nur wenige Tage darüber freuen, denn schon bald röteten sich ihre Ohrläppchen, schwollen an und juckten sehr. Der Arzt erklärte ihr, dass ihre Beschwerden am Ohr auf eine Nickelallergie zurückzuführen sind. Die Ohrstecker bestanden nicht aus reinem Silber, sondern aus mindestens zwei Stoffen. Nickel und Silber waren miteinander vermischt worden.

Silber ist als *Reinstoff* ein recht weiches Metall. Du könntest es im täglichen Gebrauch kaum benutzen. Gegenstände aus reinem Silber lassen sich nämlich leicht verformen und sehr leicht zerkratzen. Deshalb wird das reine Silber mit anderen Metallen vermischt und zusammengeschmolzen. Der neue Stoff ist härter und widerstandsfähiger als das reine Silber – außerdem ist er billiger.

Ein *Stoffgemisch* aus zwei oder mehreren Metallen heißt **Legierung.** Solche Legierungen haben andere Eigenschaften als die reinen Metalle.
Schon vor 5000 Jahren stellten die Menschen aus den weichen Metallen Kupfer und Zinn die Legierung *Bronze* her. Bronze war damals der wichtigste metallische Werkstoff. Deshalb wird diese Zeit *Bronzezeit* genannt. Aus Bronze stellten unsere Vorfahren Töpfe, Werkzeuge, Schmuckstücke, Schwerter, Lanzen und Münzen her.

> Legierungen sind Stoffgemische aus Metallen. Sie haben andere Eigenschaften als die Ausgangsstoffe.

2 Wichtige Legierungen: Gold-Legierungen (A); Messing (B); Chrom-Nickel-Stahl (C)

Metalle unterscheiden sich

Metalle sind die häufigsten aller in der Natur vorkommenden Elemente. Sie sind an ihren *gemeinsamen Eigenschaften* zu erkennen.

Solche Eigenschaften sind die *elektrische Leitfähigkeit,* der *metallische Glanz* der frisch bearbeiteten Oberfläche und die *Verformbarkeit.*

1 Lithium schwimmt auf Benzin.

2 Das Schwermetall Blei als Ballast

3 Quecksilber

4 Wolframwendel

5 Kalium ist sehr reaktionsfähig.

6 Ein Platintiegel ist unverwüstlich.

Es gibt aber auch deutliche Unterschiede zwischen den verschiedenen Metallen. So ist die elektrische Leitfähigkeit von Silber 30 mal besser als die von Titan. Kupfer und Gold zeigen einen farbigen Glanz, während alle anderen Metalle silberglänzende Oberflächen besitzen.

Das Edelmetall Iridium ist fast so hart wie ein Bergkristall und nur schwer verformbar, das Alkalimetall Caesium ist dagegen weich wie Butter.

Die Metalle sind gerade deshalb zu den wichtigsten Werkstoffen des Menschen geworden, weil sie so unterschiedliche und vielseitige Eigenschaften besitzen.

Es gibt leichte und schwere Metalle

Lithium ist das leichteste Metall. 1 cm³ Lithium hat eine Masse von nur 0,53 g. Es schwimmt auf Benzin und auf Wasser. Aus Lithium lassen sich sehr leichte und harte Metalllegierungen herstellen.

Das Edelmetall *Osmium* ist das schwerste Metall. 1 cm³ hat eine Masse von 22,5 g. Als Metall zum Beschweren wird in der Technik aber meist das viel billigere *Blei* verwendet. 1 cm³ Blei hat eine Masse von 11,4 g.

Die Schmelztemperaturen unterscheiden sich

Quecksilber ist das einzige bei Raumtemperatur flüssige Metall. Seine Schmelztemperatur beträgt –39 °C. Quecksilberdämpfe sind so giftig, dass Quecksilber heute kaum noch verwendet wird.

Wolfram hat mit 3410 °C die höchste Schmelztemperatur aller Metalle, deshalb werden daraus Glühdrähte für Lampen hergestellt.

Es gibt edle und unedle Metalle

Kalium ist eines der reaktionsfähigsten, also unedelsten Elemente. Es entzündet sich von selbst, wenn es mit Wasser in Berührung kommt.

Das edle *Platin* ist demgegenüber extrem widerstandsfähig. So werden Platintiegel als Gefäße im Chemielabor benutzt, wenn aggressive Stoffe bei hohen Temperaturen miteinander reagieren sollen.

1 5000 Jahre alte Gegenstände aus Kupfer

2 Kupfererz Malachit (A) und gediegenes Kupfer (B)

V1 Gib einen Spatel zerkleinertes Malachit in einen Porzellantiegel und erhitze das Gemisch in der rauschenden Brennerflamme bis zum Glühen. Notiere die Veränderungen nach dem Abkühlen.

V2 Erhitze nun ein Gemisch aus Malachit und zerkleinerter Holzkohle. Das Gemisch sollte dabei mit einer Kohleschicht bedeckt sein. Lass das Gemisch abkühlen und schütte es dann auf ein Blatt Papier. Notiere die Veränderungen und vergleiche sie mit dem Ergebnis von V 1.

3 Malachit wird zusammen mit Holzkohle erhitzt.

1.4 Kupfer, das älteste Gebrauchsmetall

Viele Jahrtausende lang waren Stein, Holz und Knochen die wichtigsten Werkstoffe der Menschen. Doch schon früh wurden auch *Kupfer, Gold* und *Silber* verarbeitet. Diese Metalle konnten *gediegen,* das heißt *in metallischer Form,* gefunden werden.

Das weiche Gold und ebenso das Silber hatten keinen rechten Gebrauchswert. Diese Metalle wurden vor allem zu Schmuck verarbeitet. Umso begehrter war das Kupfer. Daraus ließen sich Äxte, Sicheln, Nadeln und manches andere herstellen.

Doch gediegenes Kupfer war selten zu finden. Es gab zwar schon vor 10 000 Jahren erste Kupferbergwerke in Jericho und Anatolien, die konnten den Bedarf aber nicht decken. Noch wusste ja niemand, dass viel größere Kupfermengen in bunten Steinen steckten, in *Kupfererzen,* wie dem strahlend grünen *Malachit.*

Vom Erz zum Metall

Erze sind *chemische Verbindungen.* Neben einem Metall enthalten sie meistens Sauerstoff, Kohlenstoff oder Schwefel. Doch es ist ihnen nicht ohne weiteres anzusehen, dass ein Metall darin steckt.

So muss es wohl eine Zufallsentdeckung gewesen sein: Kupfererzstücke wurden *zusammen* mit Holzkohle erhitzt, vielleicht in einem besonders heißen Herdfeuer oder in einem Töpferofen. Das Ergebnis war überraschend. An den Erzbrocken zeigte sich rötlich glänzendes Metall. Aus dem Kupfererz war durch die *chemische Reaktion* mit der Holzkohle metallisches Kupfer freigesetzt worden.

Mit dieser Entdeckung begann das Zeitalter der Metalle. Mit besseren Öfen wurden weitere Metalle, wie *Blei, Zinn, Quecksilber* und später *Eisen* aus ihren Erzen gewonnen.

> Kupfer ist der älteste metallische Werkstoff des Menschen. Um Kupfer zu gewinnen, wurde Kupfererz zusammen mit Holzkohle erhitzt.

1 Zähle möglichst viele verschiedene Beispiele für die Verwendung von Kupfer auf.

2 Das Edelmetall Gold kommt gediegen vor, die Metalle Magnesium oder Natrium jedoch nicht. Woran könnte das liegen?

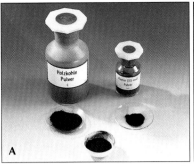

1 Kupferoxid reagiert mit Kohlenstoff.

1.5 Vom Kupferoxid zum Kupfer

Wenn du Kupferoxid in einem Reagenzglas erhitzt, passiert gar nichts. Das Kupferoxid lässt sich durch einfaches Erhitzen nicht zerlegen. Erhitzt du jedoch ein Gemisch aus Kupferoxid und Holzkohlepulver, so läuft eine chemische Reaktion ab. Das Gemisch leuchtet hell auf und glüht vollständig durch. Ein Gas entsteht. Es ist Kohlenstoffdioxid. Nach dem Erkalten findest du kleine Kupferperlen.

Bei diesem Vorgang laufen zwei miteinander verknüpfte Reaktionen ab. Das Kupferoxid gibt den Sauerstoff ab, Kupfer bleibt zurück. Diese Abgabe von Sauerstoff heißt **Reduktion.** Das Kupferoxid wird **reduziert.** Gleichzeitig nimmt der Kohlenstoff den Sauerstoff auf. Das ist eine **Oxidation.** Der Kohlenstoff wird also **oxidiert.**

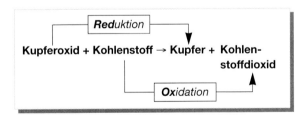

*Red*uktion

Kupferoxid + Kohlenstoff → Kupfer + Kohlenstoffdioxid

*Ox*idation

Die gesamte Reaktion heißt **Redoxreaktion.** Dabei wechselt der Sauerstoff seinen Platz. Er geht zu dem Partner über, der heftiger mit Sauerstoff reagiert. Das ist hier der Kohlenstoff. Der Reaktionspartner, der den Sauerstoff aufnimmt, heißt *Reduktionsmittel.*

> Eine chemische Reaktion, bei der einem Oxid der Sauerstoff entzogen wird, heißt Reduktion.
> Die Reaktion, bei der Reduktion und Oxidation gleichzeitig ablaufen, heißt Redoxreaktion.

1 Wie lässt sich Blei aus Bleioxid und Zink aus Zinkoxid gewinnen?

V1 Erhitze etwas Kupferoxid in einem Reagenzglas und lass es wieder abkühlen. Notiere deine Beobachtungen.

V2 Gib ein Gemisch aus 2 g Kupferoxid und 0,5 g gemahlener Holzkohle in ein Reagenzglas. Verschließe das Reagenzglas mit einem Wattebausch und einem durchbohrten Stopfen, in dem ein gewinkeltes Glasrohr steckt (Bild 1B). Das Glasrohr taucht in ein Becherglas mit Kalkwasser.

Erhitze das Gemisch kräftig am unteren Ende des Reagenzglases. Nimm den Brenner beiseite, wenn das Gemisch aufglüht. Nimm das Glasrohr aus dem Kalkwasser, wenn die Gasentwicklung beendet ist.

Beobachte den Reaktionsverlauf. Erkläre die Veränderung im Kalkwasser. Untersuche das Reaktionsprodukt nach dem Abkühlen und notiere deine Beobachtungen.

V3 a) Falte aus Kupferfolie eine flache Schachtel (Bild 2) und erhitze sie in der Brennerflamme. Erkläre die Veränderung der Kupferoberfläche.

b) Streue danach zerkleinerte Holzkohle in die Schachtel und erhitze erneut. Lass die Schachtel abkühlen und schütte erst danach die Kohlereste aus. Beschreibe und erkläre die erneute Veränderung der Kupferoberfläche.

2 Holzkohle wird auf Kupferblech erhitzt.

Redoxreaktionen

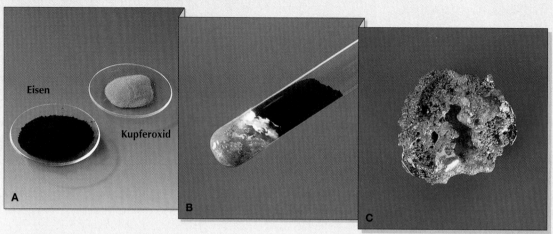

1 Kupferoxid reagiert mit Eisen.

Zu einer Redoxreaktion gehören ein *Oxid* und ein *Reduktionsmittel,* das den Sauerstoff aufnimmt. Solche Reduktionsmittel können Metalle oder Nichtmetalle sein. Die Reaktion läuft jedoch nur ab, wenn das Reduktionsmittel heftiger mit Sauerstoff reagiert als der Stoff, der im Oxid mit dem Sauerstoff verbunden ist.

Materialien:
Eisen, Eisenoxid, Kupfer, Kupferoxid (schwarz), Zink, Zinkoxid, 5 cm Magnesiumband, Kohlenstoffdioxid

Geräte:
Reagenzgläser, Porzellanschalen, Standzylinder mit Abdeckplatte, Löffel, Spatel, Tiegelzange, Gasbrenner, Stativ, Universalklemme, Waage

V 1 Kupferoxid reagiert mit Eisen

Mische 3,5 g trockenes Kupferoxidpulver und 2 g feines Eisenpulver sorgfältig in einer Porzellanschale. Gib das Gemisch in ein Reagenzglas und spanne dieses schräg in ein Stativ.
Erhitze den Boden des Reagenzglases mit der blauen Brennerflamme so lange, bis das Gemisch aufglüht. Nimm dann die Flamme beiseite und beobachte den weiteren Reaktionsablauf.
Gib die Reaktionsprodukte nach dem Abkühlen in die Porzellanschale. Vergleiche sie mit den Ausgangsstoffen. Schreibe die Reaktionsgleichung für diese Redoxreaktion auf.

V 2 Redoxreaktion bei Eisen und Zinkoxid oder bei Zink und Eisenoxid?

Mische je eine Spatelspitze Zinkoxidpulver und Eisenpulver und ebenso Eisenoxidpulver und Zinkpulver. Erhitze beide Gemische in Reagenzgläsern. Vergleiche die Versuchsergebnisse. Begründe, warum nur in einem der beiden Gemische eine Redoxreaktion ablaufen kann.

V 3 Redoxreaktion mit einem gasförmigen Oxid

Bedecke den Boden eines Standzylinders mit etwas Sand und lass ihn mit Kohlenstoffdioxid füllen. Halte dann ein 5 cm langes Stück Magnesiumband mit einer Tiegelzange, entzünde es an der Brennerflamme und wirf es sofort in den Standzylinder. *Hinweis:* Nicht direkt in die grelle Flamme schauen.
Beschreibe und erkläre diese Redoxreaktion.

2 Magnesium reagiert mit Kohlenstoffdioxid.

Thermitschweißen

Schnell muss es gehen, wenn an einer vielbefahrenen Strecke der Bahn ein Schienenstück oder eine Weiche ausgewechselt werden muss. Zuerst wird das schadhafte Teil herausgeschnitten. Dann wird das neue Schienenstück sorgfältig eingepasst. Zwischen den alten Schienen und der neuen Schiene wird jeweils ein Spalt von etwa 25 mm gelassen.

Um eine feste Verbindung herzustellen, müssen die Schienen miteinander verschweißt werden. Doch mit einem Schweißgerät und etwas Schweißdraht gelingt das nicht, denn für jeden Schienenspalt wird eine größere Menge flüssiges Eisen benötigt. Hier hilft die Chemie. Das flüssige Eisen wird an Ort und Stelle mithilfe einer *Redoxreaktion* aus *Eisenoxid* gewonnen. Das Reduktionsmittel ist dabei das Metall *Aluminium.* Es entzieht dem Eisenoxid den Sauerstoff. Dabei wird viel Wärme frei.

Am Schienenspalt wird eine Gießform angebracht. Darüber befindet sich der feuerfeste Schmelztiegel mit dem Gemisch aus Aluminium und Eisenoxid. Mit einer Art Wunderker-

ze wird das Gemisch gezündet. Sofort beginnt eine heftige Reaktion. Das Aluminium reagiert mit dem Sauerstoff aus dem Eisenoxid. Dabei entsteht weißglühendes, flüssiges Eisen. Darüber schwimmt das Aluminiumoxid als flüssige Schlacke. Die Reaktionstemperatur beträgt mehr als 2000 °C.

Aluminium + Eisenoxid → Eisen + Aluminiumoxid

Das flüssige Eisen fließt in den Schienenspalt. Dabei werden die Enden der Schienen angeschmolzen, sodass eine lückenlose Schweißnaht entsteht. Dieses Verfahren heißt **Thermitschweißen.** Nach dem Abkühlen wird die Form entfernt, das überstehende Eisen wird abgetrennt und die Schienenoberfläche wird glattgeschliffen. In weniger als einer Stunde ist die Reparatur beendet, der nächste Zug kann wieder rollen.

1 Erkläre die Thermitreaktion. Welcher Stoff wird oxidiert, welcher reduziert?

1 Thermitschweißen von Eisenbahnschienen

2 Modellversuch zum Thermitverfahren: Ausgangsstoffe (A); sandgefüllter Blumentopf als Reaktionsgefäß (B); Reaktion (C); Reaktionsprodukte (D)

1 Hochofenanlage

2 Eisen und Stahl herstellen

2.1 Der Hochofen

Gelbliche oder rötliche Verfärbungen, die du im Erdboden findest, zeigen häufig Eisenvorkommen an. Allerdings ist der Eisenanteil meist so gering, dass sich eine Gewinnung nicht lohnt. Erst wenn der Eisenanteil auf über 30 % steigt, wird von **Eisenerz** (Bild 2 A) gesprochen. Große Vorkommen gibt es zum Beispiel in Brasilien, Australien, China oder am Ural in Russland.

Bereits 1500 vor Christus, in der *Eisenzeit,* nutzte der Mensch dieses Metall zur Herstellung von Werkzeugen, Waffen und Geräten.
Dazu musste er in der Lage sein, das Eisen aus dem Erz zu gewinnen. Eisen liegt in der Natur ja nicht als reines Metall vor, sondern in Form seiner Verbindungen. Fast immer sind es Oxide.

A   B

2 Eisenerz (A); Koks (B)

Im Hochofen verbrennt der Kohlenstoff zu Kohlenstoffmonooxid. Dieses kann noch weiteren Sauerstoff aufnehmen. Den entzieht es dem Eisenoxid. Das Eisenoxid wird dabei zu Eisen reduziert, das Kohlenstoffmonooxid zu Kohlenstoffdioxid oxidiert. Es handelt sich also um eine *Redoxreaktion.* Bei diesen Vorgängen entsteht sehr viel Wärme.

Die *Winderhitzer* sind ein wichtiger Teil der Hochofenanlage. Sie werden mit noch brennbaren Abgasen des Hochofens betrieben. Ist ein Winderhitzer heiß genug, wird Luft hindurchgeblasen. Diese Luft erhitzt sich auf über 1000 °C. Die Heißluft gelangt in den unteren Teil des Hochofens und dient zur Verbrennung des Kokses.

> Kohlenstoff reduziert im Hochofen Eisenoxid zu metallischem Eisen und sorgt durch Verbrennung für die nötige Schmelztemperatur.

Von den primitiven Öfen der Eisenzeit bis zu den modernen Hochöfen heute war es ein langer Weg. Dennoch hat sich am Prinzip nichts geändert. Kohlenstoff hilft zunächst die nötige Hitze zu entwickeln. Unsere Vorfahren benutzten Holzkohle, heute wird **Koks** (Bild 2 B) verwendet. Er wird in der Kokerei aus Steinkohle hergestellt. Koks ist fast reiner Kohlenstoff.

1 Nenne die einzelnen Teile der Hochofenanlage und beschreibe ihre Aufgabe. Benutze dazu auch die Bilder 1 und 3.
2 Im Hochofen sind hohe Temperaturen notwendig. Warum wird dennoch eine Wasserkühlung benötigt?
3 Suche in einem Lexikon oder im Internet nach verschiedenen Arten von Eisenerz und notiere sie.

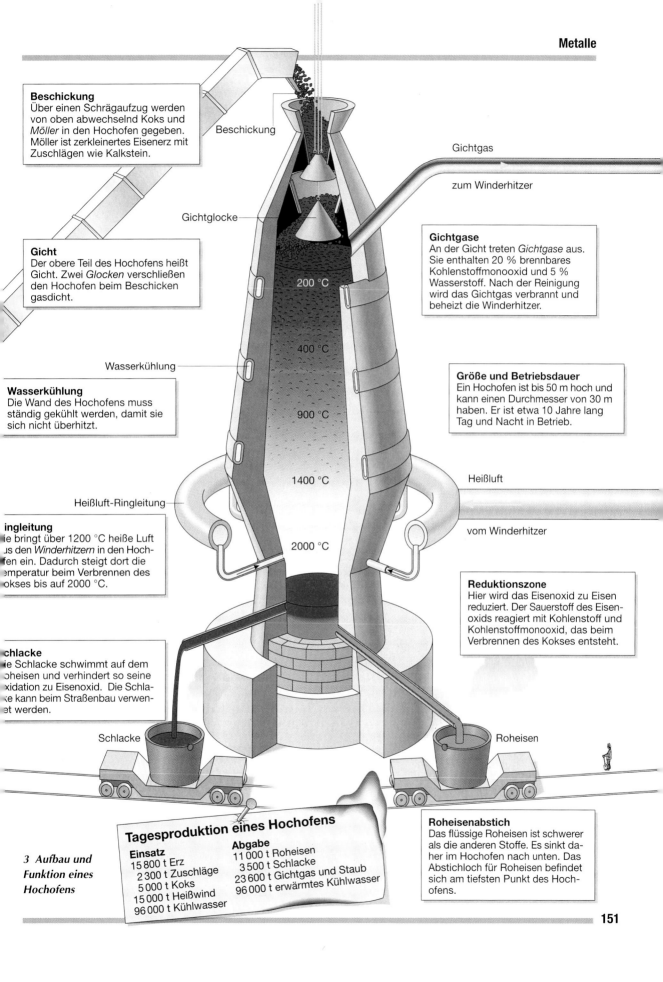

Beschickung
Über einen Schrägaufzug werden von oben abwechselnd Koks und *Möller* in den Hochofen gegeben. Möller ist zerkleinertes Eisenerz mit Zuschlägen wie Kalkstein.

Beschickung

Gichtgas

zum Winderhitzer

Gichtglocke

Gicht
Der obere Teil des Hochofens heißt Gicht. Zwei *Glocken* verschließen den Hochofen beim Beschicken gasdicht.

200 °C

Gichtgase
An der Gicht treten *Gichtgase* aus. Sie enthalten 20 % brennbares Kohlenstoffmonooxid und 5 % Wasserstoff. Nach der Reinigung wird das Gichtgas verbrannt und beheizt die Winderhitzer.

400 °C

Wasserkühlung

Größe und Betriebsdauer
Ein Hochofen ist bis 50 m hoch und kann einen Durchmesser von 30 m haben. Er ist etwa 10 Jahre lang Tag und Nacht in Betrieb.

Wasserkühlung
Die Wand des Hochofens muss ständig gekühlt werden, damit sie sich nicht überhitzt.

900 °C

1400 °C

Heißluft

Heißluft-Ringleitung

vom Winderhitzer

...ingleitung
...ie bringt über 1200 °C heiße Luft ...us den *Winderhitzern* in den Hoch-...fen ein. Dadurch steigt dort die ...emperatur beim Verbrennen des ...okses bis auf 2000 °C.

2000 °C

Reduktionszone
Hier wird das Eisenoxid zu Eisen reduziert. Der Sauerstoff des Eisen-oxids reagiert mit Kohlenstoff und Kohlenstoffmonooxid, das beim Verbrennen des Kokses entsteht.

...chlacke
...ie Schlacke schwimmt auf dem ...oheisen und verhindert so seine ...xidation zu Eisenoxid. Die Schla-...ke kann beim Straßenbau verwen-...et werden.

Schlacke

Roheisen

Roheisenabstich
Das flüssige Roheisen ist schwerer als die anderen Stoffe. Es sinkt da-her im Hochofen nach unten. Das Abstichloch für Roheisen befindet sich am tiefsten Punkt des Hoch-ofens.

Tagesproduktion eines Hochofens

Einsatz	Abgabe
15 800 t Erz	11 000 t Roheisen
2 300 t Zuschläge	3 500 t Schlacke
5 000 t Koks	23 600 t Gichtgas und Staub
15 000 t Heißwind	96 000 t erwärmtes Kühlwasser
96 000 t Kühlwasser	

3 Aufbau und Funktion eines Hochofens

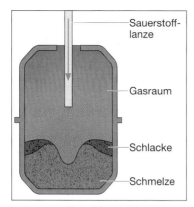

1 Sauerstoff-Aufblasverfahren

V1 a) Vergleiche die Verformbarkeit und die Elastizität eines Blumendrahtes und eines Stahldrahtes.

b) Erhitze beide Drähte bis zum Glühen und vergleiche nach dem Abkühlen erneut.

c) Erhitze die beiden Drähte nochmals und schrecke sie anschließend unter kaltem Wasser ab. Prüfe erneut.

d) Welche Veränderungen kannst du an den beiden Drähten nach den jeweiligen Versuchen feststellen?

A2 Erläutere den Begriff Gusseisen. Suche in einem Lexikon oder im Internet nach Verwendungsmöglichkeiten für Gusseisen.

A3 Informiere dich in einem Erdkundebuch über die Produktionsmengen von Stahl in Deutschland und weltweit.

2 Der flüssige Stahl wird in den Konverter gefüllt.

2.2 Aus Roheisen wird Stahl

Das Roheisen aus dem Hochofen ist verunreinigt. Durch den Hochofenkoks enthält es zu viel Kohlenstoff und außerdem Fremdstoffe wie Phosphor oder Schwefel. Diese Stoffe machen das Eisen spröde. Es lässt sich weder schmieden noch walzen. Erst durch die Umwandlung in **Stahl** erhält das Material die gewünschten Eigenschaften, zum Beispiel die Elastizität eines Stahldrahtes.

Zunächst muss das Roheisen gereinigt werden. Die Schmelze kommt in einen bis 500 t fassenden *Konverter* (Bild 2). Durch ein Wasser gekühltes Rohr, die Lanze, wird mit hohem Druck Sauerstoff auf die Schmelze geblasen. Die unerwünschten Bestandteile werden dadurch fast vollständig oxidiert. Die meisten der dabei entstehenden Oxide sind Gase, wie Schwefeldioxid oder Kohlenstoffdioxid. Sie entweichen aus der Schmelze. Es entstehen aber auch feste Stoffe wie die Oxide von Phosphor und Silicium. Sie schwimmen als Schlacke auf der Schmelze. Der Konverter wird deshalb durch ein seitliches Abstichloch entleert.

Der Kohlenstoffgehalt bestimmt die Eigenschaften des Stahls, vor allem seine Härte und Elastizität. Deshalb wird der Kohlenstoff nicht völlig entfernt, sondern auf einen Anteil von 0,5 % bis 1,7 % verringert.

Das beschriebene Verfahren heißt **Sauerstoff-Aufblasverfahren.** Das Endprodukt ist Stahl. Er wird noch weiter verarbeitet.

> Im Sauerstoff-Aufblasverfahren werden unerwünschte Stoffe aus dem Eisen entfernt und der gewünschte Kohlenstoffgehalt erreicht. So wird aus Eisen der neue Stoff Stahl.

1 Suche nach einer Erklärung für die Bezeichnung Sauerstoff-Aufblasverfahren bei der Stahlherstellung. Betrachte dazu auch Bild 1.

2 Warum steigt die Temperatur der Schmelze im Konverter, wenn Sauerstoff aufgeblasen wird?

3 Stahlblechrollen

A1 Nenne Unterschiede zwischen Eisen und Stahl.

A2 Du kennst Edelmetalle wie Silber oder Gold. Erkläre, was an Edelstahl „edel" ist.

V3 Ritze Glas
a) mit einem Eisennagel,
b) mit einem Stahlnagel.
Erkläre das Ergebnis.

Legierung	Zusätze		Eigenschaften, Verwendung
Chrom-Nickel-Stahl	18 %	Chrom	zäh, nichtrostend;
	8 %	Nickel	Haushaltsgeräte
Chrom-Vanadium-Stahl	0,3 %	Kohlenstoff	hart, zäh;
	0,75 %	Chrom	Werkzeuge wie Schrauben-
	1 %	Vanadium	schlüssel
Schnellarbeitsstahl (HSS-Stahl)	6 %	Wolfram	hitzebeständig, sehr hart;
	5 %	Molybdän	Bohrer, Sägeblätter
	2 %	Vanadium	

1 Wichtige Stahllegierungen

2.3 Stahl wird veredelt

Um die Eigenschaften von Stahl noch zu verbessern, werden weitere Metalle wie Chrom, Nickel oder Vanadium hinzugegeben. Solche **Stahllegierungen** werden im geschmolzenen Zustand gemischt. Tabelle 1 nennt die Zusammensetzung wichtiger Stahllegierungen.

Diese Legierungen besitzen gegenüber Roheisen andere Eigenschaften. So können sie besonders hart und zäh sein. Weitere Eigenschaften, die durch zusätzliche Metalle erreicht werden können, sind bessere Elastizität und größere Hitzebeständigkeit. Stahllegierungen, die nicht rosten, werden auch als *Edelstahl* bezeichnet. Zur Herstellung solcher Spezialstähle eignet sich das *Elektroverfahren*.

2 Stahlherstellung im Elektroofen

A4 Suche im Internet oder in einem Lexikon nach der Elektrostahl-Herstellung. Schreibe auf, wofür dieses Verfahren in erster Linie eingesetzt wird.

A5 Welchen Vorteil hat der Einsatz von Elektrizität beim Elektrostahl-Verfahren gegenüber dem Sauerstoff beim Sauerstoff-Aufblasverfahren?

Der Stahl, der aus dem Konverter kommt, wird noch weiter bearbeitet. Dazu dienen mechanische Verfahren, wie das *Walzen* oder das *Schmieden*. Durch Walzen werden beispielsweise Eisenbahnschienen oder Draht, durch Schmieden Kurbelwellen für Automotore hergestellt.

> Stahl kann durch Walzen oder Schmieden bearbeitet werden. Weitere Metalle, die bei Stahllegierungen zugegeben werden, bestimmen die jeweils gewünschten Eigenschaften.

1 Nenne Verwendungszwecke, für die Stahl besonders hart, elastisch, hitzebeständig oder rostfrei sein muss.

3 Walzstraße

A1 Was verstehst du unter Korrosion?

A2 Welche Stoffe sind nach deiner Erfahrung für die Korrosion verantwortlich?

V3 Tauche je einen Bausch entfetteter Eisenwolle in klares Wasser, Salzwasser, Essig und Maschinenöl. Gib die abgetropfte Eisenwolle in je ein Reagenzglas.
Drücke in ein fünftes Reagenzglas trockene Eisenwolle. Tauche die Reagenzgläser wie in Bild 2 etwa 1 cm tief in Wasser. Betrachte am Ende der Stunde die Veränderungen an der Eisenwolle und den Wasserstand. Vergleiche die unterschiedlichen Ergebnisse in den fünf Reagenzgläsern und erkläre sie.

1 „Rostlaube"

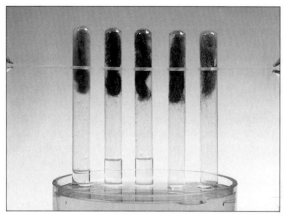

2 Korrosionsversuche mit Eisenwolle

V4 Stecke drei Eisennägel in feuchte Watte, von denen einer mit Rostschutzfarbe gestrichen ist, einer eingefettet und ein dritter unbehandelt ist.
Überprüfe nach einigen Tagen, wie stark sich die einzelnen Eisennägel verändert haben. Welche Folgerungen kannst du aus deinen Beobachtungen ziehen?

A5 Wie können Metallteile, Drähte und Drahtzäune aus Eisen vor Rost geschützt werden?

3 Korrosion und Korrosionsschutz

3.1 Nicht nur Eisen korrodiert

Kaum zu glauben: Durch Korrosion und die dadurch verursachten Folgeschäden entstehen in Deutschland Kosten von über 50 Millionen Euro im Jahr.
Rosten ist eine **langsame Oxidation** von Eisen in feuchter Luft. Dieser Vorgang heißt allgemein **Korrosion**. Der Verbrauch an Sauerstoff kann mit einem Versuch deutlich gezeigt werden. Essig oder Salz verstärken das Rosten. Eisen korrodiert besonders stark, weil der Rost eine raue und lockere Oberfläche bildet, die ein Weiterrosten nicht verhindert.

Auch andere Metalle oxidieren. Denke zum Beispiel an den mattgrauen Überzug bei Aluminium. Gegenüber dem Eisen haben viele andere Metalle den Vorteil, dass ihre Oxide dauerhafte Schichten bilden. Sie schützen die Metalle vor weiterer Oxidation.

Korrosionsschutz

Natürlich ist Korrosion unerwünscht. Es gibt daher eine Reihe von Verfahren zum **Korrosionsschutz.** Dabei werden die Metalle mit einer Schutzschicht versehen. Sie soll verhindern, dass Sauerstoff und Wasser an die Metalle gelangen. Das wird durch Kunststoffüberzüge, Rostschutzfarben und Lacke (Bild 3), Einfetten, Einölen oder Einwachsen erreicht.

> Korrosion ist eine langsame Oxidation von Metallen. Mit den Korrosionsschutzverfahren wird versucht, Korrosion zu verhindern.

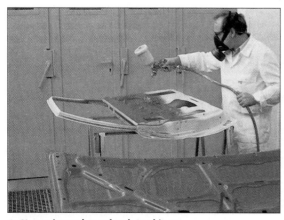

3 Korrosionsschutz durch Lackieren

1 Nenne Anwendungen für die verschiedenen Korrosionsschutzverfahren.

Ein besonderes Korrosionsschutzverfahren

Ein besonders wirkungsvolles Verfahren zum Korrosionsschutz ist das **Galvanisieren.** Hierbei wird mithilfe des elektrischen Stromes ein korrosionsfestes Metall auf das Eisen aufgebracht. Die Schicht ist sehr dünn, aber gut haltbar.

Mit diesem Verfahren wird vernickelt, verkupfert, verzinkt oder verchromt. Sogar Vergolden oder Versilbern ist möglich.

V 1 Vernickeln eines Messingstabes

Befestige eine Nickelelektrode und einen Messingstab so, dass beide gleich weit in ein Becherglas mit Nickelsalzlösung hängen (Bild 1). Die untere Hälfte des Messingstabes muss mit Schmirgelpapier gut gereinigt und entfettet werden. Danach darf er nicht mehr angefasst werden. Verbinde die Nickelelektrode mit dem Pluspol, den Messingstab mit dem Minuspol einer Stromquelle und stelle 5 V Gleichspannung ein. Lass die Elektrizität 5 Minuten fließen. Schalte dann ab und baue den Messingstab aus. Spüle und trockne ihn und achte auf die Veränderungen.

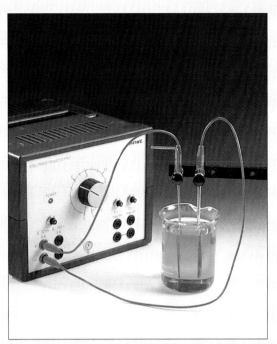

1 Galvanisieren

Rostschutz beim Auto

Autofirmen können heute mit langen Garantiezeiten gegen Durchrostungsschäden an der Karosserie werben. Wie ist dies möglich?

Autokarosserien erhalten eine ganze Reihe verschiedener Schutzschichten. Eine der wichtigsten ist ein Metallüberzug, der durch Galvanisieren aufgebracht wird. Die gesamte Karosserie wird in ein Bad aus einer Zinksalzlösung eingetaucht. Mithilfe des Stromes wird das Zink an allen Stellen der Karosserie gleichmäßig aufgebracht.

Danach werden verschiedene Lackschichten aufgetragen, zuletzt der eigentliche Farblack. Für den Schutz und den Glanz sorgt ein Klarlack. Er muss besonders haltbar sein, da er direkt Luft, Wasser, Sonne und Steinschlag ausgesetzt ist.

Kaum zu glauben: Der gesamte Lackaufbau aus mindestens sechs Schichten ist insgesamt nur ein zehntel Millimeter dick.

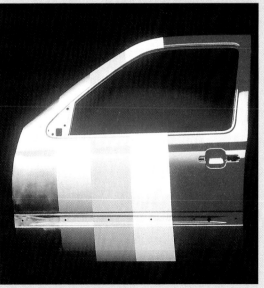

2 Rostschutz bei einer Autotür

Streifzug durch die Mikrowelt

Reibungselektrizität

Sicher hast du schon einmal einen elektrischen Schlag bekommen, wenn du nach einer Autofahrt bei trockenem Wetter beim Aussteigen an die Autotür gefasst hast. Dabei spürst du **elektrische Ladung,** die durch Reibung erzeugt wurde. Dafür gibt es im Alltag viele weitere Beispiele.

Wenn du zum Beispiel Kunststofffolie auf Seidenpapier legst und mit einem trockenen Lappen reibst, wandern Elektronen von der Papieroberfläche zum Kunststoff. Werden die Blätter rasch getrennt, bleiben Elektronen auf dem Kunststoff zurück. Die Kunststoffoberfläche ist danach **negativ** geladen, weil sich *zusätzliche* Elektronen darauf befinden. Es herrscht ein *Elektronenüberschuss*. Die Papieroberfläche ist danach **positiv** geladen, weil sie *zu wenig* Elektronen, einen *Elektronenmangel,* hat.

Diese **Reibungselektrizität** lässt sich so erklären: Alle Körper enthalten elektrische Ladungen, und zwar genau *gleich viel* **positive** und **negative** Ladungen. Deshalb erscheinen die Stoffe normalerweise ungeladen. Sie sind elektrisch **neutral.** Die Träger der negativen Ladung sind die Elektronen. Durch Reiben lassen sich Elektronen von der Oberfläche mancher Stoffe abnehmen.

Für elektrisch geladene Körper gilt eine wichtige Regel: Gleichartig elektrisch geladene Körper stoßen sich ab, ungleichartig geladene ziehen sich an. Diese Regel kannst du bestätigen, wenn du zwei gleichartig geladene Folien und dann Folie und Papier einander näherst.

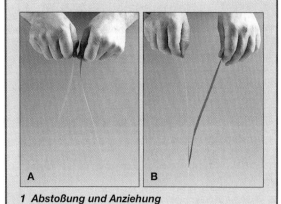

1 Abstoßung und Anziehung

3.2 Was geschieht beim Galvanisieren?

Beim Galvanisieren werden mithilfe von Gleichstrom aus Salzlösungen dünne Metallschichten erzeugt. So überzieht sich zum Beispiel in einer *Kupferchlorid*-Lösung mit zwei Kohlestäben als Elektroden (Bild 4) die *Kathode* (Minuspol) mit einer dünnen Schicht aus rotbraunem *Kupfer*. An der *Anode* (Pluspol) steigen Gasbläschen auf. Es riecht nach *Chlor*. Eine Glühlampe im Stromkreis zeigt an, dass Elektrizität fließt. Doch was fließt da eigentlich?

Im Kupferdraht des Kabels und im Wolframdraht der Glühlampe fließen kleine Elektrizitätsteilchen. Es sind die elektrisch negativ geladenen *Elektronen*. Alle Metalle und auch die Kohlestäbe enthalten solche frei beweglichen Elektronen. Sie transportieren die Elektrizität.

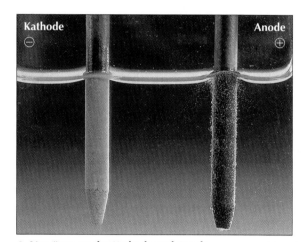

2 Vorgänge an der Kathode und Anode

Die Kupferchlorid-Lösung enthält jedoch *keine* frei beweglichen Elektronen. Sie besteht aus Kupferchlorid-Kristallen und destilliertem Wasser. Beides sind *Nichtleiter* und Nichtleiter enthalten keine frei beweglichen Elektronen.

Trotzdem leiten solche Salzlösungen und zusätzlich scheiden sich auch noch Stoffe ab. Das liegt am Aufbau der Salze. Sie bestehen aus positiv und negativ geladenen Teilchen. Diese Teilchen heißen **Ionen.** So besteht Kupferchlorid ($CuCl_2$) aus zweifach positiv geladenen Kupferteilchen, den *Kupfer-Ionen* (Cu^{2+}), und einfach negativ geladenen Chlorteilchen, den *Chlor-Ionen* (Cl^-) (Bild 3). Diese Teilchen sind für die elektrische Leitfähigkeit der Salzlösung verantwortlich.

Im Kupferchlorid-Kristall sind die Ionen allerdings an feste Plätze gebunden und können sich nicht fortbewegen. Deshalb sind Salzkristalle Nichtleiter.

Aus Ionen werden Atome

In Salzlösungen können sich Ionen frei bewegen und elektrische Ladung transportieren. Solche leitfähigen Salzlösungen heißen **Elektrolyte.**

Wird an eine Kupferchlorid-Lösung eine elektrische Gleichspannung angelegt, wandern die positiv geladenen Kupfer-Ionen zur Kathode (Minuspol). Dort nehmen sie Elektronen auf und werden zu elektrisch neutralen **Kupfer-Atomen.** Deshalb überzieht sich die Kathode mit *metallischem Kupfer.*
Die negativ geladenen Chlor-Ionen wandern zur Anode (Pluspol). Dort geben sie die überschüssigen Elektronen ab und werden zu elektrisch neutralen **Chlor-Atomen.** Deshalb entsteht an der Anode *gasförmiges Chlor.*

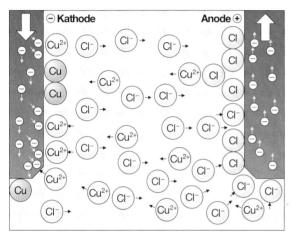

3 Vorgänge an den Elektroden im Teilchenmodell

Im Stromkreis werden die Elektronen vom Minuspol der Stromquelle aus nur bis zur Kathode geschoben. Dort werden sie von den positiv geladenen Ionen der Salzlösung aufgenommen. An der Anode geben die negativ geladenen Ionen Elektronen ab, die in den Stromkreis weitergeleitet werden. Das funktioniert nur so lange, wie noch Ionen vorhanden sind. Sind alle Ionen entladen, leitet die Flüssigkeit nicht mehr.

> Metalle sind elektrische Leiter, weil sie frei bewegliche Elektronen enthalten. Salzlösungen leiten, weil sie Ionen enthalten. Die positiv geladenen Ionen wandern zur Kathode, die negativ geladenen Ionen zur Anode. Dort werden sie zu neutralen Atomen.

1 Die elektrische Leitfähigkeit nimmt beim Galvanisieren immer weiter ab. Woran liegt das?

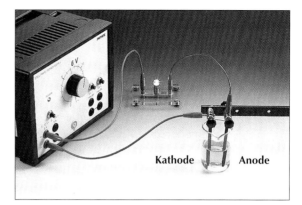

4 Kupferchlorid-Lösung im Stromkreis

V1 Überprüfe die elektrische Leitfähigkeit von Kupferchlorid-Kristallen in einem Stromkreis mit einer Lampe als Anzeiger.
V2 Gib 50 ml destilliertes Wasser in ein Becherglas (100 ml). Stelle zwei Kohleelektroden hinein und baue einen Stromkreis auf (Bild 4). Verwende als Stromquelle ein Stromversorgungsgerät, das auf 6 V Gleichspannung eingestellt ist. Schalte zusätzlich eine Glühlampe (4 V | 0,1 A) in Reihe.
a) Prüfe, ob das destillierte Wasser den elektrischen Strom leitet.
b) Löse in dem Wasser eine Spatelspitze Kupferchlorid (0,2 g) und prüfe erneut.
c) Lass den Versuch etwa 10 Minuten lang laufen und beobachte die Vorgänge an den Elektroden. Nimm dann die Elektroden aus der Lösung.
d) Vergleiche Farbe und Geruch der Anode (Pluspol) und Kathode (Minuspol).
A3 Beschreibe die Vorgänge beim Verzinken eines Eisennagels und beantworte dabei folgende Fragen:
a) Was für eine Lösung wird benötigt?
b) An welchen Pol wird der Nagel angeschlossen?
c) Was geschieht beim Galvanisieren?

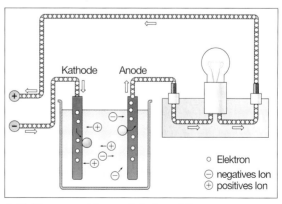

5 Elektronen und Ionen als Ladungsträger

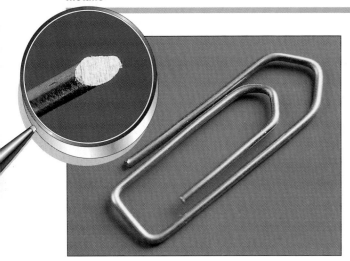

1 Der Kern einer Büroklammer

3.3 Oberflächen schützen und veredeln

An den Enden einer Büroklammer kannst du erkennen, dass sie mit einer Kupferschicht überzogen ist und einen Kern aus einem anderen Metall hat. Dieser Kern wird von einem Magneten angezogen, denn er ist aus Eisen. Die glänzende Kupferschicht schützt das Eisen vor dem Rosten.

Auch viele andere Gegenstände des Alltags sind mit dünnen Metallschichten überzogen. So glänzen die Armaturen in der Küche und im Bad, weil sie mit einer dünnen Schicht des Metalls Chrom überzogen sind. Sie sind *verchromt*. Sicherheitsnadeln, Druckknöpfe, Scheren und Reißverschlüsse, sie alle sind mit einer schützenden Schicht überzogen. Das geschieht durch Galvanisieren.

A1 Warum werden kupferfarbene Büroklammern von einem Magneten angezogen?

V2 Schleife ein Ende einer verkupferten Büroklammer schräg an. Betrachte die Fläche mit einer Lupe und beschreibe ihr Aussehen.

V3 a) Reinige einen Schlüssel gründlich mit Eisenwolle und Scheuerpulver und entfette ihn mit Spiritus. Verbinde den Schlüssel mit dem Minuspol einer Stromquelle, die auf 3 V eingestellt ist.
b) Stelle in einem 250 ml-Becherglas   eine Lösung aus 100 ml Wasser, 1 g Kupfersulfat, 10 g Kaliumnatriumtartrat und 0,5 g Natriumhydroxid her. Tauche dann den Schlüssel und einen Kupferblechstreifen als Pluspol in die Lösung ein. *Achtung:* Die beiden Pole dürfen sich in der Lösung nicht berühren.
c) Schalte die Stromquelle ein und beobachte die Vorgänge an den Polen. Beende den Versuch nach einigen Minuten. Wie hat sich der Schlüssel verändert?

Ob ein Gegenstand *verchromt, verkupfert, verzinkt* oder *vernickelt* werden soll, das Herstellungsverfahren bleibt im Prinzip immer gleich. Der Gegenstand, der mit einer Metallschicht überzogen werden soll, wird als *Minuspol* in eine entsprechende Salzlösung eingetaucht. Mithilfe des elektrischen Stromes entsteht dann auf seiner Oberfläche ein Metallüberzug.

So wird beim Verkupfern zum Beispiel ein Schlüssel als Minuspol und ein Kupferblech als Pluspol einer Stromquelle in eine Kupfersalzlösung eingetaucht. Nach dem Einschalten des elektrischen Stromes überzieht sich der Schlüssel mit einer dünnen Kupferschicht. Beim Verzinken, zum Beispiel von Schrauben, wird eine Zinksalzlösung verwendet, beim Verchromen einer Autozierleiste eine Chromsalzlösung.

Um dauerhaft haltbare Metallüberzüge aus Chrom zu erhalten, werden mehrere Schichten aufgebracht. Nach der gründlichen Reinigung wird der Gegenstand beispielsweise zuerst verkupfert und dann vernickelt. Zum Schluss wird die Metalloberfläche verchromt.

> Beim Galvanisieren werden Gegenstände mithilfe des elektrischen Stromes in einer entsprechenden Salzlösung mit einer dünnen und schützenden Metallschicht überzogen.

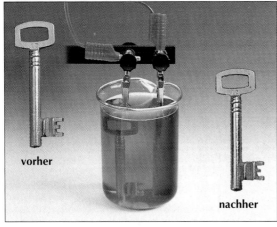

vorher

nachher

2 Verkupfern eines Schlüssels

1 Welche Eigenschaften müssen Gegenstände haben, die galvanisch beschichtet werden sollen?
2 Welchen metallischen Überzug erhältst du mit einer Zinnsalzlösung?
3 Nenne Verfahren, um Gegenstände aus Eisen vor dem Rosten zu schützen.

3.4 Versilbern und Vergolden

Ein goldener Schlüssel? – Wohl kaum! Mit einem Magneten kannst du feststellen, dass der Schlüssel aus Eisen besteht. Er ist offenbar vergoldet (Bild 1). Eine dünne Goldschicht lässt ihn glänzen und schützt ihn vor dem Rosten.

Auch Steckverbindungen hochwertiger Geräte in der Elektronik sind häufig vergoldet. So bleibt ihre Oberfläche unverändert und sie behalten ihre sehr gute elektrische Leitfähigkeit.

Sogar nicht leitende Gegenstände lassen sich galvanisieren. Dazu müssen sie allerdings mit einer leitenden Schicht überzogen werden.

In Bild 3 siehst du, wie mit einem Schwamm auf einem Metallstreifen eine Muschelschale eingestrichen wird. Auch hier wird galvanisiert. Der Metallstreifen bildet den Pluspol. Die Muschel ist der Minuspol und der Schwamm enthält den Elektrolyten, die Silbersalzlösung. Beim Berühren der Muschelschale mit dem getränkten Schwamm wird der Stromkreis geschlossen. Das Silber scheidet sich durch den elektrischen Strom aus der Silbersalzlösung ab und die Muschelschale wird mit einer dünnen Silberschicht überzogen. Der Vorteil dieses Verfahren besteht darin, dass nur sehr geringe Mengen der sehr teuren Silber- oder Goldsalzlösungen benötigt werden.

> Dünne Schichten aus den Edelmetallen Silber oder Gold schützen und veredeln viele Gegenstände. Die Schichten entstehen mithilfe des elektrischen Stromes aus Silber- oder Goldsalzlösungen.

1 Warum ist Schmuck häufig vergoldet?
2 Nenne mindestens 10 Gegenstände, die versilbert oder vergoldet sind.

1 Ein goldener Schlüssel?

A1 Wie lässt sich zeigen, dass ein goldfarbener Schlüssel nur vergoldet ist?
V2 Reinige die Schale einer Muschel gründlich. Lass sie trocknen und sprühe sie dann mit Leitlack ein. Verbinde sie mit dem Minuspol eines Hand-Galvanisier-Gerätes (Bild 3).
Tauche den Schwamm, der über den Metallstreifen gespannt ist, in die Silbersalzlösung ein. Bestreiche mehrmals die Muschelschale und tauche zwischendurch den Schwamm immer wieder in die Lösung. Wie verändert sich die Oberfläche der Muschelschale?
A3 Beschreibe den Stromkreis in V 2.
A4 Welche Vorteile bietet das Galvanisieren wie in V 2?
A5 Warum muss der Schwamm auf einem Metallstreifen befestigt werden?

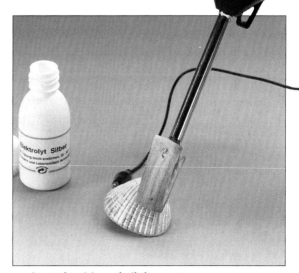

2 Gold in der Technik

3 Eine Galvanisiertechnik für zu Hause

1 *Flugzeuge werden aus Aluminium hergestellt.*

A1 Nenne Beispiele, wofür Aluminium verwendet wird. Nenne möglichst viele Bereiche und die Vorteile dieses Metalls.

A2 Warum ist Aluminium der wichtigste Werkstoff im Flugzeugbau und im Waggonbau?

V3 Gib in ein Becherglas etwa 150 ml 10 %ige Oxalsäurelösung. Befestige an einem Stativ mit Isolierstielen einen Kohlestab und ein Stück Aluminiumblech. Tauche beide gleich tief in die Oxalsäurelösung ein. Schließe den Pluspol einer Stromquelle an das Aluminiumblech, den Minuspol an den Kohlestab an. Lass das Stromversorgungsgerät 10 Minuten bei 15 V Gleichspannung eingeschaltet. Beobachte die Reaktion im Becherglas.

V4 Reinige das Aluminiumblech mit Wasser und trockne es. Baue eine Prüfstrecke auf und teste die elektrische Leitfähigkeit des Aluminiumblechs
a) an der Stelle, wo es eingetaucht war,
b) an einer unbehandelten Stelle.
Vergleiche die beiden Ergebnisse und erkläre.

4 Ein wichtiges Leichtmetall

4.1 So wird Aluminium gewonnen

Aus dem Haushalt kennst du Aluminium (Al) als Verpackungsfolie für Lebensmittel, als Unterlage zum Grillen oder als Material für Küchengeräte. Es wird in großen Mengen für Fenster, Maschinen, Flugzeuge, Eisenbahnwaggons und vieles mehr verwendet. Aluminium ist gut verformbar und leitet sehr gut Wärme und elektrischen Strom. Es ist stabil und sehr leicht. Aluminium ist ein *Leichtmetall*.

Ausgangsstoff für die Gewinnung von Aluminium ist das Erz *Bauxit*. Es besteht hauptsächlich aus Aluminiumoxid. Nach mehreren Aufbereitungsschritten wird das reine Aluminiumoxid durch eine **Schmelzflusselektrolyse** wie in Bild 3 in seine Bestandteile zerlegt. Das geschmolzene Aluminiumoxid wird dabei mithilfe des elektrischen Stromes reduziert. Der Bedarf an elektrischer Energie ist sehr hoch. Aluminium verursacht daher bei seiner Herstellung erhebliche Kosten.

Aluminium ist sehr korrosionsbeständig, weil sich auf seiner Oberfläche eine dünne, aber feste Oxidschicht bildet. Für Anwendungen im Freien ist diese Schutzschicht aber häufig noch zu dünn. Mit dem **Eloxal-Verfahren,** einem speziellen Elektrolyse-Verfahren, wird diese Schicht noch widerstandsfähiger. Dabei können auch Farben mit aufgebracht werden.

> Aluminium wird unter hohem Aufwand an elektrischer Energie aus dem Erz Bauxit gewonnen.

1 Diskutiere den Vorschlag, wegen des hohen Energiebedarfs weniger Aluminium zu verwenden.

2 *Herstellung von Aluminium im Elektrolyseofen*

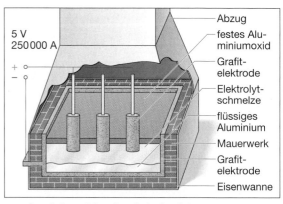

Abzug
festes Aluminiumoxid
Grafitelektrode
Elektrolytschmelze
flüssiges Aluminium
Mauerwerk
Grafitelektrode
Eisenwanne

5 V
250 000 A

3 *Schmelzflusselektrolyse bei Aluminium*

Metallabfälle sind Rohstoffe

Alle Rohstoffe der Erde sind nur in begrenzten Mengen vorhanden. Auch wenn sie voraussichtlich noch für Jahrzehnte ausreichen, werden sie irgendwann einmal zur Neige gehen. Daher ist die Wiederverwendung von Abfallstoffen, das **Recycling,** von großer Bedeutung.

Auch Maßnahmen zum **Korrosionsschutz** sind wichtig, denn die Korrosion verursacht hohe Materialverluste. Durch Korrosionsschutz und Recycling werden die Rohstoffreserven und die Umwelt geschont und große Geldbeträge eingespart.

Bei Metallen ist die Wiederverwertung besonders sinnvoll. Es werden nicht nur wertvolle Rohstoffe gespart, sondern auch viel Energie, die nötig ist, um Metalle aus ihren Erzen zu gewinnen.

Das Recycling von Aluminium lohnt sich wegen des außergewöhnlich hohen Energiebedarfs bei der Herstellung ganz besonders. Wird dieses Metall nach einer ersten Verwendung wieder eingeschmolzen, kön-

1 Eisenschrott – ein wertvoller Rohstoff

nen gegenüber dem aus Bauxit neu gewonnenen Aluminium 95 % Energie eingespart werden. Auch im Haushalt kannst du einen Beitrag zum Sparen leisten und Aluminium über den gelben Sack oder die gelbe Tonne entsorgen.

Stahl in Nordrhein-Westfalen

Um im Hochofen Eisen zu gewinnen, muss das Eisenerz reduziert und geschmolzen werden. Früher wurde dafür Holzkohle verwendet. Die englische Industrie nutzte hingegen bereits Mitte des 18. Jahrhunderts aus Steinkohle gewonnenen *Koks.* Dieser enthielt keinen Schwefel und andere Inhaltsstoffe, die die Steinkohle für die Eisengewinnung unbrauchbar machen.

2 Blick in ein Stahlwerk

Ab etwa 1850 wurde Koks auch in den Hochöfen des Ruhrgebietes eingesetzt. So war es möglich, die heimische Kohle zu verwenden. Die Nachfrage nach Steinkohle stieg bald deutlich an. Mit den *Kokereien* entstand ein neuer bedeutsamer Industriezweig.

Die Erfindung der *Dampfmaschine* bewirkte weitere Leistungssteigerungen. Sie betrieb Gebläse, durch die eine deutlich höhere Temperatur in den Hochöfen erreicht wurde. Die Dampfmaschine ermöglichte auch, Kohle und Erz schneller und kostengünstiger zu fördern. Sie wurde außerdem zur Entwässerung und Belüftung der Gruben eingesetzt. In Verbindung mit der Entwicklung der *Gefriertechnik,* mit der beim Abteufen das Einlaufen von Wasser verhindert wurde, konnten Schächte tiefer in die Erde getrieben werden. Als es dem englischen Chemiker HENRY BESSEMER (1813–1898) gelungen war, bei der Herstellung großer Stahlmengen die Qualität deutlich zu verbessern, entwickelte sich die Stahlindustrie im Ruhrgebiet zu großer Blüte.

Projekt

Metallbearbeitung

Stahl, Kupfer, Silber und Zinn sind die vier Metalle, mit denen ihr in diesem Projekt sehr unterschiedliche Objekte zusammenbauen könnt. So vielfältig wie die Formen, in denen die Metalle gehandelt werden, sind auch die Werkzeuge, mit denen sie bearbeitet werden (Bild 1).

Die Bearbeitungsmethoden reichen dabei vom Schneiden und Sägen bis zum Polieren und Galvanisieren.
Metalle könnt ihr aber auch bohren, biegen, feilen und treiben. Außerdem lassen sich Metalle gießen und löten.

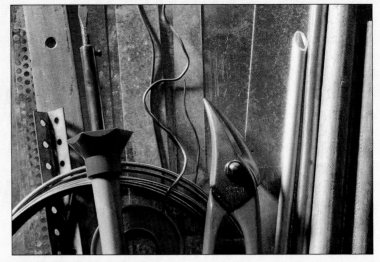

1 Materialien und Werkzeuge

Gruppe 1: Ein Windrad als Ventilator

Dieses Windrad besteht hauptsächlich aus Schweißdraht (Durchmesser 2 mm). Die Verstrebungen jeder Turmseite lötet ihr am besten auf einer Schablone zusammen. Der Turm sollte nicht höher als 30 cm werden. Damit er sicher steht, muss er auf einer Platte befestigt werden. Mit einem Elektromotor, einem Propeller und einer Solarzelle wird der Ventilator in Gang gesetzt.

Den Betrieb eines echten Windrades ahmt ihr nach, wenn ihr einen Föhn als Antrieb für den Propeller benutzt und die Solarzelle durch eine Lampe ersetzt.

2 Ein Windrad als Ventilator

Gruppe 2: Eine Duftschale

Besorgt euch einen Treibklotz in Form der Duftschale. Durch Hämmern mit einem Treibhammer wird aus einem Kupferblech eine Schale. Sie wird an einem Tragarm befestigt, der aus einem 50 cm langen Schweißdraht besteht. In einer seitlichen Bohrung der Grundplatte wird der Tragarm mit Holzleim befestigt. Die Grundplatte muss einen sicheren Stand der Duftschale garantieren. Die Gestaltung der Grundplatte ist eurer Fantasie überlassen.

Der Abstand zwischen der Kerze und der Schale sollte mindestens 10 cm betragen, damit das Wasser mit dem Duftöl nicht zu schnell verdampft.

3 Eine Duftschale

4 Gießen

Gruppe 3: Ein Schlüsselanhänger

Mit einer selbstgefertigten Gießform könnt ihr einen Buchstaben oder einen anderen Gegenstand gießen, der als Schlüsselanhänger benutzt werden kann.

Die Gießform wird aus Gips hergestellt. In den noch weichen Gips drückt ihr einen Stempel aus Kupferdraht, den ihr euch selber als Umriss eines Buchstabens herstellt. Am Stempel muss ein Bügel angelötet sein, damit ihr ihn in die Gipsmasse drücken könnt. Wenn der Gips ausgehärtet ist, solltet ihr die Kanten glätten, damit auch das eingegossene Metall eine glatte Oberfläche bekommt.

In einem Metalltiegel schmelzt ihr dann Stangenlötzinn und gießt es in die Buchstabenform. Wenn das Zinn völlig erkaltet ist, wird es aus der Form genommen und geglättet oder poliert. Für den Schlüsselring bohrt ihr ein Loch in den Buchstaben.

Gruppe 4: Schmuck

Aus technischen und elektronischen Kleinteilen könnt ihr Schmuck herstellen. Widerstände, Kondensatoren, Dioden, Transistoren und Teile von Platinen, aber auch Schrauben oder Bleche könnt ihr in Schmuckstücke einarbeiten.

Ihr könnt euch diese Teile aus defekten elektronischen Gegenständen ausbauen oder sie im Elektrofachhandel kaufen.

Gegenstände, die direkt mit der Haut in Berührung kommen, dürfen kein Nickel enthalten!

5 Einige Schmuckstücke

Die notwendigen Schmuckverschlüsse, Anstecknadeln oder Klammern könnt ihr aus Silberdraht selber biegen. Einfacher ist es jedoch, sich diese Hilfsmittel passend im Bastelladen zu kaufen.

Eine Kette aus Widerständen ist recht einfach herzustellen. Die Anschlussdrähte werden gekürzt, zu Ösen gebogen und verlötet. Je nach Länge der Kette müsst ihr noch einen Kettenverschluss anlöten.

Gruppe 5: Ein Kerzenständer

Mit Schweißdrähten, einer kleinen Kupferschale und Verzierungen aus Metallfolie könnt ihr den Kerzenständer auf Bild 6 herstellen.

Die Schale wird aus einem runden Kupferblech getrieben. Dazu benötigt ihr einen Treibklotz, der die Form der fertigen Schale hat, und einen Treibhammer, mit dem das Blech langsam verformt wird.

Der Kerzenständer wird aus Schweißdraht hergestellt. Drei gleich lange Drähte werden so gebogen, dass die Schale sicher befestigt werden kann. Dann werden sie zusammengelötet.

Die Verzierungen werden aus Metallfolie ausgeschnitten. Mit dünnem Draht könnt ihr sie dann am Kerzenständer befestigen.

Anstelle der Blätter könnt ihr den Kerzenständer auch mit anderen Formen verzieren, zum Beispiel mit geometrischen Figuren.

6 Kerzenständer

Metalle

1. Metalle unterscheiden sich von Nichtmetallen durch ihren metallischen Glanz, ihre Leitfähigkeit für Wärme und elektrischen Strom sowie ihre Verformbarkeit.

2. Stoffeigenschaften können mithilfe der Sinnesorgane und entsprechender Versuche bestimmt werden.

3. Für Legierungen werden verschiedene reine Metalle miteinander verschmolzen. Es sind Stoffgemische, die andere Eigenschaften als die Ausgangsmetalle besitzen.

4. Nur wenige Metalle werden als gediegene Metalle gefunden.

5. Die meisten Metalle werden in Form von Erzen gefunden. Das sind chemische Verbindungen, in denen die Metalle oft als Metalloxide gebunden sind.

6. Um aus einem Metalloxid das Metall zu gewinnen, muss dem Oxid der Sauerstoff entzogen werden. Diese chemische Reaktion heißt Reduktion.

7. Wird Kupferoxid zusammen mit Holzkohle erhitzt, nimmt der Kohlenstoff den Sauerstoff auf. Es entstehen Kupfer und Kohlenstoffdioxid.

8. Die Reaktion, bei der Reduktion und Oxidation gleichzeitig ablaufen, heißt Redoxreaktion. Die Gewinnung von Kupfer aus Kupferoxid und Holzkohle ist eine solche Redoxreaktion.

9. Zur Gewinnung von Roheisen wird Eisenerz zusammen mit Koks im Hochofen erhitzt.

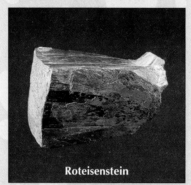

Roteisenstein

10. Im Hochofen wird das Eisenoxid aus dem Eisenerz zu metallischem Eisen reduziert. Der Kohlenstoff aus dem Koks wird zu Kohlenstoffdioxid oxidiert.

11. Zur Stahlgewinnung werden mithilfe des Sauerstoff-Aufblasverfahrens Fremdstoffe aus dem Roheisen entfernt. Der Kohlenstoffgehalt wird verringert.

12. Stahl wird durch Zugabe weiterer Metalle zu Stahllegierungen veredelt. Diese Spezialstähle werden meist mit dem Elektroverfahren hergestellt.

13. Metalle korrodieren unter dem Einfluss von Sauerstoff und Feuchtigkeit unterschiedlich schnell. Durch Einfetten, Lackieren oder Galvanisieren kann die Metalloberfläche geschützt werden.

14. Beim Galvanisieren werden Gegenstände mithilfe des elektrischen Stromes in einer entsprechenden Salzlösung mit einer dünnen und schützenden Metallschicht überzogen.

15. Salzlösungen leiten den elektrischen Strom, weil sie Ionen enthalten. Die positiv geladenen Ionen wandern zur Kathode (Minuspol), die negativ geladenen Ionen zur Anode (Pluspol). Dort werden sie zu neutralen Atomen.

16. Aluminium wird durch eine Schmelzflusselektrolyse unter hohem Energieaufwand aus seinem Erz Bauxit gewonnen.

17. Mit dem Eloxal-Verfahren wird Aluminium widerstandsfähiger gegen Korrosion.

Metalle

1 Welche Stoffeigenschaften kannst du mit deinen Sinnesorganen ermitteln?

2 Ordne die folgenden Stoffe nach Metallen und Nichtmetallen: Quecksilber, Schwefel, Eisen, Silber, Kohlenstoff, Zinn, Kupfer.

3 Ordne die folgenden Stoffe nach Reinstoffen und Stoffgemischen: Mineralwasser, Aluminium, Eisenerz, Rohsalz, Butter, Nickel, Gold.

4 Nenne die typischen Metalleigenschaften.

5 Nenne Anwendungsbeispiele, bei denen auf die Verwendung von Metallen nicht verzichtet werden kann.

6 Nenne einige Beispiele für wichtige Legierungen und ihre Anwendung.

7 Warum waren gerade Gold und Kupfer die ersten Metalle, die die Menschen entdeckten und verwendet haben?

8 Woran könnte es liegen, dass so ein wichtiges Metall wie Aluminium erst in der Neuzeit entdeckt wurde?

9 Welche Ausgangsstoffe werden zur Gewinnung von Kupfer benötigt?

10 Für die Gewinnung von Metallen wurden seit dem Altertum riesige Waldflächen geopfert. Gib einen Grund dafür an.

11 Nenne die chemischen Reaktionen, die bei der Gewinnung von Kupfer aus Kupferoxid und Holzkohle ablaufen.

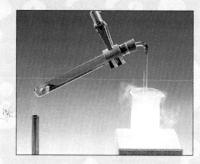

12 Was ist eine Redoxreaktion?

13 Welche Stoffe werden in einen Hochofen gefüllt, um Eisen zu erzeugen?

14 Was ist Koks und welche Aufgaben hat er im Hochofen?

15 Ergänze die vereinfachten Wortgleichungen zu den chemischen Vorgängen im Hochofen:

> Kohlenstoff + ? → ?

> Kohlenstoffmonooxid + ? → Eisen + ?

16 Erkläre die Funktion der Gichtglocken des Hochofens.

17 Wofür werden die Gichtgase verwendet und warum sind sie gefährlich?

18 Was ist Schlacke und wofür wird sie verwendet?

19 Warum liegt das Abstichloch für Roheisen tiefer als das für Schlacke?

20 Erkläre die Arbeitsweise der Winderhitzer.

21 Warum ist den Winderhitzern eine aufwändige Reinigungsanlage vorgeschaltet?

22 Warum muss das Roheisen aus dem Hochofen noch weiter verarbeitet werden?

23 Welche Bedeutung hat der Kohlenstoffgehalt des Stahls?

24 Welche Metalle werden dem Stahl beigegeben, um seine Eigenschaften zu verändern?

25 Erkläre den Begriff Rosten beim Eisen.

26 Warum ist Eisen gegenüber Witterungseinflüssen besonders empfindlich und korrodiert immer weiter?

27 Wie kannst du aus einer Goldsalzlösung metallisches Gold gewinnen?

28 In einem geschlossenen Stromkreis kann durch einen Kupferdraht beliebig lange Elektrizität fließen, durch eine Kupferchloridlösung nur eine begrenzte Zeit. Erkläre den Unterschied.

29 Warum eignet sich Aluminium besonders für den Fahrzeugbau?

30 Warum ist die Herstellung von Aluminium teuer?

Säuren und Laugen in unserer Umwelt

1 Farbänderungen helfen beim Erkennen

Wenn Zitronensaft in schwarzen Tee getropft wird, ändert sich nicht nur der Geschmack des Tees, sondern überraschenderweise auch seine Farbe. Der Tee wird heller. Stoffe, die Farben verändern und sauer schmecken, werden als **Säuren** bezeichnet. Zitronensaft gehört also zur Stoffgruppe der **Säuren.**

Eine andere chemische Stoffgruppe kann ebenfalls Farben und Geschmack verändern. Dazu gehört die Brezellauge, die einer Brezel den typischen Geschmack gibt. Diese Stoffgruppe wird als **Laugen** bezeichnet.

Es gibt viele Säuren und Laugen im Haushalt und in der Technik. Sie gehören zu den Stoffen, die sehr vielseitig eingesetzt werden können. Es sind wichtige Ausgangsstoffe in der chemischen Industrie.

Tee mit Säure   Tee   Tee mit Lauge

1 Tee verfärbt sich durch Säure oder Lauge.

2 Säuren und Laugen im Haushalt

1.1 Säuren und Laugen

Schwarzer Tee wird durch die Zugabe von Zitronensaft oder Essig deutlich heller. Tee ist ein Anzeiger für Säuren. Aber auch das Waschmittel und die Seifenlauge verfärben den Tee. Diesmal wird er dunkel. Tee ist also auch ein Anzeiger für Laugen.

Auch andere Stoffe zeigen eine Farbänderung in Säuren oder Laugen. Solche Farbstoffe werden **Indikatoren** genannt.

Da es bei unbekannten Stoffen gefährlich wäre, Geschmacksproben durchzuführen, werden viele verschiedene Indikatoren genutzt. Es gibt sie als Flüssigkeit oder als Teststreifen.

Säuren und Laugen findest du sehr häufig, doch viele dieser Flüssigkeiten sind gesundheitsschädlich. Bereits Seifenlauge oder Zitronensaft reizen Augen oder Wunden.

Besonders gefährlich sind die starken Säuren und Laugen aus dem Chemielabor wie **Salzsäure, Schwefelsäure** und **Natronlauge**. Die Behälter dieser Stoffe müssen daher mit **Gefahrensymbolen** wie in Bild 3 versehen sein.

> Stoffe, die durch Farbänderungen Säuren und Laugen anzeigen, heißen Indikatoren.

1 Prüfe mit schwarzem Tee folgende Stoffe, ob sie Säuren oder Laugen enthalten: Spülmittel, Haushaltsreiniger, Entkalker, Limonade, Cola, Fruchtsaft.
Suche noch weitere Stoffe. Notiere deine Beobachtungen.

2 Finde mithilfe des Lexikons oder des Biologiebuches heraus, woraus Magensäure besteht.

V1 Gieße zu schwarzem Tee etwas Zitronensaft. Beobachte und beschreibe.

V2 Rühre etwas Waschpulver in schwarzen Tee. Beobachte und vergleiche mit V1.

V3 Wiederhole V1 mit Essig, Zucker und Seifenlauge. Vergleiche die einzelnen Ergebnisse.

A4 Wie werden die Stoffgruppen genannt, die den Tee verfärben?

A5 Nenne weitere dir bekannte Säuren und Laugen aus deiner Umwelt oder aus dem Chemielabor.

A6 Erkläre die Bedeutung der Gefahrensymbole in Bild 3.

Vorsicht beim Arbeiten mit Säuren und Laugen! Achte darauf, dass kein Tropfen auf deine Kleidung oder gar auf deine Haut gelangt! Nach dem Versuch müssen Säuren und Laugen nach bestimmten Vorschriften entsorgt werden.

Gefahrensymbole für Säuren und Laugen

Xi- reizend   **C** - ätzend
Xn - gesundheitsschädlich

3 Gefahrensymbole beachten!

1.2 Viele Indikatoren für Säuren und Laugen

Säuren und Laugen lassen sich mit vielen Pflanzenfarbstoffen anzeigen, so auch mit Rotkohl. Der müsste eigentlich wie in Bayern Blaukraut heißen. Er wird nämlich erst rot, wenn du Essig oder Zitrone hinzugibst. Rotkohlsaft ist ein Indikator. Er zeigt an, ob eine Säure oder Lauge vorliegt. Mit unterschiedlichen Farben zeigt er sogar an, wie stark diese sind.

1 Herstellung von Rotkohlsaft

Da Rotkohlsaft nicht lange haltbar ist, werden im Chemielabor zur Anzeige von Säuren und Laugen spezielle Farbstoffgemische verwendet. Sie heißen **Universalindikatoren.** Bei ihrer Verwendung müssen ihre speziellen Farbskalen beachtet werden.

Der pH-Wert

Das Maß für die Stärke einer Säure oder Lauge ist der **pH-Wert.** Die Skala für den pH-Wert reicht von 0 bis 14. Werte kleiner als 7 zeigen Säuren, solche größer als 7 Laugen an. Stoffe, die genau den pH-Wert 7 haben, werden **neutral** genannt, zum Beispiel destilliertes Wasser. Je weiter sich der Wert von 7 entfernt, um so stärker ist die Säure oder die Lauge.

Der pH-Wert lässt sich außer mit Indikatorfarbstoffen auch mit elektronischen Messgeräten bestimmen.

Ein Universalindikator zeigt mit einer Farbe die Stärke einer Säure oder Lauge an. Jeder pH-Wert wird durch eine bestimmte Farbe angezeigt.

1 Zeichne eine pH-Wert-Skala von 0 bis 14 und ordne die untersuchten Stoffe aus Versuch 3 zu.

V1 Stelle für die folgenden Versuche Rotkohlsaft her, so wie du es in Bild 1 siehst. Koche den klein geschnittenen Rotkohl mit Wasser etwa fünf Minuten lang und gieße dann den Rotkohlsaft ab.

V2 Fülle mehrere Reagenzgläser zu einem Viertel mit Rotkohlsaft und gib
a) Stoffe aus dem Haushalt wie Wasser, Essig, Zitronensaft, Seifenlauge und Duschgel hinzu;
b) Stoffe aus dem Chemielabor wie verdünnte Salzsäure und verdünnte Natronlauge hinzu.
Beschreibe deine Beobachtungen.

V3 Fülle Reagenzgläser 2 cm hoch mit den Stoffen aus V 2 a) und b) und gib jeweils einige Tropfen Universalindikator-Lösung hinzu. Ordne die verschiedenen Farben anhand der Farbskala den unterschiedlichen Zahlenwerten zu. Was geben die Zahlenwerte an?

A4 Vergleiche die jeweiligen Farbumschläge für denselben Stoff in V 2 und V 3.

A5 Wo hast du den Begriff pH-Wert in deinem Alltag schon einmal gehört oder gelesen?

2 pH-Wert-Skala (A);
Farbumschlag: beim
Rotkohlsaft (B), beim
Universalindikator (C)

1 Der Winzer bereitet sein Fass vor: Spülen (A); Schwefeln (B).

2 Schwefel wird verbrannt.

1.3 So entstehen Säuren

Im Bild 1 bereitet der Winzer sein Fass vor, um neuen Wein einlagern zu können. Dazu spritzt er das Weinfass mit Wasser aus. Dann verbrennt er darin Schwefel. Aus dem gelben Nichtmetall Schwefel entsteht ein stechend riechendes, giftiges Gas, das *Schwefeldioxid*. Es reagiert mit dem Wasser und bildet eine Säure, die **schweflige Säure**. Sie lässt sich mit einem Indikator nachweisen.

> Schwefeldioxid + Wasser → schweflige Säure

Schwefeldioxid und schweflige Säure töten schädliche Mikroorganismen. Das Fass wird keimfrei und der Wein wird für längere Zeit haltbar gemacht. Auf großen Weingütern wird das Schwefeldioxid direkt aus der Gasflasche in die Großtanks eingeleitet.

Schweflige Säure entsteht nicht nur beim Verbrennen von reinem Schwefel. Auch viele Brennstoffe wie Briketts, Heizöl, Dieselkraftstoff oder Holz enthalten geringe Mengen Schwefel. Beim Verbrennen dieser Stoffe entstehen ebenfalls Schwefeldioxid und schweflige Säure, die die Umwelt schädigen.

Durch Zugabe von Kohlenstoffdioxid zu Wasser entsteht ebenfalls eine Säure. Also ergibt auch das Oxid des Nichtmetalls Kohlenstoff mit Wasser eine Säure, die **Kohlensäure.**

> Kohlenstoffdioxid + Wasser → Kohlensäure

Wird eine bestimmte Menge Kohlenstoffdioxid in Wasser geleitet, löst sich darin der größte Teil als Gas. Nur ein geringer Teil reagiert mit dem Wasser zur Säure. Die Kohlensäure ist deshalb nur eine schwache Säure.

> Nichtmetalloxide ergeben mit Wasser Säuren.

1 Auf den Verpackungen von Trockenfrüchten findest du häufig den Hinweis „geschwefelt". Was bedeutet das?

V1 **Lehrerversuch:** Ein Standzylinder wird etwa 2 cm hoch mit Wasser und einer Indikator-Lösung gefüllt. Unter dem Abzug wird auf einem Verbrennungslöffel etwas Schwefel entzündet. Er wird in den Standzylinder gehalten, der mit einem Deckglas verschlossen wird.
Der Verbrennungslöffel wird herausgenommen, wenn der Schwefel verbrannt ist. Das Deckglas wird wieder aufgelegt und festgehalten. Der Standzylinder wird geschüttelt.
A2 Beschreibe und erkläre die Veränderungen in V 1.
V3 a) Fülle ein Becherglas mit Wasser. Gib Universalindikator hinzu und ermittle den pH-Wert.
b) Stelle Sprudel her, indem du mit einem Sprudelbereiter Kohlenstoffdioxid in das Wasser einleitest. Prüfe den pH-Wert und vergleiche.

3 Herstellung von Sprudel

Achtung Säure: echt ätzend!

1.4 Säuren reagieren mit Metallen

Saure Speisen wie eingelegte Gurken oder eine angeschnittene Zitrone dürfen nicht in Aluminiumfolie eingewickelt werden. Die Folie würde sich auflösen. Viele Metalle reagieren nämlich mit Säuren. Hier findet eine chemische Reaktion statt, bei der sich die Metalle zersetzen.

Auch Magnesium ist so ein Metall. Wird ein Stück Magnesiumband in Salzsäure gegeben, löst sich das Magnesium auf. Gleichzeitig bildet sich ein Gas. Die Knallgasprobe zeigt, dass es sich dabei um Wasserstoff handelt.
Der freigesetzte Wasserstoff kann nur aus den Säuren stammen, weil Metalle chemische Elemente sind. Sie enthalten keine weiteren Stoffe.

Aber nicht alle Metalle werden von Säuren angegriffen. Gold beispielsweise widersteht selbst konzentrierter Salpetersäure.

> Viele Metalle reagieren mit Säuren. Dabei entsteht Wasserstoff, der ein Bestandteil der Säuren war.

1 Warum müssen Sauerkrautdosen von innen mit einer Kunststofffolie beschichtet sein?
2 Warum werden Kochtöpfe aus Eisen emailliert?

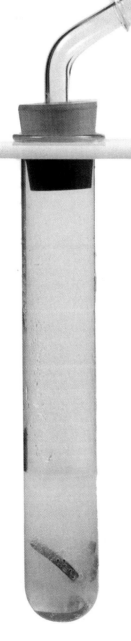

1 Salzsäure reagiert mit Magnesium.

2 Auffangen eines Gases

V1 Gib in ein Reagenzglas zu verdünnter Salzsäure ein Stück Magnesiumband. Verschließe das Reagenzglas sofort mit einem durchbohrten Gummistopfen, in dem ein Glasrohr steckt. Fange mit einem zweiten Reagenzglas das entstehende Gas auf, wie es Bild 2 zeigt. Halte die Öffnung des Reagenzglases, in dem du das Gas aufgefangen hast, über die kleine Brennerflamme (Bild 3). Welches Gas kannst du nachweisen?

3 Knallgasprobe

V2 Wiederhole V 1 mit Zink und 10%iger Schwefelsäure.
V3 **Lehrerversuch:**
Ein Stückchen Blattgold wird unter dem Abzug zu konzentrierter Salpetersäure gegeben.
A4 Was kannst du beobachten?

1.5 Säuren reagieren nicht nur mit Metallen

Der Fliesenleger reinigt den Boden mit Salzsäure, um den Kalkschleier zu entfernen. Die Salzsäure zersetzt den Kalk. Dabei entsteht Kohlenstoffdioxid. Kaffeemaschinen, Wasserkocher und andere Geräte können auf ähnliche Weise gereinigt werden.

Bei Versuchen mit Säuren müssen Laborkittel getragen werden, um die Kleidung zu schützen. Besonders gefährlich ist die Schwefelsäure. Auch wenn ein Spritzer sofort ausgewaschen wird, ist der Stoff nach kurzer Zeit zerstört. Schwefelsäure hat eine stark **Wasser anziehende Wirkung.** Sie zersetzt deshalb *organische* Stoffe wie Holz, Papier, Baumwolle oder Zucker. Diese Stoffe bestehen nämlich aus Kohlenstoff und chemisch gebundenem Wasser. Die Schwefelsäure ist in der Lage, diesen chemischen Verbindungen das Wasser zu entziehen. Zurück bleibt nur noch schwarzer Kohlenstoff. Zucker wird zudem durch Bildung von Wasserdampf aufgebläht und aus dem Becherglas herausgetrieben (Bild 2).

Bei Versuchen mit Schwefelsäure entsteht auch Wärme. Dies zeigt sich beim Verdünnen konzentrierter Schwefelsäure deutlich. Die Lösung erhitzt sich dabei stark.

> Salzsäure zersetzt Kalk. Dabei entsteht Kohlenstoffdioxid. Schwefelsäure zerstört organische Stoffe durch ihre stark Wasser anziehende Wirkung.

1 Marmor ist eine besondere Art von Kalkstein. Ist Salzsäure zum Reinigen einer Marmorfensterbank geeignet? Begründe.

2 Warum sind beim Umgang mit konzentrierter Schwefelsäure besondere Schutzmaßnahmen vorgeschrieben?

1 Fliesen werden nach dem Verlegen gereinigt.

V1 Nimm ein Glas aus der Chemie-Sammlung, das einen deutlichen Kalkschleier hat. Fülle das Glas mit Wasser, dem du etwas 10%ige Salzsäure zusetzt. Beobachte und beschreibe.

V2 **Lehrerversuch:** Konzentrierte Schwefelsäure wird auf folgende Stoffe gegeben:
a) auf ein Stück Baumwollstoff. Nach wenigen Sekunden wird der Stoff ausgewaschen.
b) auf ein Papiertaschentuch und ein Holzstäbchen.

A3 Schildere jeweils deine Beobachtungen.

V4 **Lehrerversuch:** In ein hohes Becherglas wird zur Hälfte Haushaltszucker gegeben. Dazu kommt konzentrierte Schwefelsäure, bis der Zucker durchgehend feucht ist.

A5 Beschreibe deine Beobachtungen und erkläre sie.

V6 **Lehrerversuch:** Auf die eine Seite einer Balkenwaage wird eine Petrischale mit konzentrierter Schwefelsäure gestellt. Dann wird die Waage ins Gleichgewicht gebracht.

A7 Was kannst du nach etwa 15 Minuten beobachten? Erkläre.

V8 **Lehrerversuch:** Ein Becherglas wird halb mit Wasser gefüllt. Dann wird vorsichtig etwas konzentrierte Schwefelsäure hinzugegeben.

V9 Prüfe nach der Durchführung von V8 die Temperatur des Becherglases. Was stellst du fest?

2 Reaktion von Schwefelsäure und Zucker

Pinnwand

SÄUREN, SÄUREN, SÄUREN

Bei Konserven werden verschiedene Säuren als **Konservierungsstoffe** eingesetzt.

Auf Verpackungen findest du häufig die so genannten „E-Nummern". Dahinter verbergen sich auch Säuren:

E 200: Sorbinsäure	E 210: Benzoesäure
E 236: Ameisensäure	E 260: Essigsäure
E 270: Milchsäure	E 280: Propionsäure
E 300: Ascorbinsäure	E 330: Zitronensäure
E 334: Weinsäure	E 338: Phosphorsäure

In Erfrischungsgetränken sind Säuren enthalten.

A1 Suche auf Colaflaschen bei den „E-Nummern" nach Säuren.

Vitamin C ist vor allem in frischem Obst und Gemüse enthalten. Vitamin C ist Ascorbinsäure. Auch ein bekanntes Schmerzmittel ist eine Säure, die Acetylsalicylsäure (ASS).

A2 Färbe Wasser mit Universalindikator. Gib eine Tablette ASS hinzu. Erkläre deine Beobachtung.

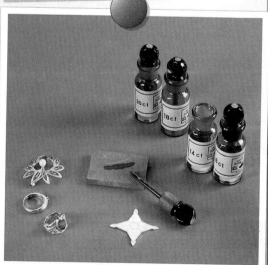

Ist der Goldschmuck echt oder nicht? Scheidewasser, konzentrierte Salpetersäure, kann diese Frage anhand einer Strichprobe beantworten. Gold hält ihr stand.

1 Nenne weitere Beispiele zu Sauerkonserven. Wie heißt jeweils die konservierende Säure?

2 Suche weitere Verwendungszwecke von Phosphor- und Salpetersäure in einem Lexikon.

Säuren schädigen Bäume und Bauwerke

Saurer Regen, kranke Bäume, sterbender Wald! Wodurch werden die Bäume geschädigt?

Du weißt bereits, dass viele Brennstoffe Schwefel enthalten. Braunkohle kann beispielsweise 30 g Schwefel pro Kilogramm enthalten. Beim Verbrennen dieser Menge entstehen 20 l gasförmiges Schwefeldioxid. Es reagiert mit Luftfeuchtigkeit oder Regen zu schwefliger Säure.

1880

1992

Außerdem entsteht daraus Schwefelsäure. Sie gelangt mit dem Regen auf die Erde. Dieser saure Regen ist es, der unsere Bäume schädigt und die Wälder sterben lässt.

Der saure Regen enthält auch Salpetersäure, die aus Stickoxiden entsteht. Diese stammen zum größten Teil aus den Abgasen der Autos. Aber auch Abgase aus Industrie, Kraftwerken, Landwirtschaft und Haushalten tragen erheblich zur Bildung von saurem Regen und damit zum Waldsterben bei.

Das Waldsterben konnte bisher nicht gestoppt werden, obwohl bereits große Anstrengungen unternommen werden. So werden Autos schon seit vielen Jahren mit Katalysatoren ausgerüstet. Die Abgase von Kraftwerken werden in Entschwefelungs- und Entstickungsanlagen gereinigt. Damit konnte der Ausstoß von Schwefeldioxid und Stickoxiden um bis zu 90 % verringert werden.

Andererseits nahm der Straßenverkehr so stark zu, dass die Erfolge in der Luftreinhaltung teilweise wieder zunichte gemacht wurden. Durch häufigere Benutzung von Bussen und Bahnen sowie durch die Verlagerung des Güterverkehrs auf die Bahn könnte dem entgegengewirkt werden.

Jeder Einzelne ist aufgefordert, vor allem durch Verringerung des Energieeinsatzes der Natur und Umwelt zu helfen. Das gelingt, wenn wir weniger Gas, Heizöl, Elektrizität und Benzin nutzen.

Die meisten Pflanzen leiden erheblich unter den Belastungen der Luft, vor allem unter den Säuren.

Die Schädigung geschieht dabei auf zwei Wegen. Zum einen gelangen die Säuren von außen auf die Oberfläche der Blätter, Stängel und Äste. Diese werden dadurch geschädigt. Zum anderen gelangt der saure Regen in den Boden und somit zu den Wurzeln. Bäume und andere Pflanzen holen sich das Wasser, das sie zum Leben brauchen, aus dem Boden. So werden die Pflanzen auch von innen geschädigt.

Schäden an Bauwerken, Statuen oder Verzierungen an Kathedralen, Rathäusern und sonstigen Gebäuden entstehen durch die Säureeinwirkung von außen. Durch deren ständigen Einfluss werden vor allem Sandstein und Marmor geschädigt.

Nur durch kostspielige Renovierungs- und Konservierungsmaßnahmen können Kunstgegenstände im Freien erhalten werden. Dafür werden Jahr für Jahr viele Millionen Euro ausgegeben.

Hilfe, ich sterbe!
Viel zu viel
- **Schwefeldioxid** aus Kraftwerken, Industrieanlagen, Heizungen, Dieselfahrzeugen
- **Stickoxide** aus Fahrzeugen, Kraftwerken, Heizungen
- **Ammoniak** aus der Landwirtschaft, z. B. in der Gülle
- **Ozon** aus dem Straßenverkehr und aus Heizungen
- **Saurer Regen**

1 Helfer im Haushalt

V1 Suche auf Putz- und Reinigungsmitteln nach Gefahrenhinweisen.

V2 Bestimme bei einigen Haushaltsreinigern und verschiedenen Waschmitteln den pH-Wert. Was stellst du fest? Ordne die Ergebnisse in eine pH-Wert-Skala ein. Welche Stoffe sind Säuren, welche Laugen?

A3 Erkläre, warum die Augen „brennen", wenn Seife hineingelangt.

V4 Miss den pH-Wert von Natronlauge sowie eines Abflussreinigers. Vergleiche!

V5 **Lehrerversuch:** Folgende Stoffe werden in je drei Reagenzgläsern zu Natronlauge, Abflussreiniger und Seifenlauge gegeben:

a) Haare,

b) ein Woll- und ein Baumwollfaden,

c) Speiseöl.

A6 Beschreibe die Veränderungen der Stoffe in den neun Reagenzgläsern nach etwa 30 Minuten und vergleiche.

A7 Welche Sicherheitsmaßnahmen musst du im Alltag beim Umgang mit Laugen beachten?

2 Organische Stoffe in Natronlauge

2 Laugen

2.1 Laugen im Haushalt

Manchmal müsstest du tausend Hände im Haushalt haben! Gut, dass es eine Reihe von Hilfsmitteln in den Regalen der Geschäfte gibt.

Viele Haushaltsreiniger, auch Seifen und Waschmittel sind Laugen, also Stoffe mit einem pH-Wert größer als 7. Es handelt sich teilweise um recht gefährliche Stoffe. Bei deren Verwendung musst du die nötige Vorsicht walten lassen. Selbst schwache Laugen wie Seifenlauge können Schleimhäute beispielsweise im Mund- und Rachenraum oder die Augen reizen. Das „Brennen" in den Augen ist nichts anderes als eine leichte Verätzung.

Die pH-Werte von Haushaltsreinigern sind sehr unterschiedlich. Den eher harmlosen Stoffen wie Seifenlauge stehen gefährliche Mittel wie Abflussreiniger gegenüber.

Die Wirkung starker Laugen, zum Beispiel Natronlauge oder scharfer Abflussreiniger, kannst du aus Bild 2 ersehen. Haare, Wolle und andere *organische Stoffe* werden angegriffen oder sogar zersetzt.

Die in jedem Labor oder Betrieb vorgeschriebenen Sicherheitsmaßnahmen wie Schutzbrille, Laborkittel und Schutzhandschuhe müssten daher auch beim Umgang mit Laugen im Haushalt angewendet werden.

> Laugen zersetzen organische Stoffe und können daher als Reinigungsmittel verwendet werden.

1 Warum haben Abflussreiniger einen Sicherheitsverschluss?

V1   Halte ein Stück Lithium in einer Petrischale mit einer Pinzette fest und schneide es vorsichtig mit einem Küchenmesser durch. Betrachte die Schnittfläche. Was stellst du nach kurzer Zeit fest?

V2 a) Fülle ein Reagenzglas drei Viertel hoch mit Wasser. Gib etwas Universalindikator hinzu. Nimm mit einer Pinzette ein linsengroßes Stück Lithium und gib es vorsichtig ins Wasser. Beobachte und erkläre die Veränderungen.
b) Fange das entstehende Gas mit einem zweiten Reagenzglas auf.
c) Halte die Öffnung des zweiten Reagenzglases über die kleine Brennerflamme. Welches Gas kannst du damit nachweisen?

V3 Führe V 2 mit Calcium durch. Vergleiche die Ergebnisse.

V4 **Lehrerversuch:**   Eine große Glasschale wird auf einen Tageslichtprojektor gestellt und halb mit Wasser gefüllt. Es wird mit Universalindikator angefärbt. Eine Schutzscheibe schirmt die Klasse ab. Dann wird ein erbsengroßes Stück Natrium in die Glasschale gegeben.

A5 Beobachte und erkläre die Farbänderung.

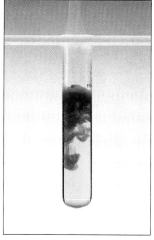

1 Lithium reagiert mit Wasser.

2.2 Seltsame Metalle

Lithium (Li) und Natrium (Na) sind sonderbare Metalle. Sie sind sehr weich und lassen sich sogar mit einem Messer schneiden. Die Schnittfläche glänzt dann nur kurze Zeit metallisch. Beide Metalle oxidieren sehr schnell.

Die Reaktion des Lithiums und vor allem des Natriums in Wasser ist heftig. Unter Gasentwicklung bewegt sich das Metallstück über die Wasseroberfläche und löst sich dabei auf. Calcium (Ca) reagiert weit weniger heftig. Das jeweils entstehende Gas kannst du mit der Knallgasprobe als **Wasserstoff** nachweisen. Der Universalindikator ändert seine Farbe und zeigt jedes Mal eine Lauge an.

Lithium   + Wasser → Lithiumlauge   + Wasserstoff
Natrium   + Wasser → Natronlauge   + Wasserstoff
Calcium + Wasser → Calciumlauge + Wasserstoff

Ähnlich wie Lithium und Natrium reagiert auch Kalium (K). Diese drei Metalle gehören zu den **Alkalimetallen.** Calcium zählt wie Magnesium zu den **Erdalkalimetallen.** Alle diese Metalle reagieren mit Wasser zu Laugen. Daher werden Laugen auch als **alkalische Lösungen** bezeichnet.

Alkali- und Erdalkalimetalle reagieren mit Wasser und bilden Laugen. Dabei entsteht Wasserstoff.

1 Warum werden Alkalimetalle in Petroleum aufbewahrt?

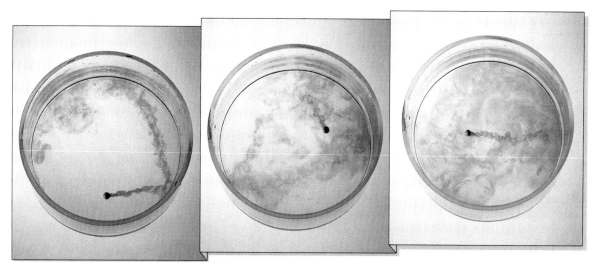

2 Reaktion von Natrium mit Wasser

2.3 Herstellung von Laugen

Turner reiben ihre Hände vor jeder Übung kräftig mit Magnesia ein. Dieser weiße Stoff ist Magnesiumoxid. Er bewirkt nicht nur ein Trocknen, sondern auch ein leichtes Aufquellen der Hände. Dadurch werden sie glatt, bleiben aber dennoch griffig.

Überraschenderweise zeigt Magnesiumoxid mit Wasser eine alkalische Reaktion. Sie ist eine Ursache für die Veränderung der Handinnenflächen.

1 Turner schützen ihre Hände mit Magnesia.

Magnesiumoxid + Wasser → Magnesiumlauge

Auch Kalkmörtel zeigt mit Universalindikator eine alkalische Reaktion. Ursache dafür ist nicht der Sand, sondern der beigemischte *Löschkalk.*

Zur Herstellung von Löschkalk wird Kalkstein längere Zeit auf 900 °C erhitzt. Dabei wird Kohlenstoffdioxid frei. Der Kalkstein verwandelt sich in *Branntkalk,* das ist Calciumoxid. Mit Wasser wird es zu einer Lauge.
Dieses *Löschen* des Kalks wird heute bereits in der Herstellerfirma durchgeführt. Das im Handel vorwiegend erhältliche Produkt heißt Löschkalk.

Calciumoxid + Wasser → Calciumlauge

Magnesium und Calcium sind Metalle. Ihre Oxide, Magnesiumoxid und Calciumoxid, sind also **Metalloxide.** Wie die Beispiele zeigen, ergeben diese Oxide mit Wasser Laugen. Dies gilt auch für andere Metalloxide.

Metalloxide ergeben mit Wasser Laugen.

1 Solltest du bereits vom Turnen angegriffene Hände mit Magnesia einreiben? Begründe.
2 Zum Hausbau wird heute immer mehr Zement anstelle von Löschkalk benutzt. Warum reagiert auch er alkalisch? Benutze zur Antwort ein Lexikon oder das Internet.
3 Schreibe zwei Wortgleichungen für die Herstellung von Natronlauge auf.

V1 Verreibe etwas Magnesia auf deinen Händen. Beschreibe die Oberfläche der Hände und erkläre, warum Kunstturner Magnesia vor ihrer Übung benutzen.
V2 Gib zu Magnesia etwas Wasser, verrühre und prüfe mit Universalindikator. Welche Reaktion zeigt sich?
V3 Rühre aus Sand, Löschkalk und Wasser Mörtel an. Prüfe diesen Mörtel mit Universalindikator. Was stellst du fest?
V4 Mische:
a) Sand und Wasser,
b) Löschkalk und Wasser.
Prüfe, welches Gemisch alkalisch reagiert.
A5 Die Hände eines Maurers wie in Bild 2 sind oft rissig und aufgeplatzt. Sie werden nicht nur von den meist rauen Steinen angegriffen. Worauf sind die Veränderungen der Hände noch zurückzuführen?

2 Hier wird gebaut!

LAUGEN, LAUGEN, LAUGEN

Die Bäckerei verwendet verdünnte Natronlauge, um den typischen Geschmack bei Laugengebäck zu erreichen.

V 1 Prüfe die Oberfläche von Brezeln mit feuchtem Universalindikatorpapier.

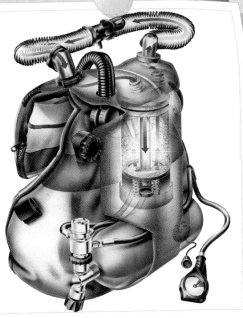

Bei diesem Tauchgerät wird das ausgeatmete Gas nicht in das Wasser zurückgegeben, sondern über eine Atemkalkpatrone in den Kreislauf zurückgeführt. Der Kohlenstoffdioxid-Anteil des ausgeatmeten Gases reagiert mit dem Atemkalk und wird dadurch gebunden.

Ställe werden mit Kalkmilch weiß gestrichen. Diese Lauge wirkt zugleich desinfizierend. Sie besteht aus Löschkalk und Wasser.

Praktikum

Seifenherstellung

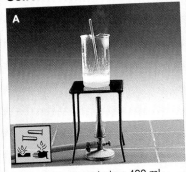

A

B

C

Erwärme in einem hohen 400 ml-Becherglas ein Gemisch aus 10 g Fett und 5 ml destilliertem Wasser, bis das Fett geschmolzen ist. Gieße unter ständigem Umrühren vorsichtig 20 ml 20%ige Natronlauge hinzu. Koche dieses Gemisch etwa 20 Minuten lang.

Ersetze das verdampfte Wasser nach und nach durch destilliertes Wasser. *Vorsicht,* Spritzgefahr!

Gieße die zähflüssige Masse dann in ein 250 ml-Becherglas, das zur Hälfte mit gesättigter Kochsalzlösung gefüllt

ist. Schöpfe die oben schwimmende Seife nach einiger Zeit ab. Gib sie zum Trocknen in eine leere Streichholzschachtel. Prüfe den Erfolg des Versuches durch Händewaschen und durch Aufschäumen der Seife mit destilliertem Wasser in einem Reagenzglas.

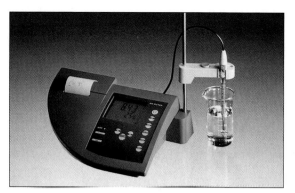

1 pH-Meter

2 Einsatz eines pH-Meters im Labor

V1 Stelle den pH-Wert von 10 %iger Salzsäure, Haushaltsessig, Mineralwasser, 2 %iger Natronlauge und von Seifenlösung mit Universalindikatorpapier und einem elektrischen pH-Meter fest. Notiere die Ergebnisse und vergleiche die Werte.

A2 Nenne Vorteile des elektrischen Messgerätes gegenüber dem Universalindikator.

V3 a) Bestimme den pH-Wert von 1 %iger Salzsäure mit einem pH-Meter. Verdünne dann 10 ml Salzsäure mit destilliertem Wasser auf 100 ml. Miss nach dem Umrühren den pH-Wert erneut. Vergleiche.

b) Wiederhole den Verdünnungsvorgang noch dreimal, indem du nach dem Verdünnen jedes Mal wieder 10 ml entnimmst. Notiere jeweils den pH-Wert. Was stellst du fest?

V4 Wiederhole V 3 mit 1 %iger Natronlauge. Notiere die Messergebnisse und vergleiche mit V 3.

	pH-Wert	Indi-kator	saure Vergleichslösung
1 l	1		unverdünnt
10 l	2		10fach verdünnt
100 l	3		100fach verdünnt
1 000 l	4		1 000fach verdünnt
10000 l	5		10 000fach verdünnt
100000 l	6		100 000fach verdünnt
1 000 000 l	7		1 000 000fach verdünnt

3 Verdünnungsreihe

2.4 Das pH-Meter

Mit einem elektrischen Messgerät können die pH-Werte von Säuren und Laugen schnell und einfach festgestellt werden. Gegenüber anderen Nachweismitteln wie dem Universalindikator hat das pH-Meter weitere Vorteile. Durch die digitale Anzeige lassen sich genaue Werte ablesen. Das Abschätzen und Vergleichen geringer Farbunterschiede entfällt.

Das Messgerät erlaubt auch das Abspeichern von Messwerten, die später beim Anschluss an einen Computer ausgewertet werden können. Die Eingabe von Grenzwerten sowie eine Fernablesung ermöglichen den Einsatz in der Industrie.

> Beachte beim Verdünnen: Die Säure in das Wasser gebe nie umgekehrt!

Die Verdünnungsreihe

Verdünnst du 1 l Säure mit 9 l Wasser, so steigt der pH-Wert um 1. Wird eine Säure von 1 l auf 1000 l verdünnt, steigt der pH-Wert um 3.

Verdünnst du eine Lauge auf die zehnfache Menge, *fällt* ihr pH-Wert um 1. Umgekehrt bedeutet ein Steigern des pH-Wertes einer Lauge um 1, dass diese Lauge zehnmal so stark konzentriert ist.

> Ein pH-Meter dient zum schnellen und genauen Feststellen von pH-Werten. Ein Verändern des pH-Wertes um 1 bedeutet eine Änderung der Konzentration um den Faktor 10.

1 Eine Natronlauge hat einen pH-Wert von 12. Wie verändert er sich, wenn 1 l dieser Natronlauge auf 100 l verdünnt wird?

2 Auf wie viel Liter Flüssigkeit muss ein Liter Schwefelsäure verdünnt werden, wenn der pH-Wert von 2 auf 6 steigen soll?

Ätzen von Metallen

1 So wird ein Namensschild durch Hochätzung hergestellt.

Säuren lösen viele Metalle auf. Das wird technisch genutzt, um Metallschichten auf chemischem Wege abzutragen. Dieser Vorgang heißt Ätzen von Metallen. Teile, die nicht weggeätzt werden sollen, müssen dabei durch Abdecken geschützt werden. Dieses Verfahren wird zum Beispiel bei der Herstellung von Platinen oder beim Anfertigen von Namensschildern angewendet. Zum Ätzen können neben Säuren in bestimmten Fällen auch Laugen oder spezielle Salzlösungen verwendet werden.

Material zum Ätzen von Schildern:

– Kupfer- und Aluminiumblech, etwa 1 mm dick
– wasserfester Filzschreiber oder Aufreibebuchstaben, Stahlnagel
– Klebestreifen, schnelltrocknende Lackfarbe
– säurefeste Schale, Tiegelzange
– Spiritus, Aceton, Salzsäure (etwa 20%ig), 20%ige Natriumpersulfatlösung oder Eisenchloridlösung

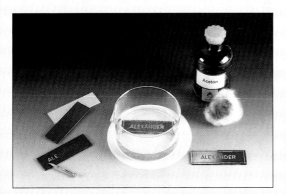

2 Tiefätzen von Aluminium in Salzsäure

V 1 Hochätzen eines Namensschildes

Schreibe einen Namen mit wasserfestem Filzstift auf ein gereinigtes Kupferblech. Verwende Aufreibebuchstaben, wenn du eine besonders exakte Schrift erreichen möchtest.
Decke alle Stellen, die nicht weggeätzt werden sollen, sorgfältig mit Klebestreifen ab, auch die Kanten und die Rückseite des Blechs.

Lege das Kupferblech danach für mindestens 20 Minuten in eine angewärmte Natriumpersulfatlösung oder in eine Eisenchloridlösung.
Beobachte den Ätzvorgang und nimm das Schild mit der Zange aus der Ätzlösung, wenn es tief genug geätzt ist. Spüle es danach gut mit Wasser ab. Ziehe die Klebestreifen ab und entferne die Filzstiftfarbe mit Spiritus.

V 2 Tiefätzen eines Namensschildes

Lackiere ein passend zugeschnittenes Stück Aluminiumblech mit schnelltrocknendem Lack oder mit Spraylack. Das Blech muss danach vollständig mit einer dünnen Lackschicht bedeckt sein. Sie wird dort wieder entfernt, wo etwas eingeätzt werden soll. Schreibe mit einem Stahlnagel deinen Namen so auf das Blech, dass das blanke Aluminium wieder zum Vorschein kommt.

Tauche das vorbereitete Namensschild für etwa 30 Minuten in die Salzsäure. Nimm das Schild danach mit der Zange aus dem Ätzbad, spüle es gut ab und entferne die Lackschicht mit Aceton.

Streifzug durch die Kunst — Die Ätzradierung

Bilder, technische Zeichnungen oder Dokumente in guter Qualität zu vervielfältigen ist heute ein Kinderspiel. Farbkopierer, Scanner, Computerdrucker und andere Geräte sind dazu sehr gut geeignet.

Vor 500 Jahren war das ganz anders. Es gab zum Vervielfältigen nur den **Kupferstich.** Das war sehr arbeitsaufwendig. Der Kupferstecher musste mit scharfen Werkzeugen, Sticheln und Schabern die Zeichnung in eine polierte Kupferplatte einritzen. Damit wurden dann Drucke angefertigt.

Im Jahre 1510 kam die Chemie ins Spiel und brachte etwas Arbeitserleichterung. Die **Radierung** oder **Ätzkunst** war erfunden. Dabei wurde die Erkenntnis, dass Säuren Metalle auflösen können, zur Herstellung von Druckplatten genutzt.

Zur Herstellung einer Radierung wird eine polierte Kupfer- oder Zinkplatte zuerst mit säurefestem Lack, dem Ätzgrund, beschichtet. Dann wird die Zeichnung mit einem spitzen Stahlstichel in den Ätzgrund geritzt. An diesen Stellen wird das Metall freigelegt. Anschließend kommt die Platte für 10 bis 30 Minuten in die Ätzlösung, meist Salpetersäure. Die Säure löst das Metall an den freigelegten Stellen auf. Es entstehen vertiefte Rillen.

Nach dem Ätzen wird die Platte aus der Ätzlösung gehoben und vom Ätzgrund gereinigt. Danach wird sie mit Druckfarbe eingefärbt und anschließend abgewischt, bis nur noch die Rillen Farbe enthalten. Die Farbe wird beim Drucken auf das leicht angefeuchtete Papier übertragen.

1 Die für den Druck vorbereitete Platte.

Auftragen von flüssigem Ätzgrund

Freilegen der Linien mit der Radiernadel

Ätzen der Platte im Säurebad

Einfärben der Platte

Abwischen mit einem Tuch

Drucken

2 Herstellung einer Radierung

Säuren und Laugen in unserer Umwelt

1. Säuren und Laugen werden mit Indikatoren nachgewiesen.

2. Der pH-Wert gibt die Stärke einer Säure oder Lauge an. Mit speziellen Farbstoffgemischen, den Universalindikatoren, werden die pH-Werte durch verschiedene Farben angezeigt.

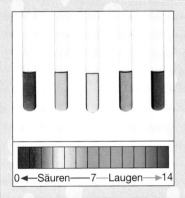

0 ◄—Säuren——7—Laugen—► 14

3. Viele Nichtmetalloxide bilden mit Wasser Säuren.

4. Viele Metalle reagieren mit Säuren. Dabei wird Wasserstoff frei. Er wird durch die Knallgasprobe nachgewiesen.

5. Salzsäure zersetzt Kalk unter Bildung von Kohlenstoffdioxid.

6. Schwefelsäure ist stark Wasser anziehend. Dadurch zerstört sie organische Stoffe.

7. Im sauren Regen sind Säuren wie die schweflige Säure Mitverursacher des Waldsterbens.

8. Die Fähigkeit von Säuren Metalle aufzulösen wird beim Ätzen von Schildern oder Platinen genutzt.

9. Metalloxide bilden mit Wasser Laugen. Alkali- und Erdalkalimetalle reagieren unmittelbar mit Wasser zu Laugen. Dabei entsteht Wasserstoff.

10. Viele Laugen zersetzen organische Stoffe. Sie werden daher als Reinigungsmittel benutzt, zum Beispiel Natronlauge als Abflussreiniger.

Säuren und Laugen in unserer Umwelt

1 Nenne Sicherheitsmaßnahmen für die Arbeit mit Säuren und Laugen.
2 Nenne verschiedene Indikatoren zum Nachweis von Säuren und Laugen.
3 Übertrage die folgende Farbskala in dein Heft und ordne die Begriffe starke und schwache Lauge, starke und schwache Säure den markierten Stellen zu.

4 Warum ist Aluminiumfolie nicht zum Einwickeln einer Zitronenscheibe geeignet?

5 Warum darf Schwefelsäure nicht auf deine Haut gelangen?

6 Auf welchen beiden Wegen schädigt der saure Regen die Bäume?
7 Warum verstärkt das Kohlenstoffdioxid der Luft das Rosten von Bauteilen aus Eisen? Denke an die Luftfeuchtigkeit.

8 Vergleiche und beurteile die pH-Werte von Regenwasser mit denen von Essig, Zitronensaft und Mineralwasser.

	pH-Wert
sauerster Regen	
• in Schottland	2,4
• im Schwarzwald	2,8
normaler Regen	4,0-4,5
Essig	3,0
Zitronensaft	2,3
Mineralwasser	5,2

9 Woher stammt der Begriff „alkalisch" und was bedeutet er?
10 Was geschieht, wenn du Kalium in Wasser gibst?
11 Natronlauge wird zum Desinfizieren von Ställen verwendet. Erkläre deren Wirkung.

181

Salze in unserer Umwelt

1 Salz – nicht nur in der Küche

Glatteis. Die meisten Autofahrer haben es bemerkt. Vorsichtig schleichen sie über die spiegelglatte Straße. Doch der Winterdienst ist bereits unterwegs. Aus dem Fahrzeug wird feuchtes Salz vermischt mit Split gleichmäßig auf die Fahrbahn gestreut.

In Deutschland wurden im Jahre 1999 über 1 Million Tonnen Salz gegen Glatteis eingesetzt. Doch warum wird so viel Salz gestreut? Längst ist doch bekannt, dass das Salz die Umwelt schädigt. Vor allem die Bäume an den Straßen leiden darunter. Salz lässt Autobleche schneller rosten und gelangt bis ins Grundwasser.

Die schädlichen Nebenwirkungen des Salzes werden in Kauf genommen, denn Streusalz ist noch immer das wirksamste Mittel gegen Glatteis. Durch das Salz wird das Eis weich und matschig, dadurch wird die Straße griffiger. Andere Streumittel wie Sand oder Split wirken nur vorübergehend. Bei starkem Verkehr werden sie rasch beiseite geweht. Um Schäden zu begrenzen, werden die Salzmengen möglichst gering gehalten. Fußwege dürfen in den meisten Städten und Gemeinden überhaupt nicht mehr mit Salz gestreut werden.

1 Salz im Stromkreis

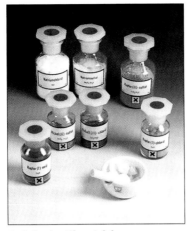

2 Salze im Chemielabor

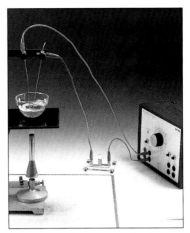

3 Salzschmelze im Stromkreis

1.1 Verschiedene Salze

Das Streusalz des Straßendienstes ist ungereinigtes, gemahlenes *Steinsalz*. Es wird in Salzbergwerken gewonnen. In gereinigter Form kennst du es als *Kochsalz*.
Steinsalz ist als Auftaumittel geeignet, weil Salzlösungen im Unterschied zu reinem Wasser bei Temperaturen unter 0 °C noch flüssig sind. Das Salz, das auf die Straße gestreut wird, bildet zusammen mit dem Eis eine solche flüssige Salzlösung. Dadurch wird die Eisglätte beseitigt.

Es gibt noch viele andere Stoffe, die sich ähnlich verhalten wie das Kochsalz. Sie alle gehören zur **Stoffgruppe der Salze.**
In der Landwirtschaft und im Gartenbau werden verschiedene *Düngesalze* verwendet.
Aus der Küche kennst du neben Kochsalz die Salze *Natron, Hirschhornsalz* oder *Pottasche*.
In jeder Chemikaliensammlung findest du eine Fülle von Salzen. Manche davon sind farbig, wie blaues *Kupfersulfat* oder grünes *Nickelnitrat*. Allerdings sind die meisten dieser Salze gesundheitsschädlich. Bei der Untersuchung verschiedener Salze lassen sich gemeinsame Eigenschaften erkennen.

4 Salze im Haushalt

Salze sind bei Raumtemperatur fest. Sie bilden regelmäßige Kristalle. Diese sind hart und spröde. Salze haben meist hohe Schmelztemperaturen, allerdings zersetzen sich manche Salze beim Erhitzen.
Salzkristalle sind Nichtleiter, nur Salzlösungen und Salzschmelzen sind elektrische Leiter.

> Salze bilden eine Stoffgruppe mit gemeinsamen Eigenschaften.

1 „Zucker ist kein Salz". Begründe diese Aussage.

V1 Gib eine Salzlösung aus zwei Teelöffeln Kochsalz und 50 ml Wasser in eine leere Teelichthülle. Gib in eine zweite Teelichthülle reines Wasser und stelle beide in ein Tiefkühlfach.
Vergleiche die Proben nach einer halben Stunde.
V2 a) Betrachte große und kleine Kochsalzkristalle mit einer Lupe.
b) Zerdrücke vorsichtig einige große Kochsalzkristalle. Betrachte die Bruchstücke wieder mit der Lupe. Was stellst du dabei fest?
V3 Erhitze in einem Reagenzglas einige Kochsalzkristalle mit dem Gasbrenner.
Erhitze in einem zweiten Reagenzglas einige Zuckerkristalle.
Vergleiche die Ergebnisse.
V4 a) Untersuche wie in Bild 1 die elektrische Leitfähigkeit verschiedener fester Salze an großen Salzkristallen. Prüfe ebenso ein Stück Kandiszucker.
b) Untersuche die elektrische Leitfähigkeit einer Zuckerlösung und verschiedener Salzlösungen.
c) Prüfe die Leitfähigkeit einer Salzschmelze. Bringe dazu wie in Bild 3 etwas Kaliumnitrat oder Natriumnitrat in einer Schale zum Schmelzen.
d) Stelle die Ergebnisse von a) bis c) in einer Tabelle zusammen. Welche Aussagen kannst du treffen?

1 Natrium

2 Chlor

V1 Lehrerversuch:

In ein Reagenzglas mit Löchern wird ein erbsengroßes Stück Natrium gegeben. Das Natrium wird in der Flamme bis zum Schmelzen erwärmt.
Dann wird es unter dem Abzug in das Gefäß mit Chlor gehalten.

A2 Beschreibe die Reaktion in V 1.

A3 Warum werden Versuche mit Chlor nur unter dem Abzug durchgeführt?

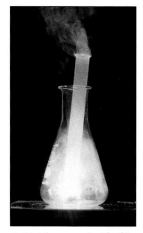

3 Natrium reagiert heftig mit Chlor.

2 Herstellung von Salzen

2.1 Der direkte Weg zum Kochsalz

Geschmolzenes Natrium wird in ein gelbgrünes, stechend riechendes Gas gehalten. Unter grellgelbem Leuchten setzt eine chemische Reaktion ein. Am Ende bleiben feine, weiße Kristalle zurück.

Das gelbgrüne Gas ist **Chlor (Cl),** ein sehr reaktionsfähiges Element. Chlor ist sehr giftig. 0,1 % Chlor in der Atemluft führt innerhalb von 30 Minuten zum Tode.

Mit dem ätzenden, feuergefährlichen Metall **Natrium (Na)** reagiert das Chlor zu einem neuen Stoff mit völlig anderen Eigenschaften. Er heißt **Natriumchlorid (NaCl).**

Natrium + Chlor → Natriumchlorid
Na + Cl → NaCl

Diese ungiftige chemische Verbindung kennst du bereits. Es ist das **Kochsalz.**

> Kochsalz ist die chemische Verbindung des Metalls Natrium mit dem Nichtmetall Chlor. Ihr chemischer Name lautet Natriumchlorid, abgekürzt NaCl.

1 Warum ist die Bildung von Natriumchlorid ein typisches Beispiel für eine chemische Reaktion?

Pinnwand CHLOR UND SEINE GIFTIGE VERWANDTSCHAFT

Du kennst **Chlor** (Cl) und seinen typischen Geruch aus dem Schwimmbad. Dort wird es in starker Verdünnung zum Abtöten von Bakterien verwendet.

Chlor kann mit allen Metallen reagieren. Die Verbindungen, die dabei entstehen, heißen *Chloride*. Es sind Salze.

Ähnliche Eigenschaften haben die Elemente Fluor, Brom und Iod. Sie sind mit dem Chlor chemisch verwandt und bilden mit ihm die Elementfamilie der **Halogene** (Salzbildner).

Fluor (F) ist ein hellgelbes, sehr giftiges Gas. Es ist das reaktionsfähigste aller Elemente. Fluor-Salze heißen *Fluoride*.

Brom (Br) ist eine dunkelbraune, leicht verdampfbare, giftige Flüssigkeit. Bromdampf wird in Halogenlampen verwendet. Brom-Salze heißen *Bromide*.

Iod (I) bildet violettschwarze Kristalle. Als Spurenelement darf es in der Nahrung nicht fehlen. Iodmangel führt zur Schilddrüsenerkrankung. Iod-Salze heißen *Iodide*.

2.2 Salzbildung durch Neutralisation

Beim Experimentieren ist ein Becherglas mit verunreinigter Säure übriggeblieben. Sie muss in den vorgeschriebenen Behälter entsorgt werden.

Doch warum gibt es für Säuren und Laugen nur ein einziges Sammelgefäß? Diese ätzenden Flüssigkeiten könnten sich doch in ihrer Wirkung verstärken!

Das lässt sich mit einem Versuch überprüfen. Zu Natronlauge wird Salzsäure gegeben. Die Flüssigkeit erwärmt sich, die Stoffe reagieren miteinander. Wenn die passenden Mengen genommen wurden, entsteht eine Lösung, die weder eine Säure noch eine Lauge ist. Sie ist **neutral.** Das zeigt der zugesetzte Indikator an.

Beim Eindampfen dieser Lösung erkennst du die bekannten würfelförmigen Natriumchloridkristalle. Es ist also eine neutrale *Salzlösung* entstanden. Aus der *OH-Gruppe* der Lauge und dem *Wasserstoff* der Säure hat sich *Wasser* gebildet.

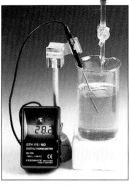

1 *Salzsäure fließt in Natronlauge.*

2 *Sammelgefäß für Säuren und Laugen*

Natronlauge + Salzsäure → Natriumchlorid + Wasser
Na OH + H Cl → NaCl + H$_2$O

Diese chemische Reaktion heißt **Neutralisation.** Auf entsprechende Weise reagieren auch alle anderen Säuren und Laugen miteinander.

> Bei der Reaktion von einer Lauge mit einer Säure entsteht eine Salzlösung. Wärme wird frei. Dieser Vorgang heißt Neutralisation.

1 Begründe, dass eine Neutralisation eine chemische Reaktion ist.

V1 a) Gib 20 ml einer 1%igen Natronlauge in ein kleines Becherglas und miss die Temperatur. Füge einige Tropfen Universalindikator hinzu und bestimme den pH-Wert.

b) Gieße etwa 15 ml 1%ige Salzsäure zu der Natronlauge. Rühre mit einem Glasstab gut um. Gib dann mit einer Pipette tropfenweise und unter ständigem Umrühren so lange Salzsäure hinzu, bis der Indikator eine neutrale Lösung anzeigt. Miss wieder die Temperatur.

c) Dampfe einen Teil der Lösung vorsichtig in einer Abdampfschale aus Glas ein. Lass den anderen Teil in einer Uhrglasschale langsam verdunsten.
Betrachte die Rückstände mit einer Lupe.

A2 Begründe, warum sich die Temperatur der Lösung geändert hat.

V3 a) Wiederhole V 1 b) mit frisch hergestellter Calciumlauge (Kalkwasser) und 0,5%iger Schwefelsäure.

b) Was lässt sich über die *Löslichkeit* des Salzes aussagen, das bei dieser Neutralisation entsteht? Vergleiche mit V 1.

3 *Natronlauge wird mit Salzsäure neutralisiert.*

Salzsäure

Natronlauge

4 *Bei der Neutralisation entsteht Kochsalz.*

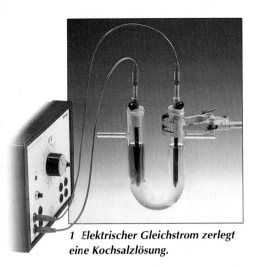

1 *Elektrischer Gleichstrom zerlegt eine Kochsalzlösung.*

2 *Vorgänge am Pluspol*

3 *Vorgänge am Minuspol*

V1 Lehrerversuch:
Der Versuch wird wie in Bild 1 unter dem Abzug aufgebaut. In die Kochsalzlösung wird Universalindikator gegeben. Am Stromversorgungsgerät wird eine Gleichspannung von 6 V eingestellt. Der Versuch sollte etwa 10 Minuten lang laufen.

A2 Beobachte die Vorgänge an den beiden Elektroden. Achte dabei auf Farbänderungen in der Nähe der Elektroden. Notiere deine Beobachtungen und fertige Zeichnungen der Elektroden in der Kochsalzlösung an.

V3 Lehrerversuch:
Die Spitze eines Magnesiastäbchens wird in der nichtleuchtenden Brennerflamme ausgeglüht. Anschließend wird damit etwas Natrium aufgenommen und in die Flamme gehalten.

A4 Wie verändert sich die Flamme in V 3?

V5 Untersuche wie in V 3 Kochsalz und 2 %ige Natronlauge. Was beobachtest du und welche Schlussfolgerung ziehst du aus V 3 und V 5?

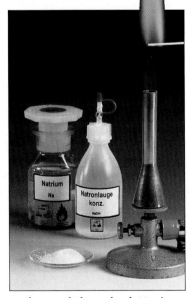

4 *Flammenfärbung durch Natrium und seine Verbindungen*

2.3 Elektrolyse einer Kochsalzlösung

Kochsalzlösung lässt sich mithilfe von Elektrizität zerlegen. Dabei zeigen sich am *Pluspol* kleine Gasblasen, die in der Salzlösung nach oben steigen. Sie lassen sich am Geruch als *Chlor* erkennen und entfärben den Universalindikator (Bild 2). Auch das weist auf Chlor hin, denn Chlor zersetzt Farbstoffe.

Am *Minuspol* kannst du eine heftige Gasentwicklung beobachten (Bild 3). Mit der Knallgasprobe lässt sich nachweisen, dass es sich um *Wasserstoff* handelt. Außerdem erkennst du an der blau-violetten Verfärbung des Universalindikators, dass eine starke *Lauge* entstanden ist.

Hier hat sich *Natrium* gebildet. Doch dieses wird nicht sichtbar, denn es reagiert mit dem Wasser sofort zu Wasserstoff und Natronlauge.

Natrium und seine Verbindungen lassen sich leicht durch eine gelbe **Flammenfärbung** nachweisen. Das Metall Natrium färbt die Flamme ebenso gelb wie die Natronlauge (Natriumhydroxid).

Mithilfe von Elektrizität lässt sich also bestätigen, dass das Kochsalz aus den Elementen Natrium und Chlor besteht. Kochsalz ist die *Verbindung* Natriumchlorid (NaCl).

> Bei der Elektrolyse einer Kochsalzlösung entsteht am Pluspol Chlor. Am Minuspol entsteht Natrium, das mit Wasser Natronlauge und Wasserstoff bildet. Natrium und seine Verbindungen färben eine Flamme gelb.

1 Was entsteht bei der Elektrolyse einer Lithiumchloridlösung?

1 Ein Kochsalz-Kristall

2.4 Salze als Ionenkristalle

Kochsalzkristalle sind kleine Würfel. Das kannst du mit einer Lupe feststellen. Auch zerkleinertes Kochsalz besteht aus würfelförmigen Kristallen. Unter einem Elektronenmikroskop ist zu erkennen, dass sogar Salzstaub aus würfelförmigen Kristallen besteht.

Die Ursache für diese gleichbleibende Kristallform ist die regelmäßige Anordnung der kleinsten Teilchen des Salzes. Kochsalz besteht wie alle Salze aus Ionen. Es sind die positiv geladenen Natrium-Ionen (Na^+) und jeweils gleich viele negativ geladene Chlor-Ionen (Cl^-). Diese unterschiedlich geladenen Teilchen ziehen sich gegenseitig an.

Die Natrium-Ionen sind etwa halb so groß wie die Chlor-Ionen. Um ein Natrium-Ion passen genau sechs Chlor-Ionen. Umgekehrt ist auch jedes Chlor-Ion von sechs Natrium-Ionen umgeben. Dadurch entsteht eine regelmäßige Anordnung. Das Ionenmodell des Kochsalzes in Bild 2 zeigt, wie die unterschiedlichen Ionen angeordnet sind. Ihre dichteste regelmäßige Anordnung ergibt die Würfelform.

Die Würfelform ist besonders gut in Bild 3 zu erkennen. Die unterschiedlichen Ionen sind hier durch gleich große Kugeln dargestellt, die mit Holzstäbchen verbunden sind.

> Natrium-Ionen und Chlor-Ionen bilden die würfelförmigen Kochsalz-Kristalle.

1 Warum besitzen alle Kochsalz-Kristalle eine Würfelform? Begründe deine Antwort.

V1 Zerkleinere vorsichtig einige Kochsalz-Kristalle und betrachte die Kristalle und ihre Bruchstücke mit einer Lupe. Welche Form haben die Salzteile?

V2 Löse etwas Kochsalz in destilliertem Wasser und lass die Lösung in einem Uhrglas verdunsten. Vergleiche die entstandenen Kristalle mit denen aus V 1.

V3 a) Baue aus 13 kleinen und 14 doppelt so großen Styropor®-Kugeln das Ionenmodell des Kochsalzes nach Bild 2. Male die kleinen Kugeln vorher grün und die großen rot an. Verbinde die Kugeln mit Zahnstochern.
b) Was stellen die roten und grünen Kugeln dar?
c) Welche Eigenschaft der Kugeln führt dazu, dass sie sich würfelförmig anordnen?

V4 a) Baue aus 27 kleinen Styropor®-Kugeln und dünnen Holzstäbchen das Modell eines Kristallgitters wie in Bild 3. Bemale vorher 13 Kugeln grün und 14 Kugeln rot.
b) Wie viele rote Kugeln umgeben jeweils eine grüne Kugel und umgekehrt?

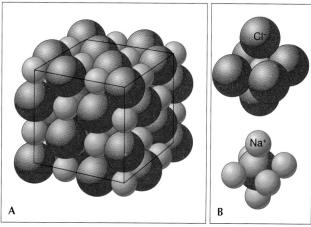

2 Ionenmodell des Kochsalz-Kristalls

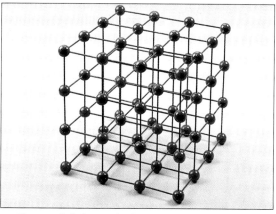

3 Gittermodell des Kochsalz-Kristalls

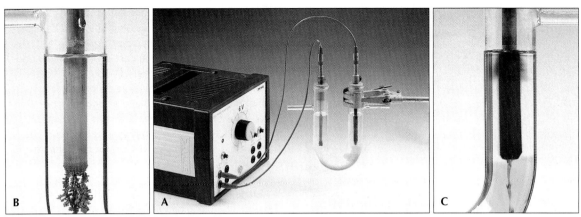

1 Elektrolyse von Zinkiodid (A): *Vorgänge an der Kathode (B); Vorgänge an der Anode (C)*

V1 Gib eine Lösung aus einem Spatel Zinkiodid und 50 ml Wasser in ein U-Rohr. Stecke als Anode (Pluspol) einen Kohlestab hinein. Verwende als Kathode (Minuspol) einen zuvor sorgfältig blank geschmirgelten und entfetteten Eisennagel.
Stelle mit dem Stromversorgungsgerät eine Gleichspannung von 2,5 V ein und lass den Versuch etwa 10 Minuten lang laufen (Bild 1).
Beobachte und beschreibe die Vorgänge an der Kathode (Minuspol) und an der Anode (Pluspol).

V2 **Lehrerversuch:** a) Eine Probe der braunen Lösung, die bei der Elektrolyse in V 1 entstanden ist, wird in ein Reagenzglas gegeben, mit Waschbenzin überschichtet und geschüttelt.
b) Eine zweite Probe wird mit Wasser verdünnt und mit einem Tropfen Stärkelösung versetzt.
c) In einem Becherglas wird ein Körnchen Iod in 50 ml Wasser gelöst. Mit dieser Iod-Lösung werden die Versuche a) und b) wiederholt.

A3 Beschreibe die Versuche und notiere die Veränderungen in den Reagenzgläsern.

A4 Welche Stoffe sind bei der Elektrolyse der Zinkiodid-Lösung entstanden?

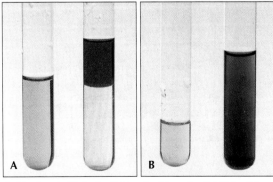

2 Nachweis für Iod mit Benzin (A) und mit Stärke (B)

2.5 Das Salz Zinkiodid

Auch Zinkiodid (ZnI_2) ist ein Salz, also eine Ionenverbindung. Es ist im Unterschied zum Natriumchlorid weder im Alltag noch in der Technik von besonderer Bedeutung, doch lassen sich mit Zinkiodid die Vorgänge bei der Elektrolyse besonders gut zeigen.

Zinkiodid bildet mit Wasser eine klare, farblose Lösung. Sie besteht aus positiv geladenen Zink-Ionen (Zn^{2+}) und negativ geladenen Iod-Ionen (I^-). Die Ionen können sich in der Lösung frei bewegen. Deshalb ist die Zinkiodid-Lösung, wie alle Salzlösungen, elektrisch leitfähig.

Wird wie in Bild 1 eine Gleichspannung angelegt, überzieht sich die *Kathode* (Minuspol) mit einer metallisch-grauen Schicht. Außerdem bilden sich Kristallnadeln. Es ist **Zink** entstanden.
An der *Anode* (Pluspol) sinken braune Schlieren ab, es entsteht eine braune Lösung. Dabei handelt sich um eine Iodlösung. Das **Iod** lässt sich darin leicht nachweisen, denn es verfärbt Stärke dunkelblau und bildet in wasserfreien Lösungsmitteln wie Benzin eine violette Lösung.
Bei der Elektrolyse von Zinkiodid entsteht also an der Kathode (Minuspol) aus Zink-Ionen metallisches Zink. An der Anode (Pluspol) entsteht aus Iod-Ionen das Element Iod.

> Durch Elektrolyse lässt sich das Salz Zinkiodid in die Elemente Zink und Iod zerlegen.

1 Begründe, warum es sich bei einer Elektrolyse um eine chemische Reaktion handelt.
2 Warum entsteht das Zink an der Kathode, das Iod an der Anode?

2.6 Wie Salze benannt werden

Eine Säure besteht aus Wasserstoff und einem *Säurerest*. Ein Salz kann bei der Reaktion zwischen einem *Metall* und einer Säure entstehen. Der Name des Salzes wird dann aus dem Namen des *Metalls* und dem Namen des *Säurerestes* hergeleitet. Die chemischen Formeln einiger Säurereste findest du eingerahmt in der nebenstehenden Tabelle.

Beispiel: **Magnesium** reagiert mit Schwefelsäure. Das dabei gebildete Salz heißt **Magnesiumsulfat,** denn der Säurerest der Schwefelsäure heißt *Sulfat.* Entsprechend werden alle Salze der Schwefelsäure als *Sulfate* bezeichnet.

Name der Säure	Formel	Name des Säurerestes
Salzsäure	H $\boxed{Cl}$	Chlorid
schweflige Säure	H$_2$ $\boxed{SO_3}$	Sulfit
Schwefelsäure	H$_2$ $\boxed{SO_4}$	Sulfat
Salpetersäure	H $\boxed{NO_3}$	Nitrat
Kohlensäure	H$_2$ $\boxed{CO_3}$	Carbonat
Phosphorsäure	H$_3$ $\boxed{PO_4}$	Phosphat
Schwefelwasserstoffsäure	H$_2$ $\boxed{S}$	Sulfid
Ameisensäure	$\boxed{HCOO}$ H	Formiat
Essigsäure	$\boxed{CH_3COO}$ H	Acetat

> Der Name eines Salzes wird aus den Namen des Metalls und des Säurerestes gebildet, aus denen es aufgebaut ist.

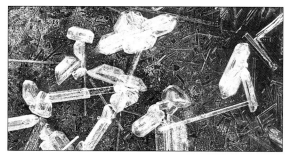

1 Kaliumnitratkristalle

1 Welches Element ist allen Säuren gemeinsam?

2 Benenne die Salze, die sich aus dem Metall Aluminium und den in der Tabelle aufgeführten Säuren bilden lassen.

3 Schreibe die Wortgleichung für die Bildung von Kaliumnitrat auf.

Herstellung verschiedener Salze

Materialien:
Reagenzgläser, Uhrgläser, Abdampfschalen;
4%ige Salzsäure, Schwefelsäure und Salpetersäure;
8%ige Essigsäure;
in destilliertem Wasser gelöste Citronensäure;
Magnesiumband, Zinkspäne, grobes Eisenpulver;
Indikatorpapier.

Durchführung:
1. Fülle etwa 2 cm hoch Säure in ein Reagenzglas. Gib dann in kleinen Portionen eines der Metalle hinzu. Warte jeweils, bis sich das Metall aufgelöst hat. Gib so lange weiteres Metall hinzu, bis die Reaktion beendet ist.

Magnesiumsulfat   **Eisensulfat**

2 Metall + Säure → Salz + Wasserstoff

Lass auf diese Weise alle Metalle mit allen Säuren reagieren.

2. Prüfe den pH-Wert der entstandenen Lösungen.

3. Dampfe einen Teil einiger Lösungen ein und lass den anderen Teil auf einem Uhrglas verdunsten.

1 Vergleiche die Heftigkeit der Reaktionen zwischen den verschiedenen Metallen und den verschiedenen Säuren.

2 Beschreibe die jeweilige Form der Salzkristalle.

3 Erkläre, warum sich der pH-Wert nach der Reaktion geändert hat.

Projekt | Nährsalze aus Mineraldüngern

In diesem Projekt untersucht ihr die Bedingungen des Pflanzenwachstums. In mehreren Versuchsreihen, die bis zu vier Wochen dauern können, beobachtet ihr Pflanzen unter verschiedenen Bedingungen.

Luft, Licht, Wärme, Wasser und Nährsalze sind die Voraussetzungen für das optimale Wachstum von Pflanzen. Mangelt es an einem, kann dies nicht durch einen Überfluss eines anderen ausgeglichen werden.

Zusätzlich sollt ihr in diesem Projekt etwas über die Zusammensetzung von Düngemitteln und ihre Bedeutung für die Ernährung der Menschheit erfahren. Auch alternative Landwirtschaft und besondere Anbaumethoden werden eine Rolle spielen.

Für alle Wachstumsversuche könnt ihr wahlweise Samen von Bohnen, Erbsen, Kresse oder Mais nehmen. Sie müssen auf feuchtem Untergrund vorgekeimt werden. Wenn die Pflanzen 5 bis 6 cm groß sind, können sie für die Versuche mit den Nährlösungen verwendet werden.

Mit den folgenden Nährsalzen könnt ihr eine Nährlösung herstellen, in der alle notwendigen Bestandteile enthalten sind. Sie wird **Vollnährlösung** genannt. Rührt in 1 Liter destilliertes Wasser:

1 g	Calciumnitrat,
0,25 g	Kaliumdihydrogenphosphat,
0,25 g	Magnesiumsulfat und
1 ml	Eisenchloridlösung.

Gruppe 1: Licht – Luft – Wärme

Setzt gleiche Pflanzen in Vollnährlösungen, die alle notwendigen Stoffe enthalten. Verwendet möglichst auch gleiche Gefäße wie in Bild 1. Stellt die Versuchspflanzen dann an möglichst unterschiedliche Orte im Schulgebäude, zum Beispiel in eine Abstellkammer oder an einen sonnig warmen Platz auf der Fensterbank eines Klassenraums. Auch der Sammlungsraum Chemie ist ein geeigneter Versuchsort.
Beobachtet das Wachstum über mehrere Wochen und vergesst das Gießen nicht. Zeichnet nach jeweils zwei oder drei Tagen die veränderten Pflanzen. Welchen Einfluss haben Licht, Luft und Wärme auf das Wachstum der Pflanzen?

Gruppe 2: Nährsalzlösungen

Setzt gleiche Pflanzen in 5 Petrischalen auf Watte. Haltet sie dann jeweils mit der Vollnährlösung und den 4 in Tabelle 2 angegebenen Nährsalzlösungen feucht. Stellt die Glasschalen an einen hellen, warmen Ort. Vermeidet dabei direktes Sonnenlicht. Beobachtet das Wachstum der Pflanzen drei Wochen. Fertigt jeden zweiten oder dritten Tag Zeichnungen der veränderten Pflanzen an. In welcher Lösung wachsen die Pflanzen am besten? Stellt eine Reihenfolge der Qualität der Nährsalzlösungen auf.

Folgende Ausgangsstoffe benötigt ihr für die Herstellung der Nährsalzlösungen:

A: Calciumnitrat
B: Kaliumdihydrogenphosphat
C: Magnesiumsulfat
D: Eisenchloridlösung

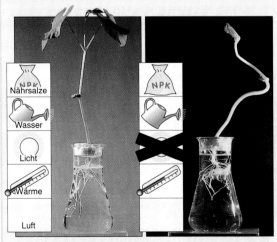

1 Unterschiedliche Standorte

Die folgenden Mengen der Ausgangsstoffe werden in 1 l destilliertes Wasser eingerührt:				
	A	B	C	D
Nährlösung Stickstoff	–	0,25 g	1 g	1 ml
Nährlösung Phosphor	1 g	–	0,5 g	1 ml
Nährlösung Eisen	1 g	0,25 g	0,25 g	–
Nährlösung für Überdüngung	2 g	0,5 g	2 g	2 ml

2 Verschiedene Nährsalzlösungen

Gruppe 3: Dieselöl – Waschmittel – Streusalz

Setzt gleiche Pflanzen in 4 Reagenzgläser. In jedes Glas kommt die Vollnährlösung. Zusätzlich wird aber in das zweite Glas etwas Dieselöl, in das dritte etwas Waschpulver und in das vierte eine gehäufte Spatelspitze Kochsalz gegeben. Stellt eure Versuchspflanzen an einen hellen, warmen Ort und beobachtet mehrere Tage ihre Veränderungen. Fertigt jeden Tag Zeichnungen der Pflanzen an. Welche Schädigungen verursachen die verschiedenen Stoffe?

Gruppe 4: Ökologische Landwirtschaft

Immer mehr Landwirte entschließen sich zu einer ökologischen Bewirtschaftung ihrer Höfe. Der Boden wird dabei so bearbeitet und bestellt, dass seine Qualität erhalten bleibt oder verbessert wird. Auf chemische Spritzmittel wird verzichtet. Die Schädlingsbekämpfung geschieht mit natürlichen Mitteln, indem zum Beispiel natürliche Feinde der Schädlinge eingesetzt werden. Bei der Rinder- und Schweinezucht werden die Tiere artgerecht gehalten und ihr Futter stammt aus eigenem ökologischen Anbau.

Zwischen der herkömmlichen Bewirtschaftung und dem ökologischen Wirtschaften liegt die Methode des „integrierten Pflanzenanbaus" (Bild 3). Hier wird ein Mittelweg zwischen beiden Bewirtschaftungsarten versucht. Besucht Betriebe und stellt deren Wirtschaftsweise dar. Erarbeitet eine Plakatwand, auf der ihr die drei Methoden darstellt und vergleicht.

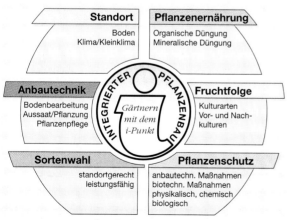

3 Integrierter Pflanzenanbau

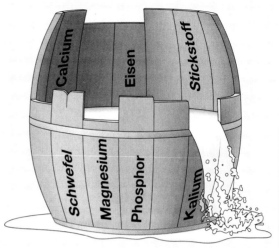

4 Gesetz vom Wachstumsminimum

Gruppe 5: Geschichte und Bedeutung der Düngemittel

Bei der „Drei-Felder-Wirtschaft" wurden zum Düngen Mist, Jauche und Pflanzenabfälle verwendet.

Der Chemiker JUSTUS VON LIEBIG (1803–1873) erkannte vor über 150 Jahren, dass Pflanzen für ein gesundes Wachstum bestimmte Nährsalze brauchen. Er entdeckte das Gesetz vom Wachstumsminimum: Der Stoff, an dem es am stärksten mangelt, begrenzt das Wachstum der Pflanzen (Bild 4). So kann zum Beispiel ein Mangel an Kalium nicht durch einen Überschuss an Stickstoff ausgeglichen werden.

Durch den verstärkten Einsatz von Mineraldünger wurden die Erträge in der Landwirtschaft enorm gesteigert. Sie bilden die Grundlage für eine ausreichende Ernährung vieler Menschen. Aber dennoch gibt es viele Menschen, die hungern müssen. Krankheiten, Seuchen, Kriege und Misswirtschaft führen immer wieder zu Hungersnöten.

Stellt eine Zeitleiste mit der Geschichte der verwendeten Düngemittel, ihren verwendeten Mengen und den Bevölkerungszahlen auf. Überlegt, welchen Zusammenhang es zwischen der Ertragsmenge und der Menge des verwendeten Mineraldüngers gibt.

Welche Nutzpflanzen benötigen welche Menge an Nährsalzen? Wie kann erreicht werden, dass sich alle Menschen ausreichend gut ernähren können?

Pinnwand

VIELFÄLTIGE MÖGLICHKEITEN DER SALZBILDUNG

Metall + Nichtmetall → Salz

V 1 Mische in einer Schale sorgfältig 4 g Schwefelpulver und 7 g Eisenpulver. Forme aus dem Gemisch auf einer feuerfesten Kachel einen Damm. Erhitze ihn an einem Ende mit dem Brenner.

Bei der Reaktion entsteht *Eisensulfid*.

> Eisen + Schwefel –> Eisensulfid

A 2 Beschreibe den Ablauf der Reaktion und vergleiche die Ausgangsstoffe mit dem Reaktionsprodukt.

A 3 Schreibe die Reaktionsgleichung für die entsprechenden Reaktionen von *Kupfer* mit *Schwefel* und von *Eisen* mit *Chlor* auf.

Metall + Säure → Salzlösung + Wasserstoff

V 6 Fülle ein Reagenzglas zu einem Viertel mit verdünnter Salzsäure. Gib kleine Stückchen Magnesiumband hinzu. Fange das entstandene Gas in einem trockenen Reagenzglas auf und führe damit die Knallgasprobe durch.
Prüfe den pH-Wert der Lösung, wenn die Gasentwicklung beendet ist. Dampfe einen Teil der Lösung ein.

Bei dieser Reaktion haben sich das Salz *Magnesiumchlorid* und das Gas *Wasserstoff* gebildet.

> Magnesium + Salzsäure –> Magnesium- + Wasser-
> chloridlösung stoff

A 7 Schreibe die Reaktionsgleichungen für die entsprechenden Reaktionen von *Aluminium* mit Salzsäure und von *Zink* mit Salzsäure auf.

Lauge + Säure → Salzlösung

V 4 Gib etwas Universalindikator in 1%ige Kalilauge. Lass dann aus einer Bürette 1–2%ige Salzsäure hineintropfen. Rühre dabei die Lauge mit einem Magnetrührer oder einem Glasstab ständig um.

Mit dieser Anordnung kannst du eine Neutralisation sehr einfach durchführen. Damit lässt sich die Konzentration von Lösungen bestimmen.

> Kalilauge + Salzsäure –> Kaliumchloridlösung

A 5 Warum ist es wichtig, dass bei dieser Neutralisationsreaktion ständig gerührt wird?

1 Was haben alle Reaktionen zur Salzbildung gemeinsam?

Metalloxid + Säure → Salzlösung

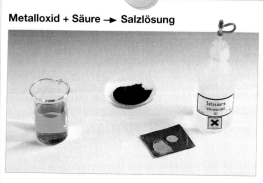

V 8 Gib Kupferoxidpulver in verdünnte Salzsäure. Es bildet sich sofort eine blaue Lösung des Salzes *Kupferchlorid*. Mit reinem Kupfer reagiert die verdünnte Salzsäure dagegen kaum.

> Kupferoxid + Salzsäure –> Kupferchloridlösung

A 9 Die schwarze Oxidschicht auf einem Kupferblech lässt sich mit verdünnter Salzsäure leicht abreiben. Erkläre diesen Vorgang.

A 10 Warum darf ein oxidiertes Eisen- oder Zinkblech nicht mit verdünnter Salzsäure gereinigt werden?

Salze in unserer Umwelt

1. Salze bilden eine Stoffgruppe mit gemeinsamen Eigenschaften.

2. Salze sind bei Raumtemperatur feste Stoffe.

3. Salzkristalle sind hart und spröde. Es sind Kristalle mit regelmäßigem Aufbau.

4. Feste Salze sind Nichtleiter. Salzlösungen und Salzschmelzen sind elektrische Leiter.

5. Kochsalz ist eine chemische Verbindung aus dem ätzenden, sehr reaktionsfähigen Metall Natrium und dem giftigen Nichtmetall Chlor. Der chemische Name lautet Natriumchlorid, abgekürzt NaCl.

6. Bei der Neutralisation einer Säure mit einer Lauge entsteht eine Salzlösung. Aus Natronlauge und Salzsäure entsteht eine Natriumchlorid-Lösung.

7. Alle Salze bestehen aus Ionen. Kochsalz besteht aus Natrium-Ionen und Chlor-Ionen. Durch Elektrolyse lässt sich eine Kochsalzlösung wieder in die Elemente Natrium und Chlor zerlegen.

8. Natrium-Ionen und Chlor-Ionen bilden die würfelförmigen Kochsalz-Kristalle.

9. Metallisches Natrium und die Verbindungen des Natriums werden durch eine gelbe Flammenfärbung nachgewiesen.

10. Der Name eines Salzes wird aus dem Namen des Metalls und dem Namen des Säurerestes abgeleitet, aus denen es sich zusammensetzt.

Salze in unserer Umwelt

1 Wo werden Kochsalz und Steinsalz verwendet?

2 Welche anderen Salze außer Kochsalz werden in der Küche verwendet?

3 Welche gemeinsamen Eigenschaften besitzen alle Salze?

4 Beschreibe die Form von Kochsalzkristallen.

5 Der chemische Name Natriumchlorid für Kochsalz gibt an, dass sich diese Verbindung aus den Elementen Natrium und Chlor zusammensetzt. Vergleiche die Eigenschaften von Kochsalz mit denen der Ausgangsstoffe.

6 Schreibe die Reaktionen des Metalls Magnesium mit
a) Salzsäure,
b) Schwefelsäure,
c) Salpetersäure
als Wortgleichung auf. Gib jeweils den Namen des dabei entstehenden Salzes an.

7 Wie lässt sich das Metall Natrium in Salzen nachweisen?

8 Während destilliertes Wasser elektrischen Strom nicht leitet, sind Grundwasser oder Leitungswasser elektrische Leiter. Erkläre den Unterschied.

9 Erkläre den Begriff der Elektrolyse am Beispiel des Salzes Zinkiodid.

10 Welche chemischen Reaktionen laufen bei der Elektrolyse von Natriumchlorid am Pluspol und am Minuspol ab?

11 Nenne verschiedene Möglichkeiten der Salzbildung.

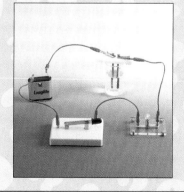

Wasser

1 Die Bedeutung von Wasser

A Etwas mehr als ein Viertel der Erdoberfläche ist Land, aber fast drei Viertel sind von Wasser bedeckt.

B Der größte Teil des Wassers auf der Erde ist *Salzwasser*. Es füllt die Meere und Ozeane. Nur ein sehr kleiner Rest ist *Süßwasser*.

C Der größte Teil des Süßwassers ist gefroren. Dieses Eis liegt am Nordpol, am Südpol und in den Gletschern der Gebirge.

D Sehr viel Wasser ist im Boden versickert und bildet das *Grundwasser*. Ein weiterer Teil des Wassers füllt Seen, Flüsse und Bäche. Es ist das *Oberflächenwasser*. Ein sehr kleiner Teil des Wassers bildet die Wolken und ist in der Luft enthalten.

Trinkwasser wird aus Grundwasser und Oberflächenwasser gewonnen.

1 Verteilung des Wassers auf der Erde

1.1 Ohne Wasser kein Leben

Alle Pflanzen und Tiere und natürlich auch wir Menschen brauchen zum Leben Wasser. Es ist für uns alle ein **Lebensmittel,** das durch nichts ersetzt werden kann.

Manche Lebewesen können mit Wasser verschwenderisch umgehen, weil es in ihrer Lebenswelt reichlich vorhanden ist. Andere, die in trockenen Gegenden zu Hause sind, müssen sparsam sein. Einige, wie der Wüstenkuckuck oder die Wüstenspringmaus, kommen sogar mit dem wenigen Wasser aus, das in ihrer festen Nahrung enthalten ist.

Manche Pflanzen, etwa die Kakteen, können sehr lange ohne Wasser auskommen. Sie nehmen bei den seltenen Regenfällen mit ihrem ausgedehnten Wurzelwerk schnell sehr viel Wasser auf und können es lange speichern. Das reicht dann bis zum nächsten Regenguss, der oft Monate oder Jahre auf sich warten lässt. Doch dort, wo es niemals regnet, können nicht einmal Kakteen leben.

Nicht alle Menschen auf der Erde werden wie wir ausreichend und bequem mit Wasser versorgt. Oft müssen sie ihr **Trinkwasser** aus Seen, Flüssen, Quellen oder Brunnen holen und kilometerweit zu ihren Häusern tragen. An anderen Orten wird Regenwasser gesammelt und als Trinkwasser verwendet.

Es gibt Gegenden, in denen die Menschen **Wassermangel** selbst verursacht haben. Ein Beispiel dafür ist der Aralsee zwischen Kasachstan und Usbekistan in Asien. Er war vor 50 Jahren der viertgrößte See der Erde, so groß etwa wie die Länder Niedersachsen und Rheinland-Pfalz zusammen. Damals war der Aralsee reich an Fischen. Zwei große Flüsse, der Syr-Darja und der Amu-Darja, brachten ihm reichlich Wasser vom Gebirge. Inzwischen wird diesen Flüssen an ihrem Oberlauf sehr viel Wasser für die Bewässerung von riesigen Baumwollfeldern entnommen. Auch für Großstädte und Industrieanlagen wird Wasser abgezweigt. Deshalb fließt heute nur noch ganz wenig Wasser in den Aralsee. Sein Wasserspiegel ist bereits um 16 m gesunken und seine Fläche ist nur noch halb so groß wie vorher. Bei einer weiteren Wasserentnahme ist er zum Austrocknen verurteilt. Diese *Umweltkatastrophe* zwingt viele Menschen, die an seinem Ufer leben, ihre Heimat zu verlassen.

> Wasser ist ein wichtiges Lebensmittel. Alle Lebewesen – Menschen, Tiere und Pflanzen – brauchen Wasser zum Leben.

1 Warum können Kakteen lange ohne Regen auskommen?

2 Was kann passieren, wenn Menschen Wassermangel selbst verursachen?

3 Wodurch könnte Wassermangel in der Natur ausgelöst werden?

*1 **Umweltkatastrophe:** Der riesige Aralsee trocknet immer mehr aus (A); Wo einst Fischkutter fuhren, trotten heute Kamele durch den Wüstensand (B).*

1.2 Der Wasserkreislauf in der Natur

Niederschlag

Lebewesen brauchen Wasser

Flüsse bringen Wasser zum Meer

Brunnen

Wasser versickert und bildet Grundwasser

Grundwasser

Unterirdischer Abfluss zum Meer

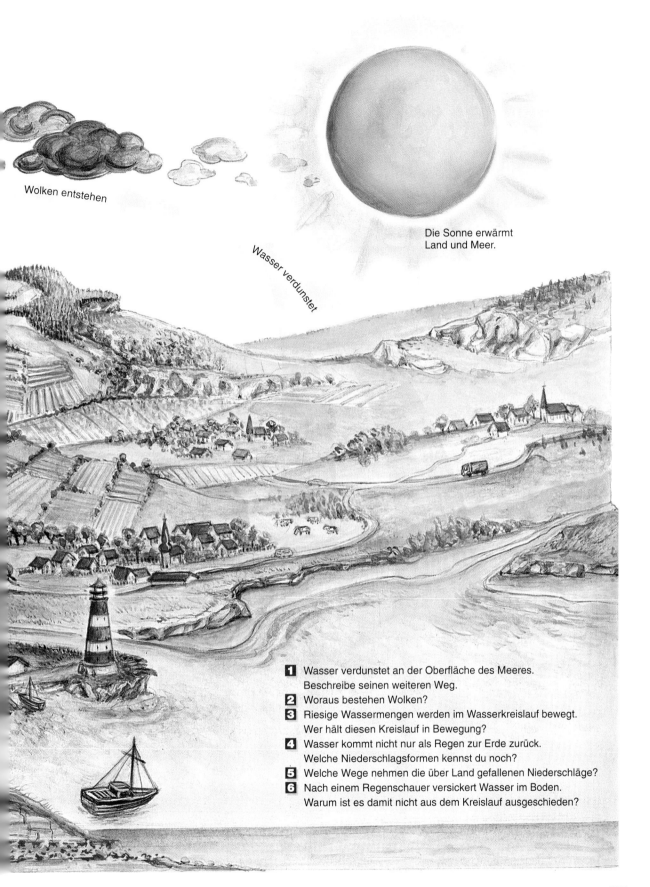

Wolken entstehen

Wasser verdunstet

Die Sonne erwärmt
Land und Meer.

1 Wasser verdunstet an der Oberfläche des Meeres.
   Beschreibe seinen weiteren Weg.

2 Woraus bestehen Wolken?

3 Riesige Wassermengen werden im Wasserkreislauf bewegt.
   Wer hält diesen Kreislauf in Bewegung?

4 Wasser kommt nicht nur als Regen zur Erde zurück.
   Welche Niederschlagsformen kennst du noch?

5 Welche Wege nehmen die über Land gefallenen Niederschläge?

6 Nach einem Regenschauer versickert Wasser im Boden.
   Warum ist es damit nicht aus dem Kreislauf ausgeschieden?

1.3 Trinkwasser – Brauchwasser

Aus unserer Wasserleitung kommt **Trinkwasser.** Es enthält keine Krankheitserreger und keine anderen schädlichen Stoffe. Wir können es verwenden, ohne uns Sorgen um unsere Gesundheit machen zu müssen.

Die Versorgung der Haushalte mit Trinkwasser ist bei uns noch kein Problem. An vielen Orten wurden Brunnen in die Erde gebohrt. Von dort wird dann Grundwasser in die Leitungen gepumpt. Manche Orte im Gebirge werden mit Quellwasser versorgt, andere erhalten ihr Wasser aus Stauseen.

Die Bewohner von Hannover erhalten den größten Teil ihres Trinkwassers aus Brunnen, die bis zu 30 m tief sind. Ein kleinerer Teil des Wassers kommt aus den Stauseen im Harz. In der Rheinebene bei Ludwigshafen gibt es Trinkwasserbrunnen, die bis zu 200 m tief sind.

Oft muss Wasser noch aufbereitet werden, wenn es als Trinkwasser genutzt werden soll. Dabei werden unerwünschte Bestandteile, wie zum Beispiel Eisen, Mangan oder Kohlenstoffdioxid, daraus entfernt. Dies ist sehr aufwendig und teuer.

Zu unserer Versorgung ist sehr viel Trinkwasser erforderlich, denn jeder von uns verbraucht an einem Tag im Durchschnitt etwa 140 Liter. Davon werden nur 3 Liter zum Trinken und zur Nahrungszubereitung verwendet. Der Rest dient zum Wäschewaschen, zum Duschen, für die Toilettenspülung und andere Zwecke.

Es wird auch viel Wasser gebraucht, das nicht die gute Qualität von Trinkwasser haben muss. Es dient zum Kühlen und Reinigen in Fabriken sowie zum Bewässern in Gärtnereien und in der Landwirtschaft. Dieses Wasser heißt **Brauchwasser.**

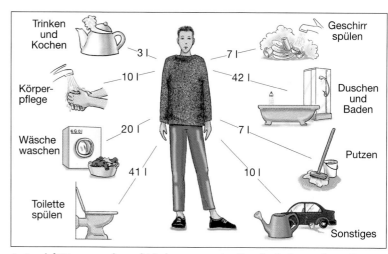

1 *So viel Wasser verbraucht jeder von uns im Durchschnitt an einem Tag.*

Es wird aus Flüssen, Seen oder Hausbrunnen entnommen. So kann wertvolles Trinkwasser gespart werden. Außerdem erspart uns Brauchwasser auch einen Teil der Kosten, die wir für Trinkwasser bezahlen müssten.

Auch bei dir zu Hause könnt ihr Brauchwasser gewinnen, wenn ihr Regenwasser auffangt und in Behältern sammelt. Ihr könnt es zum Gießen und zum Reinigen verwenden.

> Unsere Versorgung mit Trinkwasser ist sehr aufwendig. Für viele Zwecke reicht Brauchwasser. So kann wertvolles Trinkwasser gespart werden.

1 Für welche Zwecke verwendest du Trinkwasser aus der Leitung?
2 Nenne Möglichkeiten, um mit Trinkwasser sparsamer umzugehen.
3 Erkläre wie auf dem Bild 2 Brauchwasser gewonnen wird.
4 Wo findest du an deiner Schule Möglichkeiten, Brauchwasser zu sammeln? Wozu könntet ihr es verwenden?

2 *Hier wird Regenwasser als Brauchwasser gesammelt.*

Bestimmung des Sauerstoffgehaltes von Gewässern

Ohne Sauerstoff in Flüssen, Bächen, Seen und Meeren gibt es kein Leben im Wasser. Normalerweise haben diese Gewässer einen Sauerstoffgehalt von $9 \frac{mg}{l}$ bis $12 \frac{mg}{l}$. Sinkt er unter $5 \frac{mg}{l}$, ersticken Fische und andere Wassertiere.

Da sich mit steigender Wassertemperatur immer weniger Sauerstoff im Wasser löst, können heiße Tage im Sommer zu Sauerstoffmangel führen.

Eine weitere Minderung des Sauerstoffgehalts ergibt sich durch die Pflanzen, die nachts Sauerstoff verbrauchen. Auch Fäulnis- und Abbauprozesse im Wasser benötigen große Mengen Sauerstoff.

Eins zu einer Million

Parts per million ist eine Konzentrationsangabe in Englisch und heißt wörtlich übersetzt: *Teile auf eine Million*. Abgekürzt wird diese Angabe mit **ppm.** So bedeutet 1 ppm, dass sich ein Teilchen eines Stoffes unter einer Million Teilchen eines anderen Stoffes befindet. $1 \frac{mg}{l}$ ist ein 1 ppm.
Beispiele: Ein Tropfen Badezusatz zum Wasser von zwei vollen Badewannen ergibt 1 ppm.
Auch ein Stückchen Würfelzucker aufgelöst in einem Tankwagen mit 2700 l Wasser bildet ein Verhältnis von 1 zu 1 Million, also 1 ppm.

V 1 Bestimmung des Sauerstoffgehaltes

1. Spüle die Sauerstoff-Probeflasche mit dem zu untersuchenden Wasser zweimal aus und fülle sie dann luftblasenfrei bis zum Überlaufen.
2. Gib nacheinander je fünf Tropfen von Reagenz 1 und Reagenz 2 zu, verschließe mit dem abgeschrägten Stopfen luftblasenfrei und schüttle etwa 30 Sekunden lang.
3. Gib dann 10 Tropfen von Reagenz 3 zu, verschließe erneut und schüttle nochmals.
4. Spüle mit der so erhaltenen Lösung das Messgefäß und fülle bis zur 5 ml-Markierung auf.
5. Setze es dann auf die Farbkarte auf und ordne es einer Farbe zu. Jetzt kannst du den Sauerstoffgehalt in $\frac{mg}{l}$ ablesen.

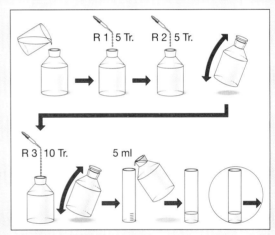

1 Sauerstoff-Bestimmung

V 2 Unterschiedlicher Sauerstoffgehalt

Neben der Temperatur beeinflussen die Wassertiefe, die Entfernung zum Ufer und die Fließgeschwindigkeit eines Gewässers den Sauerstoffgehalt im Wasser. Pflanzen haben an unterschiedlichen Standorten jeweils einen anderen Bedarf an Sauerstoff.
Untersuche Proben aus unterschiedlichen Wassertiefen. Bestimme auch den Sauerstoffgehalt bei verschiedenen Wassertemperaturen. Vergleiche die Werte des Wassers aus einem stehenden Gewässer (See, Teich) mit den Werten aus einem fließenden Gewässer (Bach, Fluss).
Das Diagramm in Bild 2 zeigt den höchst möglichen Sauerstoffgehalt bei verschiedenen Temperaturen.

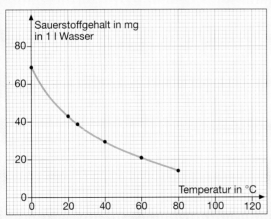

2 Sauerstoffgehalt bei verschiedenen Temperaturen

1.4 Ursachen der Verschmutzung von Gewässern

Abwasser aus Städten und Dörfern

Auf einer Landkarte siehst du, dass Städte und Dörfer häufig an Flüssen oder Bächen liegen. Dadurch konnte man sich früher leicht mit dem lebensnotwendigen Wasser versorgen. Auch das Abwasser der Haushalte wurde in die Gewässer geleitet, die es dann forttrugen. Die Bewohner machten sich deswegen wenig Gedanken, denn geringe Verschmutzungen werden von dem Gewässer selbst gereinigt. Als aber die Städte größer wurden und immer mehr Menschen immer mehr Abwasser erzeugten, nahm die Verschmutzung stark zu. Heute reinigen Kläranlagen die meisten Abwässer, aber manchmal reicht das noch nicht aus.

A1 An welchem Gewässer liegt dein Wohnort? Wie heißt der nächstgelegene größere Fluss?

Abwasser aus Industrieanlagen

Schon im Mittelalter bauten Gerber, Färber oder Bierbrauer ihre Betriebe an Gewässern. Sie benötigten Wasser für ihre Arbeit. Das Abwasser, das dabei entstand, konnte der Bach oder der Fluss gleich abtransportieren. Auch als später Fabriken mit Dampfmaschinen ausgerüstet wurden, waren dafür Plätze an Wasserläufen günstig.

Moderne Industrieanlagen benötigen ebenfalls viel Wasser für das Produzieren, zum Kühlen und zum Reinigen. Darum werden viele Fabriken und vor allem Kraftwerke auch heute an Flüssen gebaut. Inzwischen müssen Industriebetriebe ihr Abwasser sorgfältig klären, bevor sie es in Gewässer einleiten dürfen. Doch diese Klärung ist nicht immer vollkommen, einige Stoffe belasten auch heute noch unsere Gewässer.

A2 Wo gibt es Fabriken in deiner Nähe und was wird dort hergestellt? Wie wird das Abwasser gereinigt?

1 Eine Stadt am Rhein

2 Eine Fabrik am Rhein

Gewässergüteklassen

Um die Verschmutzung eines Gewässers zu beschreiben, werden ihm „Noten" erteilt. Sie heißen **Gewässergüteklassen.** Auf Landkarten wird jede Güteklasse in einer bestimmten Farbe dargestellt.

Klasse	Bewertung	Farbe auf Karten
I	unbelastet	
I–II	gering belastet	
II	mäßig belastet	
II–III	kritisch belastet	
III	stark verschmutzt	
III–IV	sehr stark verschmutzt	
IV	übermäßig verschmutzt	

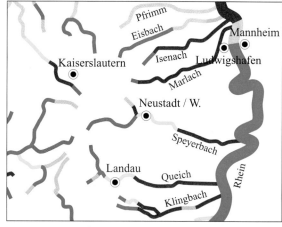

3 Gewässergütekarte von 1972

Belastung der Gewässer durch die Landwirtschaft

Die Landwirtschaft trägt ebenfalls zur Verschmutzung der Gewässer bei. Wenn Felder zu stark oder falsch gedüngt werden, nehmen die Pflanzen den Dünger nicht vollständig auf. Reste bleiben zurück und werden vom Regenwasser in Bäche und Flüsse geschwemmt. Zuweilen gelangen die Düngemittelreste sogar ins Grundwasser.

Auch Pflanzenschutzmittel, die in zu großer Menge oder zum falschen Zeitpunkt gespritzt werden, zum Beispiel kurz vor einem Regen, verschmutzen die Gewässer.

Manchmal gelangen auch Abwässer aus Hühnerfarmen, Schweinemastbetrieben oder Weinbaubetrieben direkt in Bäche oder Flüsse und tragen erheblich zu deren Verschmutzung bei.

A3 Worauf muss beim Düngen eines Gartens geachtet werden?

Belastung durch Unfälle, Betriebsstörungen und wilde Müllablagerungen

Verunreinigungen von Flüssen, Bächen und Seen können auch durch Unfälle entstehen, die beim Transport von Heizöl, Benzin oder anderen gefährlichen Stoffen in Tankwagen oder Tankschiffen passieren. So kommt es immer wieder zu Wasserverschmutzungen.

Auch Betriebsunfälle in Fabriken können zu einer starken Gewässerverschmutzung führen.

Leider gibt es auch Menschen, die Müll einfach irgendwo abladen und damit zur Verschmutzung des Grundwassers und auch der fließenden Gewässer beitragen.

> Haushalte und Fabriken erzeugen viel Abwasser. In Kläranlagen kann es nicht vollständig gereinigt werden. Außerdem tragen Düngemittel und Pflanzenschutzmittel, aber auch Unfälle mit schädlichen Stoffen zur Verunreinigung von Gewässern bei.

4 Zu viel Dünger schadet den Gewässern

5 Betriebsstörung in einer Fabrik

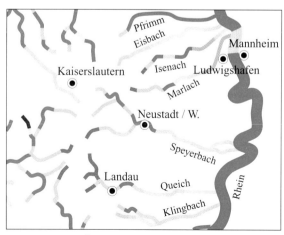

6 Gewässergütekarte von 1992

1 Vergleiche die Gewässergütekarte von 1972 mit der von 1992 und beantworte folgende Fragen:
a) Wie hat sich das Wasser des Rheins verändert?
b) Warum ist die Verschmutzung des Rheins an einer Stelle besonders stark?
c) Welcher Nebenfluss des Rheins hat seine Wasserqualität am meisten verbessert?
d) Wodurch war es möglich, innerhalb von 20 Jahren die Wasserqualität zu verbessern?
2 Erkundige dich, was bisher für die Verbesserung der Wasserqualität der Seen und Flüsse an deinem Wohnort und dessen Umgebung getan wurde.
3 Welches Gewässer deiner Umgebung ist stark verschmutzt? Wie könntest du dies überprüfen?
4 Wie kannst du selbst zur Reinhaltung von Gewässern beitragen?

1 Kupfersulfat wird gelöst.

V1 Löse in 100 ml destilliertem Wasser möglichst viel Kochsalz. Gib portionsweise jeweils 5 g Salz zum Wasser, bis sich trotz gründlichen Umrührens nichts mehr löst. Notiere die gelöste Salzmenge.

V2 Wiederhole V 1 mit
a) Kupfersulfat in 50 ml Wasser
b) Natriumcarbonat in 50 ml Wasser.
Notiere auch hier die gelösten Mengen. Rechne auf 100 ml um und vergleiche mit V 1.

A3 Woran erkennst du eine gesättigte Lösung?

V4 Stelle mit 50 g Wasser und Kaliumnitrat eine gesättigte Lösung her. Erwärme die Lösung langsam bis auf 50 °C. Rühre dabei um und gib nochmals 10 g des Salzes hinzu. Beschreibe deine Beobachtung. Formuliere einen Je-desto-Satz zur gelösten Salzmenge und der Temperatur.

A5 Vergleiche in Bild 2 die gelösten Mengen bei 50 °C.

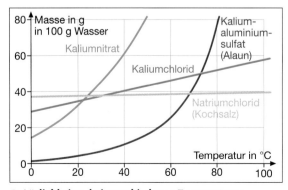

2 Löslichkeiten bei verschiedenen Temperaturen

1.5 Auch Wasser wird satt

Kochsalz, Kupfersulfat, Natriumcarbonat und viele andere feste Stoffe lösen sich in Wasser auf. Aber es lassen sich nicht beliebig große Mengen auflösen. In 100 ml Wasser lösen sich höchstens 36 g Kochsalz. Gibst du weiteres Salz hinzu, bleibt es als **Bodensatz** liegen und löst sich nicht mehr auf. Die Lösung ist dann mit Kochsalz **gesättigt.** Von jedem Stoff löst sich also nur eine bestimmte Menge, bis eine gesättigte Lösung entsteht.

Beim Erwärmen verschwindet der Bodensatz oft wieder. Er löst sich zusätzlich in der bereits vorhandenen Lösung auf. Die Löslichkeit von festen Stoffen ist also von der Temperatur abhängig. In der Regel löst sich umso mehr, je höher die Temperatur des Lösungsmittels ist.

Die Zunahme der Löslichkeit ist allerdings unterschiedlich. Beim Kochsalz bleibt die Löslichkeit fast gleich, während sie sich beim Kaliumnitrat stark ändert.

> Lösungen sind gesättigt, wenn sich ein Bodensatz gebildet hat. Bei den meisten Stoffen steigt die Löslichkeit mit der Temperatur.

1 Nenne zwei Möglichkeiten, wie du den Bodensatz einer gesättigten Lösung auch noch lösen kannst.
2 Erkundige dich, wie viel Salz in 1 l Meerwasser und in 1 l Wasser aus dem Toten Meer jeweils enthalten ist.

Die Welt der kleinsten Teilchen

Ein ganz alltäglicher Vorgang: Kandiszucker wird in den Tee gegeben. Der Tee wird umgerührt und nach kurzer Zeit hat sich der Zucker aufgelöst. Wie lässt sich dieser Lösungsvorgang erklären?

Wasser und Zucker bestehen aus kleinen Teilchen. Sie sind so klein, dass du sie auch mit dem besten Mikroskop nicht sehen kannst. Im Kandiszucker liegen alle Teilchen fest nebeneinander. Die Wasserteilchen dagegen können sich bewegen. Wird Kandiszucker wie in Bild 1 in das Wasser gegeben, so drängt der Zuckerkristall die Wasserteilchen zur Seite und sie umgeben ihn von allen Seiten.

In Bild 2 kannst du erkennen, wie sich die Wasserteilchen nach und nach zwischen die Zuckerteilchen drängen und sie aus dem Zuckerkristall herauslösen.

Sobald das Wasser den Kandiszucker vollständig aufgelöst hat, ist von ihm nichts mehr zu sehen (Bild 3). Die Zuckerteilchen haben sich zwischen den Wasserteilchen gleichmäßig verteilt.

1 Vor dem Lösen

2 Ein Teil ist gelöst.

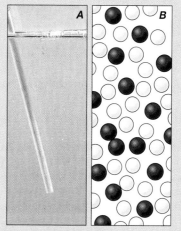

3 Alles ist aufgelöst.

Unglaubliche Wasserspeicher

In der Technik und im Alltag werden Stoffe eingesetzt, die Wasser speichern. So sorgen kleine Mengen Silica-Gel für trockene Luft in den Verpackungen technischer Geräte. Windeln können bis zum 26fachen der eigenen Masse an Wasser aufnehmen. Im Gegensatz zu einem Schwamm geben sie es auch unter Druck nicht wieder ab.

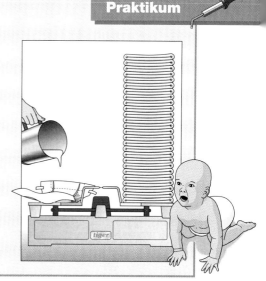

V 1 Speicherfähigkeit von verschiedenen Stoffen

Besorge mindestens zehn verschiedene Stoffe, die Wasser aufnehmen können, zum Beispiel unterschiedliche Papiersorten, Textilien, Baumaterialen und Naturstoffe wie Moose, Schwämme und Trockenobst. Vergleiche ihre Aufnahmefähigkeit, indem du sie trocken und nass auf eine Waage legst. Stelle eine Reihenfolge der Stoffe nach ihrer Speicherfähigkeit auf.

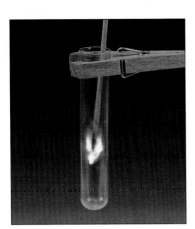

1 Glimmspanprobe

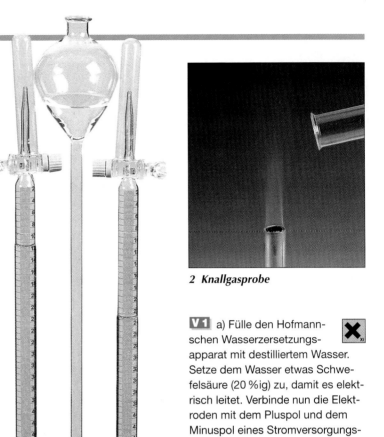

2 Knallgasprobe

2 Wasser wird zerlegt

2.1 Aus Wasser entstehen zwei Gase

Die Elektroden eines Hofmann-schen Wasserzersetzungsapparates sind mit dem Pluspol und dem Mi-nuspol eines Stromversorgungs-gerätes verbunden. Dem Wasser wird Schwefelsäure zugefügt, damit es elektrisch leitet. Beim Anlegen von 20 V Gleichspannung entste-hen zwei Gase. Am Pluspol entsteht *Sauerstoff (O)*, der durch die *Glimm-spanprobe* nachgewiesen wird.
Am Minuspol hat sich eine doppelt so große Menge eines brennbaren Gases gesammelt. Es heißt **Wasser-stoff (H)** und lässt sich mit der **Knallgasprobe** nachweisen.

Die Untersuchung eines Stoffes auf seine Bestandteile heißt **Analyse.** Die Zerlegung eines Stoffes mithilfe der Elektrizität ist eine **Elektrolyse.** Hier wird die chemische Verbin-dung Wasser in ihre Elemente Was-serstoff und Sauerstoff zerlegt.

V1 a) Fülle den Hofmann-schen Wasserzersetzungs-apparat mit destilliertem Wasser. Setze dem Wasser etwas Schwe-felsäure (20 %ig) zu, damit es elekt-risch leitet. Verbinde nun die Elekt-roden mit dem Pluspol und dem Minuspol eines Stromversorgungs-gerätes und stelle eine Gleichspan-nung von 20 V ein. Was beobach-test du an den Elektroden?
b) Entnimm das Gas, das sich über dem Pluspol angesammelt hat (Bild 1). Untersuche es mit der Glimmspanprobe. Um welches Gas handelt es sich?
c) Entnimm das Gas über dem Mi-nuspol wie in Bild 2. Verschließe die Öffnung des Reagenzglases mit dem Daumen. Öffne es dann kurz vor einer Flamme. Was geschieht?
A2 Warum wird die Wassermenge geringer, je länger der Versuch läuft?

3 Hofmannscher Wasserzerset-zungsapparat

1 Welche Gase entstehen bei der Zerlegung von Was-ser und wie werden sie nachgewiesen?
2 Was ist eine Elektrolyse?
3 Warum wird Wasserstoff mit der Reagenzglas-öffnung nach unten aufgefangen?

Wasser ist eine chemische Verbindung aus den Elementen Wasserstoff und Sauerstoff. Elektrizität zerlegt Wasser in seine Bestandteile. Eine solche Zerlegung ist eine Elektrolyse.

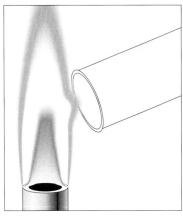

1 *Befüllen*

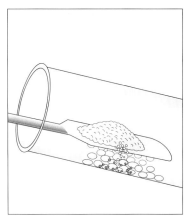

2 *Verbrennen*

3 *Prüfen*

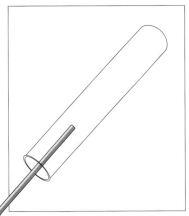

V1 Fülle ein Reagenzglas, wie in Bild 1 zu sehen, mit Wasserstoff. Beschreibe das Aussehen und prüfe den Geruch.

V2 Fülle erneut ein Reagenzglas und verschließe es mit dem Daumen. Halte es in der Nähe der Brennerflamme schräg nach unten und öffne es. Was beobachtest du? Beschreibe auch die Veränderungen im Reagenzglas.

V3 Gib mit einem Spatel einige Körnchen weißes Kupfersulfat auf die Tropfen im oberen Bereich des Reagenzglases. Notiere deine Beobachtungen.

A4 Was entsteht beim Verbrennen von Wasserstoff?

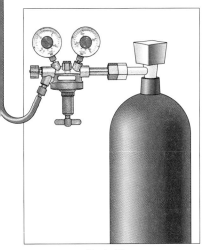

4 *Wasserstoff wird in rote Stahlflaschen abgefüllt.*

2.2 Wasserstoff verbrennt zu Wasser

Wasserstoff ist das leichteste aller Elemente. An der Luft verbrennt es mit farbloser, heißer Flamme. Gemische aus Wasserstoff und Luft sind gefährlich, denn sie können schon beim kleinsten Funken explodieren.

Darauf beruht die *Knallgasprobe* als Wasserstoffnachweis. *Reiner* Wasserstoff in einem Reagenzglas verbrennt mit ruhiger Flamme. Ein *Wasserstoff-Luft-Gemisch* verbrennt dagegen explosionsartig mit pfeifendem Knall. Im Reagenzglas entstehen kleine Tropfen. Sie lassen sich mit weißem Kupfersulfat als Wasser nachweisen.

Zwei Gase bilden eine Flüssigkeit

Wenn Wasserstoff verbrennt, verbindet er sich mit dem Sauerstoff der Luft. Es entsteht **Wasserstoffoxid.** Das ist Wasser. Dabei wird Energie frei.

> Wasserstoff + Sauerstoff → Wasserstoffoxid; Energie wird frei

Diese **Synthese,** also die Bildung von Wasser aus seinen Elementen, ist der entscheidende Nachweis dafür, dass Wasser eine chemische Verbindung aus Wasserstoff und Sauerstoff ist.

In speziellen Apparaturen, den **Brennstoffzellen,** wird bei der Synthese von Wasser auch elektrische Energie frei. Diese Energie kann zum Beispiel zum Antrieb von Elektromotoren verwendet werden. So könnte eines Tages aus dem Auspuff eines Autos nur noch Wasser kommen.

> Wasserstoff reagiert mit Sauerstoff zu Wasser. Dabei wird Wärme frei. Diese Bildung einer chemischen Verbindung aus den Elementen ist ein Beispiel für eine Synthese.

1 a) Mit welcher Energie wird Wasser in seine Bestandteile zerlegt?
b) Welche Energieart erhältst du bei der Synthese von Wasser?

1 Eistee

2.3 Wasser verhält sich anders

Zur Erfrischung an einem heißen Sommertag ist ein Eistee genau das Richtige. Zur Zubereitung nimmst du ein Glas kalten Tee und gibst eine Hand voll Eiswürfel hinein. Jetzt musst du nur noch umrühren, damit alles schön kalt wird, denn die Eiswürfel schwimmen ja oben.
Eis schwimmt immer oben auf dem Wasser. Ist das denn etwas Besonderes?

2 Festes und flüssiges Wachs

A1 Wurde der Tee in Bild 1 auf die Eiswürfel oder wurden die Eiswürfel in den Tee gegeben?

V2 Bringe Kerzenwachs in einer Teelichthülle zum Schmelzen. Gib dann ein kleines Stück festes Wachs hinein. Was passiert?

V3 Nimm zwei Teelichthüllen und fülle die eine randvoll mit Wasser, die andere gleich hoch mit flüssigem Wachs. Stelle dann beide Gefäße ins Gefrierfach. Nimm sie nach einiger Zeit wieder heraus. Erkläre das unterschiedliche Aussehen beider Oberflächen.

V4 Fülle ein hohes Glasgefäß zur Hälfte mit kaltem Wasser und gib Eis hinzu. Miss ohne umzurühren nach etwa 20 Minuten die Temperaturen in verschiedenen Tiefen. Erkläre deine Beobachtung.

Bei *allen anderen* Stoffen ist es genau umgekehrt. Hier versinkt der feste Körper in der Flüssigkeit. Wenn du zum Beispiel ein Stück festes Frittierfett in das bereits geschmolzene Fett in der Fritteuse gibst, dann geht es unter. Festes Wachs versinkt in flüssigem Wachs (Bild 2), ebenso versinkt festes Zinn in flüssigem Zinn. Nur Wasser macht eine Ausnahme. Hier schwimmt der feste Stoff, das Eis, auf der Flüssigkeit.

Wasser dehnt sich nämlich beim Erstarren im Gegensatz zu allen anderen Flüssigkeiten aus (Bild 3). Aus 1 l Wasser wird 1,1 l Eis.
Das Eis schwimmt also an der Wasseroberfläche, weil es leichter ist als das flüssige Wasser. Ein Stück Eis nimmt mehr Raum ein als die gleiche Menge Wasser.

In der Nähe der Eiswürfel hat das Wasser eine Temperatur von etwa 0 °C. Der Versuch 4 zeigt nun, dass das Wasser am Boden des Gefäßes eine Temperatur von 4 °C hat. Bei allen anderen Stoffen würdest du unten eine tiefere Temperatur messen als oben. Also bildet Wasser auch hierbei eine Ausnahme. Wasser von 4 °C ist schwerer als die gleiche Menge Wasser von 0 °C und sinkt deshalb nach unten.
Eine bestimmte Menge nimmt bei 4 °C und nicht bei 0 °C den geringsten Raum ein. Diese Abweichung zum Verhalten anderer Stoffe heißt **Anomalie.**

3 Wachs und Wasser sind erstarrt.

Wasser nimmt bei 4 °C den geringsten Raum ein. Es dehnt sich beim Erstarren aus. Diese Besonderheiten gegenüber allen anderen Stoffen werden als Anomalie des Wassers bezeichnet.

4 Temperaturen in Eiswasser

1 Warum gefrieren Seen von oben nach unten zu?

2 Erkläre, warum Eisberge schwimmen.

AUSWIRKUNGEN DER ANOMALIE

A1 Wie wirkt sich die Anomalie des Wassers in einem See im Winter aus?

Sommer 16 °C

Winter 0 °C

4 °C

4 °C

Wasser von 4 °C ist am schwersten und sinkt nach unten.

Frostaufbrüche: Wasser dringt in alle Ritzen im Asphalt ein und gefriert dort. Da Eis mehr Raum benötigt als Wasser, wird der Straßenbelag aufgesprengt.

Die Gesteinsabtragung durch Wasser, Eis und Wind wird Erosion genannt. Als Folge davon bilden sich vor steilen Gebirgswänden Geröllkegel.

A3 Erkläre ihre Entstehung.

Feld im Herbst

Dasselbe Feld im Frühjahr

A2 Beschreibe anhand der Fotos, wie die Folgen der Anomalie des Wassers in der Landwirtschaft ausgenutzt werden.

1 Was würde mit den Fischen passieren, wenn Seen von unten nach oben zufrieren würden?

2 Warum wird der Scheibenwaschanlage im Auto während des Winters ein Frostschutzmittel zugefügt?

3 Warum darfst du eine volle Mineralwasserflasche nicht zum Kühlen in das Gefrierfach eines Kühlschrankes legen?

2.4 Ha-Zwei-Oh kennt jeder

H_2O ist die bekannteste Formel der Chemie. Aber was bedeutet diese Formel?

In Bild 1 siehst du drei Kugeln. Die weißen Kugeln stellen je ein **Wasserstoffatom** (H) dar. Die rote Kugel stellt ein **Sauerstoffatom** (O) dar. Zwei Wasserstoffatome haben sich mit einem Sauerstoffatom verbunden. Das ist das Modell für das kleinste Teilchen des Wassers, für ein **Wassermolekül.**

Ein solches Modell kann anstelle von farbigen Kugeln auch mit den jeweiligen Elementsymbolen dargestellt werden. So erhältst du eine **Strukturformel.**

1 Das Modell eines Wassermoleküls

Zusammengefasst wird dafür die Formel **H_2O** geschrieben. Das ist eine **Summenformel.** Die tiefgestellte 2 bedeutet dabei 2 Atome Wasserstoff.

Die Elementsymbole haben zwei Bedeutungen. Es sind die international verständlichen Kurzbezeichnungen für den jeweiligen Stoff, zum Beispiel auf Etiketten oder in Tabellen. So bedeutet Cu Kupfer und Ne Neon.

In der chemischen Formel geben sie zusammen mit der tiefgestellten Zahl die Anzahl der Atome eines Elementes in einem Molekül an. Die Formel **H_2SO_4** für Schwefelsäure bedeutet also, dass ein Schwefelsäuremolekül

– 2 Atome Wasserstoff (H),
– 1 Atom Schwefel (S),
– 4 Atome Sauerstoff (O) enthält.

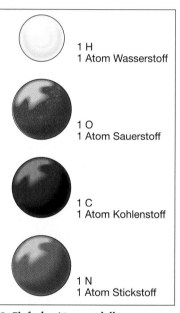

1 H
1 Atom Wasserstoff

1 O
1 Atom Sauerstoff

1 C
1 Atom Kohlenstoff

1 N
1 Atom Stickstoff

2 Einfache Atommodelle

Atome können sich mit Atomen des gleichen Elements oder mit Atomen anderer Elemente zu Molekülen verbinden.

So kann sich ein Wasserstoffatom mit einem anderen Wasserstoffatom verbinden. Es entsteht das Molekül H_2. Ein Sauerstoffatom kann sich mit einem anderen Sauerstoffatom zum Molekül O_2 verbinden. Ein Kohlenstoffatom kann sich mit zwei Sauerstoffatomen zum Molekül CO_2 verbinden.

Die Anzahl der Bindungsmöglichkeiten eines Atoms wird **Wertigkeit** genannt.

Ein Wasserstoffatom ist *einwertig.* Ein Sauerstoffatom verbindet sich mit *zwei* Wasserstoffatomen zu H_2O. Sauerstoff ist also *zweiwertig.* Ein Stickstoffatom verbindet sich mit *drei* Wasserstoffatomen zu NH_3 (Ammoniak). Stickstoff ist somit *dreiwertig.* Ein Kohlenstoffatom verbindet sich mit *vier* Wasserstoffatomen zu CH_4 (Methan). Kohlenstoff ist *vierwertig.*

> Die Formeln von Verbindungen geben an, aus welchen Elementen diese bestehen. Außerdem gibt die Formel an, wie viele Atome eines Elementes in den Molekülen enthalten sind.

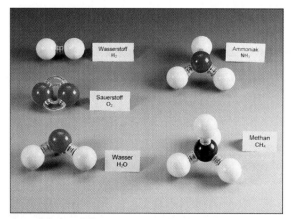

3 Molekülmodelle

1 Welche Wertigkeit hat der Schwefel (S) in der Verbindung Schwefelwasserstoff (H_2S)?

2 Welche Wertigkeit hat der Kohlenstoff in der Verbindung Kohlenstoffdioxid (CO_2)?

Atome sind unvorstellbar klein. Erst 10 Millionen aneinandergereiht ergeben eine Strecke von 1 mm. Sie sind dennoch so weit erforscht, dass ihre Eigenschaften bekannt sind, zum Beispiel ihre Fähigkeit, sich mit gleichen oder anderen Atomen zu verbinden.

3 Wie viele Atome müsstest du für eine Strecke von einem Zehntel Millimeter aneinanderlegen?

Wasser

1. Alle Lebewesen benötigen Wasser. Trinkwasser ist ein unersetzbares Lebensmittel. Es wird aus Grundwasser und Oberflächenwasser gewonnen.

2. Trinkwasser muss sehr sauber sein. Für viele Zwecke kann das kostbare Trinkwasser durch Brauchwasser ersetzt werden.

3. Wasser wird in Haushalten, in Fabriken und in anderen Betrieben verschmutzt. Dieses Abwasser muss in Kläranlagen in mehreren Stufen gereinigt werden.

4. Wasser ist das wichtigste Lösungsmittel. Wenn sich beim Auflösen eines festen Stoffes ein Bodensatz bildet, ist die Lösung gesättigt.

5. Mit steigender Temperatur des Lösungsmittels erhöht sich in der Regel die Löslichkeit für feste Stoffe, zum Beispiel für Salze.

6. Die Löslichkeit für Gase wird mit steigender Temperatur des Lösungsmittels geringer.

7. Wasser ist eine Verbindung aus Wasserstoff und Sauerstoff. Bei der Elektrolyse wird Wasser in seine Bestandteile zerlegt. Wasserstoff reagiert mit Sauerstoff wieder zu Wasser. Dabei wird Wärme frei.

8. Wasser verhält sich anders als die übrigen Flüssigkeiten. Eine bestimmte Wassermenge hat bei 4 °C das kleinste Volumen und dehnt sich beim weiteren Abkühlen und Erstarren aus. Diese Besonderheiten werden als Anomalie des Wassers bezeichnet.

9. Eine chemische Formel gibt an, aus welchen Elementen ein Stoff besteht und in welchem Verhältnis sie sich zu einem Molekül zusammensetzen.

Wasser

1 Welcher Satz ist richtig, welcher falsch?
A: Auf der Erde gibt es mehr Süßwasser als Salzwasser.
B: Der größte Teil des Süßwassers der Erde ist gefroren.
C: In den Wolken ist die gleiche Menge Wasser wie im Boden als Grundwasser.

2 Wofür wird im Haushalt der größte Teil des Trinkwassers genutzt?

3 Wo kannst du Trinkwasser durch Brauchwasser ersetzen?

4 Nenne Ursachen für die Verunreinigung von Gewässern. Welche Gegenmaßnahmen sind möglich?

5 Warum gelangen Fische in kaltem Wasser leichter an Sauerstoff als in warmem?

6 Wie heißt eine Lösung, in der sich ein Bodensatz gebildet hat?

7 Wie kannst du einen Bodensatz auflösen?

8 Erkläre den Lösungsvorgang von Kandiszucker mit dem Modell der kleinsten Teilchen.

9 Warum ist Wasser kein chemisches Element?

10 Wie funktioniert der Hofmannsche Wasserzersetzungsapparat?

11 Beschreibe den Nachweis von Wasserstoff.

12 Erkläre die Begriffe Analyse und Synthese am Beispiel des Wassers.

13 Warum darfst du eine mit Saft randvoll gefüllte Flasche nicht in das Gefrierfach legen, wohl aber eine randvoll gefüllte Flasche mit Speiseöl?

14 Warum würde ein mit Wasser gefülltes Thermometer zwischen 4 °C und 0 °C falsche Werte anzeigen?

15 Zeichne ein Modell des Wasserteilchens und beschrifte es.

16 Welche Wertigkeit hat der Stickstoff im Ammoniak (NH_3)?

Baustoffe

Informationen zu den verschiedenen Baustoffen liefern euch Prospekte aus Baumärkten, Chemiebücher und Texte auf Baustoffverpackungen. Außerdem steht euch das Internet zur Verfügung. Einige Adressen sind angegeben.

1 Prominenz in Gips

2 Gips zwischen Karton

3 Gips gibt Halt.

Gruppe 1: Gips

In Gipskristallen ist Wasser gebunden. Beim Erhitzen auf 140 °C, dem Brennen, entweicht das Kristallwasser. Die Brocken werden anschließend zu Stuckgips zermahlen.

Beim Ansetzen von Stuckgips nimmt das Pulver Wasser auf, es bilden sich wieder wasserhaltige Gipskristalle. Die Kristalle verhaken sich beim Wachsen ineinander und bilden eine feste Masse.

Aufgaben

Zur Durchführung der Versuche benötigt ihr Stuckgips, Kochsalz, Tapetenkleister, Hohlblocksteine, Sand, 3 Jogurtbecher, Stoppuhr, größeres Gefäß zum Anrühren und Wasser.

1. Rührt in 3 Jogurtbechern je 100 ml Stuckgips mit 50 ml Wasser an. Der erste Becher bleibt unverändert. In den zweiten Becher kommt zusätzlich 5 g Kochsalz, in den dritten Becher etwas angerührter Tapetenkleister. Markiert an jedem Becher die Höhe des Gipsbreis. Messt die jeweils zum Abbinden benötigte Zeit. Vergleicht die verschiedenen Ergebnisse.

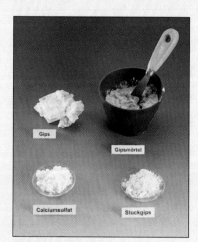

4 Formen des Gipses

Internetadressen

www.heimwerker.de
www.conte.de
www.gipsindustrie.de

2. Stellt in weichem Boden Abdrücke einer Profilsohle her. Gießt die Abdrücke mit den verschiedenen Arten von Gipsbrei aus Aufgabe 1 aus. Lasst den Gips abbinden. Nehmt die Abdrücke vorsichtig vom Boden und lasst Mitschüler aus anderen Gruppen die zugehörigen Schuhsohlen bestimmen.

3. Mischt 300 ml Stuckgips mit 150 ml Sand zu Gipsmörtel und rührt ihn mit Wasser zu einem dicken Gipsbrei an. Verputzt damit eine Seite eines Hohlblocksteins. Welche Eigenschaften des Gipsmörtels könnt ihr hier feststellen?

4. Sucht nach weiteren Verwendungen von Gips beim Bau und im medizinischen Bereich.

5 Solche Bauwerke können nur aus Stahlbeton hergestellt werden.

Gruppe 2:
Zement und Beton

Gemahlener Kalk und Ton werden gemischt und in Drehrohröfen bei etwa 1500 °C gebrannt. Dabei backen die Ausgangsstoffe zu Gesteinsklumpen zusammen. Diese Klinker werden nach dem Abkühlen fein gemahlen und als Zement abgepackt.

Beton besteht aus Zement, Wasser und je nach Betonart zusätzlich aus Sand, Splitt oder Kies. Die Bestandteile werden zu einem Brei vermischt. Das Abbinden des Betons dauert mehrere Wochen. Dabei bilden sich winzige Kristalle, die sich verhaken und Sand-, Splitt- oder Kiesteilchen umklammern.

Aufgaben

Zur Durchführung der Versuche benötigt ihr Zement, Sand, Kies, 3 Jogurtbecher, Haushaltsfolie, Ziegelsteine, 2 Holzrahmen (30 cm x 30 cm), feinmaschigen Draht und Wasser.

6 Einfüllen von Fertigbeton

Internetadressen
www.vdz-online.de
www.beton.de
www.Bdzement.de

1. Rührt einen Mörtel aus 50 ml Zement, 100 ml Sand und Wasser an. Füllt den Mörtel in 3 Jogurtbecher. Lasst einen Becher stehen, verschließt den zweiten mit Folie und füllt den dritten mit Wasser auf. Prüft die Festigkeit des Mörtels nach einer Woche.

2. Bereitet eine Betonmischung aus einem Teil Zement und je zwei Teilen Sand und Kies. Rührt die Mischung mit Wasser an.

a) Füllt damit einen Holzrahmen aus.

b) Füllt den zweiten Holzrahmen ebenfalls mit der Betonmischung aus und legt mehrere Lagen von passend geschnittenem, feinmaschigem Draht hinein. Legt nach dem Aushärten des Betons die Platten an den Rändern jeweils auf zwei Ziegelsteine. Prüft die Festigkeit der Platten.

3. Stellt einen Zementmörtel wie in Versuch 1 her. Streicht den Mörtel auf einen Ziegelstein und legt einen weiteren Stein darauf. Lasst den Mörtel abbinden. Prüft die Verbindung der Steine auf ihre Festigkeit.

4. Erkundigt euch nach der Herstellung und Verwendung von Stahlbeton.

5. Informiert euch über die Herstellung und Verwendung weiterer Zement- und Betonarten.

Gruppe 3: Kalk

Kalkstein wird in Drehrohröfen auf über 1000 °C erhitzt. Dabei zerfällt er in Kohlenstoffdioxid und Branntkalk, der mit einer bestimmten Menge Wasser versetzt wird. Er wird gelöscht. Dadurch entsteht Löschkalk. Er wird gemahlen und mit Sand vermengt und kommt als Kalkmörtel in den Handel.

Wird der Mörtel verarbeitet, so nimmt er beim Aushärten nach und nach Kohlenstoffdioxid aus der Luft auf und gibt dabei gleichzeitig Wasser ab.
Es bilden sich Kristalle, die miteinander verfilzen und so wieder einen festen Stoff bilden. Dabei handelt es sich wieder um den Ausgangsstoff Kalkstein.

7 Vom Kalk zum Kalkmörtel

Internetadressen
www.naturstein-netz.de
www.labi.be.schule.de
www.heimwerker.de

Aufgaben

1. Rührt Wasser und Kalkmörtel zu einem Brei. Verteilt ihn auf drei Jogurtbecher. Lasst einen offen, einen mit Folie und einen mit Wasser abgedeckt stehen. Unter welchen Bedingungen bindet der Kalkmörtel ab?
2. Rührt Kalkmörtel an, belegt damit die große Fläche eines Ziegelsteins und legt einen zweiten Ziegelstein darauf. Prüft nach dem Abbinden die Festigkeit der Verbindung.
3. Verputzt die geschlossene Seite eines Hohlblocksteins mit Kalkmörtel. Welche Eigenschaft des Kalkmörtels könnt ihr hier feststellen?
4. Informiert euch über weitere Verwendungen von Kalk und Kalkstein.

Gruppe 4: Glas

Zur Glasherstellung werden Quarzsand, Soda, Kalk und weitere Zusatzstoffe fein zerkleinert gemischt. Diese Mischung wird zum Schmelzen gebracht. Dabei bildet sich die Glasmasse. Die flüssige Glasmasse kann durch Gießen und Auswalzen, Pressen, Blasen oder Ziehen in die gewünschte Form gebracht werden.

Aufgaben

1. Informiert euch über die Geschichte des Glases.
2. Sucht möglichst viele verschiedene Verwendungsarten von Glas.
3. Welche Funktionen und Aufgaben haben die Glasscheiben im Fenster?

8 Glas ist mehr.

Internetadressen
www.glas.com
www.labi.be.schule.de
www.glasart.ch

4. Warum werden Scheiben in Autos manchmal eingefärbt?
5. Glüht ein Magnesiastäbchen aus und steckt es dann in Boraxpulver. Haltet es in die rauschende Brennerflamme, bis eine kleine Perle entsteht. Was hat sich gebildet?
Tupft die Perle in Eisensulfatpulver und erhitzt sie wieder. Wie entstehen die Farben im Glas?
6. Erkundigt euch nach verschiedenen Glasarten, ihren Eigenschaften und ihrer Verwendung als Baustoff.
7. Informiert euch über die Zusammensetzung und die industrielle Herstellung verschiedener Glasarten.

Gruppe 5: Holz und Kunststoff

Holz ist ein natürlicher, nachwachsender Baustoff. In fast jedem Haus sind Bauteile aus Holz zu finden.

Kunststoff ist ein neuzeitlicher Werkstoff. Viele Bauelemente werden aus Kunststoff hergestellt.

Aufgaben

1. Baut aus Zweigabschnitten das Modell eines Blockhauses. Wie könnt ihr die Lücken zwischen den Zweigen mit Naturstoffen abdichten?
2. Informiert euch über Aufbau und Wärmeisolierung eines modernen Blockhauses.
3. Welche Bauelemente aus Holz werden im Baumarkt angeboten? Aus welchen Holzarten werden sie hergestellt? Wo kommen sie her?
4. Erkundet in einer Zimmerei den Aufbau eines Dachstuhls.
5. Informiert euch in Prospekten der Hersteller oder im Internet über Herstellung und Aufbau von Fertighäusern.

6. Sucht im Baumarkt nach Bauelementen aus Kunststoff. Überlegt, aus welchen anderen Materialien sie auch hergestellt werden könnten und warum gerade Kunststoff genommen wird.
7. Sucht Dämmstoffe, die aus Kunststoff hergestellt werden. Erkundigt euch nach ihren Vor- und Nachteilen.
8. In Schreinereien oder Glasereien könnt ihr die Herstellung von Holzfensterrahmen und Kunststofffensterrahmen vergleichen. Nennt Unterschiede und Gemeinsamkeiten bei der Verarbeitung von Holz und Kunststoff.
9. Informiert euch über das Recycling von Kunststoff.

Internetadressen
www.holzbau.com
www.biomasse.at
www.deutsches-museum.de
www.bauen-wohnen.de

Gruppe 6: Baustoff Lehm

Lehm wurde zum Bau von Fachwerkhäusern genutzt. Im Gefache wurde aus senkrecht angeordneten Ästen ein Gitter gebaut. Da hinein wurden Zweige geflochten. Das Geflecht wurde mit einer Mischung aus Lehm und geschnittenem Stroh beworfen und dann geglättet. Nach dem Austrocknen wurden die Lehmflächen mit Kalkmilch bestrichen. Aus Lehm wurden auch Ziegel geformt. Sie mussten an der Luft trocknen und wurden dann zum Bauen benutzt.

9 Aufbau einer Wand

Steckt durch Bohrungen in den waagerechten Balken Äste wie in Bild 9. Füllt den Rahmen mit einem Lehm-Stroh-Gemisch aus.
2. Stellt einen Holzrahmen von der Größe eines Ziegelsteins her. Stampft Lehm und Stroh. Gebt die Mischung in den Rahmen, glättet sie und lasst die Steine außerhalb der Form trocknen.
3. Erkundigt euch über die Eigenschaften des Lehms als Baustoff.
4. Informiert euch im Heimat- oder Freilichtmuseum, in der Heimatliteratur oder im Internet über Bauen mit Lehm.
5. Sammelt Informationen über Lehm als Baustoff in anderen Teilen der Welt.
6. Wozu wird Lehm außer als Baustoff noch benutzt?

Aufgaben

1. Baut eine Wand, indem ihr aus Vierkanthölzern einen Rahmen herstellt (Innenmaß: 40 cm x 40 cm).

Internetadressen
www.baubiologie-regional.de
www.deutsches-museum.de
www.fachwerk-online.de
http://members.tripod.de

Lösungen für „Prüfe dein Wissen"

Seite 37   Licht

1 Sonne, Lampe, Kerze, Glühwürmchen

2 Das Licht wird an den Wassertröpfchen des Nebels gestreut und ins Auge gelenkt.

3 Je größer der Abstand zwischen Gegenstand und Lichtquelle ist, desto kleiner ist die Schattengröße.

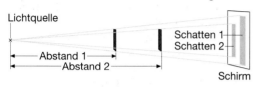

4

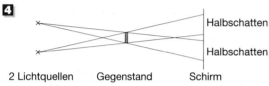

5

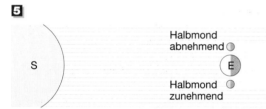

6 So können die Autofahrer die Aufschrift im Rückspiegel richtig lesen, da der Rückspiegel rechts und links vertauscht.

7 Beim Übergang Luft-Wasser wird das Lichtbündel zum Lot hin gebrochen. Beim Übergang Wasser-Luft wird das Lichtbündel vom Lot weg gebrochen.

8 Speichenreflektoren bestehen aus Tripelspiegeln. Ein Tripelspiegel besteht aus drei Spiegeln, die aufeinander senkrecht stehen. Dadurch wird das einfallende Licht dreimal reflektiert. Ganz gleich von wo das Licht kommt, es wird immer genau in dieselbe Richtung reflektiert.

9 Das Licht, das aus dem Wasser kommt, wird an der Oberfläche gebrochen. Durch die Brechung wird der Teil, der sich unter Wasser befindet, scheinbar angehoben. Dadurch sieht der Gegenstand aus, als wenn er einen Knick an der Wasseroberfläche hätte.

10 Endoskopie, Lichtleitkabel, Lampen

11 Eine Sammellinse ist in der Mitte dicker als am Rand. Eine Zerstreuungslinse ist in der Mitte dünner als am Rand.

12 Das Licht wird gebrochen. Das Lichtbündel läuft hinter der Linse auf einen Punkt, den Brennpunkt zu.

13

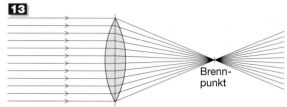

14 Das Bild ist umgekehrt und seitenverkehrt. Es kann kleiner oder größer sein als der Gegenstand.

15 Die Linse muss von der Briefmarke so weit weg gehalten werden, dass der Abstand etwas kleiner ist als die Brennweite der Linse.

16 Bei Kurzsichtigen ist der Augapfel zu lang. Sie brauchen als Brille eine Zerstreuungslinse, damit das Bild auf die Netzhaut fällt und nicht davor.
Bei Weitsichtigen ist der Augapfel zu kurz. Sie brauchen als Brille eine Sammellinse, damit das Bild auf die Netzhaut fällt und nicht dahinter.

17 Die Sammellinse sitzt oberhalb von der Projektionsfläche. Sie hat die Aufgabe, die Folie abzubilden.

18

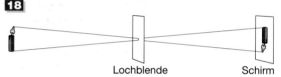

19 Bei einem Negativ sind Hell und Dunkel vertauscht. Im Positiv ist das Motiv in den richtigen Farben zu erkennen. Bei dem Negativ sind die Seiten vertauscht.

20 – Vorteile der digitalen Fotografie: kein Filmmaterial mehr nötig; dadurch keine Entwicklung, spart Rohstoffe und schont die Umwelt; sofortige Bildbearbeitung möglich
– Nachteile der digitalen Fotografie: noch zu geringe Auflösung; eingeschränkte Vergrößerungsmöglichkeiten, da abhängig von der Bildauflösung; Lagerung der Chips nur in begrenztem Zeitraum möglich

21 Auf eine runde Suppenkelle fällt paralleles Licht. Ein schmaler Papierstreifen wird vor der Kelle hin und her bewegt, bis das reflektierte Licht den kleinsten Lichtfleck bildet. Hier liegt der Brennpunkt.

22 Bei einem Hohlspiegel als Rückspiegel befinden sich alle Gegenstände außerhalb der Brennweite des Hohlspiegels. Das Spiegelbild ist umgekehrt und verkleinert. Der Rückspiegel wäre nicht zu gebrauchen, da er die Umwelt hinter dem Radfahrer zu klein und auf dem Kopf stehend abbildet.

23 Bei einem Hohl- und Wölbspiegel werden ebenfalls links und rechts vertauscht, unabhängig davon, wo sich die Gegenstände befinden.

24 a) Der rote Gegenstand erscheint bei Dämmerung grau.
b) Der grau erscheinende rote Gegenstand erscheint wieder rot.
25 Zur Beobachtung der Sterne kann ich ein astronomisches oder ein galileisches Fernrohr benutzen. Zur Beobachtung auf der Erde benutze ich ein galileisches Fernrohr.

26 Das Mikroskop besitzt wie das astronomische Fernrohr zwei Sammellinsen. Die Sammellinsen des Mikroskopes haben aber kleinere Brennweiten als die beim Fernrohr. In beiden Geräten wird ein Zwischenbild erzeugt, dass mithilfe einer Lupe, dem Okular, noch einmal vergrößert wird.

Seite 79 Stromkreise

1 1. Fall: Die Lampe leuchtet nicht, weil eine Leitung fehlt.
2. Fall: Die Lampe leuchtet nicht, weil die beiden Leitungen an ein und demselben Punkt an der Glühlampe angeschlossen sind.
3. Fall: Die Lampe leuchtet, da der Stromkreis geschlossen ist.
4. Fall: Die Lampe leuchtet, da der Stromkreis geschlossen ist.
5. Fall: Die Lampe leuchtet nicht, weil beide Leitungen an einem Pol der Batterie angeschlossen sind.
2 Zwei Möglichkeiten: 1. Das Wasser des Rheins bildet keinen Stromkreis, weil es von der Mündung zur Quelle fließt und nicht zurück.
2. Das Wasser des Rheins bildet einen Stromkreis, weil ein Teil verdunstet, aufsteigt und als Regen irgendwann wieder auf die Erde fällt. So kann es wieder zur Quelle gelangen und zur Mündung fließen.
3 a)

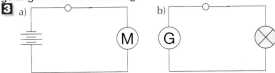

c) Der Schalter kann an beliebiger Stelle eingebaut werden, weil er überall den elektrischen Stromkreis öffnen oder schließen kann.
4 In einer Reihenschaltung wird durch eine defekte Lampe der Stromkreis an einer Stelle geöffnet. Dadurch erlöschen auch alle anderen Lampen.
5

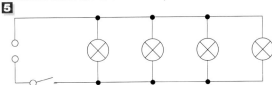

6 Die zweite Leitung ist der Metallrahmen des Fahrrades.
7 Kunststoff, Glas, Öl, destilliertes Wasser
8 Hier besteht Lebensgefahr beim Berühren der Leitungen! In der Nähe dieser Leitungen darf niemand Drachen steigen lassen.

9 Der gelb-grüne Schutzleiter ist mit den äußeren Metallteilen von allen Elektrogeräten im Haushalt verbunden. Über die Metallstreifen des Steckers und die Metallklammern in der Steckdose führt er zur Erde. Berührt aufgrund eines Defektes im Inneren des Gerätes die braune Leitung das Metallgehäuse, wird der Strom sofort über den Schutzleiter zur Erde abgeführt. Diese Geräte können dem Menschen nicht gefährlich werden, wenn er sie berührt.
10 Stromstärke
11 Eine Flachbatterie hat nur eine Spannung von 4,5 V und ist für eine 230 V-Glühlampe als Stromquelle nicht geeignet.
12 a) Die elektrische Spannung an einer Batterie ergibt sich aus dem Unterschied der Anzahl der Elektronen an Pluspol und Minuspol.
b) Die Stoffe, die in der Batterie chemisch zusammenwirken, sind verbraucht.
13 Hausinstallation: 230 V; Auto: 12 V; Fahrradlampe: 6 V; Eisenbahn: 15 000 V; Modelleisenbahn: 24 V; elektrische Bohrmaschine: 230 V; Akkuschrauber: z. B. 9 V (verschiedene Produkte im Angebot); elektrische Klingel: 6 V
14

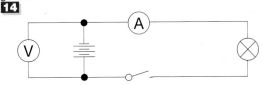

15 Die Stromstärke verdoppelt sich ebenfalls.
16 Durch farbige Ringe oder durch Aufdruck des Widerstandswertes. Die Einheit des elektrischen Widerstandes R ist Ohm (Ω).
17 Silber (kleinster Widerstand), Kupfer, Eisen, Nickel, Konstantan (größter Widerstand)
18 *Beispiele:* Toaster, Föhn, Heißluft-Ventilator, Öl-Radiator, Elektroherd, elektrischer Wasserkocher, Tauchsieder
19 Heizdrähte müssen heiß werden. Dagegen dürfen Zuleitungsdrähte nicht heiß werden.
20 Der elektrische Stromkreis wird durch zu viele, gleichzeitig angeschlossene elektrische Geräte überlastet. Dadurch werden die Leitungen warm und können sogar beschädigt werden.

21 a) Eine Überlastung des elektrischen Stromkreises entsteht, wenn zu viele elektrische Geräte in den Stromkreis geschaltet werden. Dabei werden die Zuleitungsdrähte warm und können beschädigt werden.
Ein Kurzschluss tritt auf, wenn sich Zuleitungsdrähte in einem elektrischen Stromkreis berühren. Dabei werden die Zuleitungsdrähte stark überlastet.
b) Ein Stromkreis kann durch eine Sicherung vor Überlastung und bei Kurzschluss geschützt werden.

22 Heizdrähte werden heiß und leuchten rötlich. Der Glühdraht wird dagegen so heiß, dass er hell leuchtet. Er besteht aus dem Metall Wolfram. Die meisten Glühdrähte sind gewendelt, weil sie dadurch noch heißer werden.
23 Der Glühdraht wird in einem Glaskolben eingeschlossen. Der Glaskolben ist mit einem Gas gefüllt, das den Glühdraht vor dem Verbrennen schützt.

Seite 115   Nutzung von elektrischer Energie

1 Bewegungsenergie, elektrische Energie, Wärme, Schall, Licht, erneuerbare Energie
2 Musik im Radio und mit dem Walkman hören, Staub saugen, telefonieren, fernsehen
3

4 Die Behauptung ist richtig. Elektronenstrom ist der elektrische Strom. Elektronen strömen vom Minuspol der Stromversorgung zum Pluspol. Elektrische Energie wird vom Stromversorgungsgerät zum elektrischen Gerät weitergegeben. Dort wird sie umgewandelt in eine andere Energieform.
5 Umpolen der Anschlüsse am Elektromagneten oder an der Stromquelle
6 Ein Relais befindet sich immer zwischen zwei Stromkreisen. Wird der Schalter im ersten Stromkreis geschlossen, wird der Eisenkern in der Spule magnetisch. Dadurch wird die Metallplatte des Relais angezogen und schließt des zweiten Stromkreis. Wird der Schalter im ersten Stromkreis geöffnet, bricht das Magnetfeld zusammen. Eine Rückstellfeder bringt die Metallplatte des Relais wieder in die Ausgangsstellung und der zweite Stromkreis ist wieder geöffnet.
7 Rotor, Stator, Gehäuse, Schleifkontakte
8 Eine drehbar gelagerte Spule im Magnetfeld eines Dauermagneten bildet einen Nord- und Südpol aus, wenn sie an eine Batterie angeschlossen wird. Diese Pole werden von den Polen des Dauermagneten angezogen oder abgestoßen. Die Spule dreht sich so lange, bis sich jeweils Nord- und Südpol der Spule und des Dauermagneten gegenüber stehen. Die Spule kann sich also nur um eine halbe Drehung bewegen.
9 Kommutator
10 Wechselstrom. Ein Zeiger in Mittelstellung eines in den Stromkreis eingebauten Vielfachmessgerätes bewegt sich hin und her.

11 Eine Fahrradlichtmaschine wird an eine Wechselstromquelle (6 V) angeschlossen. Das Reibrad kann das freilaufende Vorderrad eines Fahrrades antreiben oder über eine Riemenscheibe ein Massestück anheben. Dabei ist zu beachten, dass das Rad bzw. die Riemenscheibe angedreht werden müssen.
12 Magnet, Spule, Bewegung
13 – Je größer die Geschwindigkeit ist, mit der Magnet und Spule gegeneinander bewegt werden, desto größer ist die induzierte Spannung.
– Je höher die Windungszahl der Spule ist, desto höher ist die induzierte Spannung.
– Je stärker der Dauermagnet ist, der mit gleicher Geschwindigkeit in der gleichen Spule bewegt wird, desto höher ist die induzierte Spannung.
14 Da der Pluspol und der Minuspol in schneller Folge durch die Drehung des Magneten in der Spule wechseln, entsteht Wechselstrom.
15 Ein Transformator besteht aus zwei Spulen und einem Eisenkern. Die Spulen sind nicht leitend miteinander verbunden.
16 Der Eisenkern leitet das Magnetfeld aus der Eingangsspule in die Ausgangsspule.
17 Auch im Verhältnis 1:4, die Verhältnisse sind gleich.
18 Der n-leitende Teil der Diode muss an den Minuspol der Batterie angeschlossen werden.

19 Akkus und Batterien enthalten giftige Schwermetalle wie Cadmium, Quecksilber, Nickel oder Blei. Wenn leere Akkus und Batterien beim Händler abgegeben werden, können durch moderne Recycling-Verfahren über 80 % der Inhaltsstoffe wieder verwertet werden.
20 Das Gerät wird mit 230 V betrieben. Es hat eine Leistung von 1400 W. Es hat das VDE- und CE-Zeichen und ist geprüft (GS-Zeichen). Es ist schutzisoliert und darf nur mit Wechselstrom betrieben werden. Es ist in Deutschland produziert worden.

21 Die 75 W-Lampe setzt in 4 Stunden 300 Wh um, die 100 W-Lampe in 3 Stunden 300 Wh. Die Energieumsetzung ist also bei beiden Lampen gleich.

22 $W = P \cdot t = P \cdot 1\,h$

Preis $= W \cdot 0,13\,€$

Beispiel: Beleuchtung 180 W, Fernsehgerät 125 W, Heizlüfter 2200 W → Gesamtleistung 2505 W = 2,505 kW

$W = 2,505\,kW \cdot 1\,h = 2,505\,kWh$

Preis: $2,505 \cdot 0,13\,€ = 0,33\,€$

23 Weil jedes Elektrogerät Energie auch in entwertete Energie umwandelt.

24 Nur 5 % der eingesetzten elektrischen Energie werden in Licht umgewandelt, 95 % der eingesetzten Energie sind als Wärme entwertet.

25 Wärme bei Glühlampen, Schall bei Elektromotoren

26 – Kohle, Koks, Erdöl, Erdgas – Primärenergie: chemische Energie – Wandler: Elektrizitätswerk

– Wind, Wasser – Primärenergie: Bewegungsenergie – Wandler: Windkraftwerk, Wasserkraftwerk

– Sonne – Primärenergie: Sonnenenergie – Wandler: Solarzelle

27 Kohle wird verbrannt.

chemische Energie → Wärme

Der heiße Wasserdampf treibt Turbinen an.

Wärme → Bewegungsenergie

Die Turbine treibt den Generator an.

Bewegungsenergie → Elektrizität

28 Im Kühlturm wird dem Kühlwasser durch Versprühen Wärme entzogen.

Seite 139   Luft

1 Die Passagiere würden sonst nicht überleben, da in dieser Höhe zu wenig Luft vorhanden ist und der Luftdruck zu gering ist.

2 Ein Trichter steckt in einem Gummistopfen, der einen Erlenmeyerkolben verschließt. Beim Eingießen bleibt das Wasser im Trichter stehen, weil im Kolben Luft ist, die nicht entweichen kann.

3 Der Körper Luft hat einen Masse und ein Volumen. Die Luft nimmt immer die Form des Gefäßes an, in dem sie sich gerade befindet und füllt vollständig den abgeschlossenen Raum aus.

4 – Stickstoff: zum Haltbarmachen von Lebensmitteln

– Sauerstoff: zum Beatmen in der Medizin, zum Schweißen

– Edelgase: zum Befüllen von Glühlampen und Leuchtstoffröhren, als Füllgas für Ballons und Luftschiffe

– Kohlenstoffdioxid: zum Feuerlöschen, für Mineralwasser und Limonaden

5 Zwei Kolbenprober sind mit einem Verbrennungsrohr, in dem sich Eisenwolle befindet, verbunden. Mit den Kolbenprober werden 100 ml Luft mehrmals über die stark erhitzte Eisenwolle geleitet. Nach dem Abkühlen der Apparatur lässt sich nur noch ein Volumen von 80 ml im Kolbenprober ablesen. Bei der Verbrennungsreaktion hat sich der Sauerstoffanteil der Luft von ungefähr 20 ml mit der Eisenwolle verbunden. Die Luft besteht also zu einem Fünftel aus Sauerstoff.

6 Sauerstoff fördert die Verbrennung und lässt einen glimmenden Holzspan wieder entflammen.

7 Sauerstoff fördert jede Art von Verbrennung. In Sauerstoff würde sich ein kleines Feuer explosionsartig ausbreiten.

8 Brennbares Material und Sauerstoff müssen vorhanden sein und die Entzündungstemperatur muss erreicht werden.

9 Durch das Schließen der Fenster und Türen wird verhindert, dass ständig frische Luft und damit neuer Sauerstoff dem Feuer zur Verfügung steht.

10 In Form des Eisenpulvers hat das Eisen eine sehr große Oberfläche. Zwischen den Eisenteilchen befindet sich Luft und damit Sauerstoff. Dadurch verbrennt Eisenpulver sehr heftig.

11 Bei einer chemischen Reaktion entstehen neue Stoffe. Diese Stoffe haben andere Eigenschaften als die Ausgangsstoffe.

12 Magnesium + Sauerstoff → Magnesiumoxid

$Mg + O → MgO$

13 Schwefeloxide und Stickstoffoxide

14 a) Schwefeldioxid, Kohlenstoffoxide, Stickstoffoxide

b) saurer Regen; Smog; zusätzlicher, vom Menschen verursachter Treibhauseffekt

Seite 165   Metalle

1 Farbe, Geruch, Geschmack

2 Metall: Quecksilber, Eisen, Silber, Zinn, Kupfer

Nichtmetall: Schwefel, Kohlenstoff

3 Reinstoff: Aluminium, Nickel, Gold

Stoffgemisch: Mineralwasser, Eisenerz, Rohsalz, Butter

4 metallischer Glanz, verformbar, leiten den elektrischen Strom und die Wärme

5 elektrische Leitungen, Werkzeuge, Heizkörper, Karosserien, Schmuck, Geld

6 Bronze: Kupfer, Zinn; Glocken, Kunstgegenstände

Messing: Kupfer, Zink; Musikinstrumente, Armaturen

Hartmetall: Wolfram, Titan, Cobalt, Kohlenstoff; Werkzeuge, Steinbohrer

moderne Aluminiumlegierung: Aluminium (94 %), Lithium, Kupfer, Mangan, Zirkon; Flugzeugrümpfe, Fahrzeugkarosserien

7 Gold und teilweise Kupfer kommen gediegen vor und sind deshalb leicht als Metalle zu erkennen.

8 Aluminium ist in seinen Erzen fest gebunden und deshalb als Metall nicht zu erkennen.

9 Kupfererz (Kupferoxid) und Holzkohle (Kohlenstoff)

10 Für die Gewinnung von Metallen aus Metallerzen wurden große Mengen an Holzkohle benötigt. Zur Herstellung der Holzkohle wurden die Wälder abgeholzt.

11 Reduktion: Kupferoxid gibt den Sauerstoff ab, Kupfer bleibt zurück. Das Kupferoxid wird reduziert. Oxidation: Der Kohlenstoff nimmt den Sauerstoff auf. Es bildet sich Kohlenstoffdioxid. Der Kohlenstoff wird oxidiert.

Die gesamte Reaktion ist eine Redoxreaktion.

12 Bei einer Redoxreaktion laufen Oxidation und Reduktion gemeinsam ab. Dabei wird Energie in Form von Wärme frei.

13 Der Hochofen wird abwechselnd mit Koks und Möller, einem Gemisch aus Eisenerz und Zuschlägen wie Kalkstein, gefüllt.

14 Koks ist fast reiner Kohlenstoff. Er wird in der Kokerei aus Steinkohle hergestellt. Im Hochofen hat er zum einen die Aufgabe, durch seine Verbrennung für die nötige hohe Temperatur zu sorgen. Zum anderen reduziert er das Eisenoxid im Eisenerz zu metallischem Eisen.

15 Kohlenstoff + Sauerstoff → Kohlenstoffmonooxid
Kohlenstoffmonooxid + Eisenoxid →
Eisen + Kohlenstoffdioxid

16 Zum Beschicken des Hochofens wird zunächst die obere Glocke angehoben. Koks bzw. Möller fallen auf die untere Glocke. Erst wenn die obere Glocke wieder geschlossen ist, wird die untere geöffnet. So bleibt der Hochofen weitgehend gasdicht und nur geringe Mengen giftiger Gase gelangen in die Umwelt.

17 Die Gichtgase werden verbrannt und beheizen damit die Winderhitzer. Gichtgase enthalten einen hohen Anteil Kohlenstoffmonooxid. Dieses Gas ist giftig.

18 Als Schlacke wird der Anteil des Hochofeninhaltes bezeichnet, der kein Eisen enthält. Es handelt sich um das abgetrennte Begleitgestein des Eisenerzes. Schlacke wird z. B. beim Straßenbau als Material für den Unterbau verwendet.

19 Das Roheisen ist schwerer als die Schlacke. Dadurch wird erst die Trennung dieser beiden Materialien möglich.

20 Winderhitzer werden durch Verbrennung des in den Gichtgasen enthaltenen Kohlenstoffmonooxids aufgeheizt. Haben sie eine Temperatur von etwa 1000 °C erreicht, wird Luft durch sie hindurch geblasen. Diese erhitzt sich dabei sehr stark. Die heiße Luft gelangt über

Gebläse in den unteren Teil des Hochofens und beschleunigt dort die chemischen Reaktionen.

21 Die Gichtgase, die den Hochofen verlassen, enthalten viele Verunreinigungen. Daher werden vor dem Verbrennen im Winderhitzer unter anderem Staub und Schwefel entfernt.

22 Das Roheisen aus dem Hochofen enthält zu viel Kohlenstoff. Der Gehalt muss reduziert und auf einen bestimmten Wert eingestellt werden. Außerdem sind im Roheisen Verunreinigungen wie Phosphor, Schwefel oder Silicium enthalten, die entfernt werden müssen.

23 Der Kohlenstoffgehalt bestimmt wesentliche Eigenschaften des Stahls, vor allem seine Härte und Elastizität.

24 Chrom, Nickel, Vanadium, Wolfram, Molybdän u. a.

25 Der Begriff Rosten wird nur bei Eisen verwendet. Er bezeichnet die Korrosion des Eisens, bei der auch Wasser eine wesentliche Rolle spielt.

26 Rost bildet auf dem Eisen eine raue, lockere Schicht, die ein weiteres Eindringen von Sauerstoff und Feuchtigkeit begünstigt. Andere Metalle bilden stattdessen eine glatte, dichte Oxidschicht, die das Metall vor weiterer Korrosion schützt.

27 Aus der Goldsalzlösung kann durch Galvanisieren das Gold gewonnen werden. Dazu wird ein Gegenstand, der mit der Goldschicht überzogen werden soll, als Minuspol in die Goldsalzlösung eingetaucht. Mithilfe des elektrischen Stromes entsteht dann auf seiner Oberfläche der goldene Überzug.

28 Kupferdraht ist ein metallischer Leiter, der frei bewegliche Elektronen enthält. Diese Elektronen fließen in einem geschlossenen Stromkreis aufgrund der elektrischen Spannung der Stromquelle vom Minuspol zum Pluspol der Stromquelle.

Eine Kupferchlorid-Lösung enthält keine frei beweglichen Elektronen. Sie besteht aus frei beweglichen positiv geladenen Kupfer-Ionen und negativ geladenen Chlor-Ionen. Die Elektronen aus dem Stromkreis werden von den Kupfer-Ionen aufgenommen. An der Anode geben die Chlor-Ionen Elektronen ab, die in den Stromkreis weitergeleitet werden. Das funktioniert nur so lange, wie Ionen vorhanden sind. Sind alle Ionen entladen, leitet die Flüssigkeit nicht mehr.

29 Beim Fahrzeugbau spielt niedriges Gewicht eine bedeutsame Rolle. So lassen sich die Motorleistung und damit der Energiebedarf drosseln. Aluminium ist eines der leichtesten Metalle, das dennoch eine gute Festigkeit aufweist.

30 Aluminium wird durch Schmelzflusselektrolyse gewonnen. Dieser Prozess benötigt sehr viel elektrische Energie. Ihr hoher Preis macht die Herstellung von Aluminium teuer.

Seite 181 Säuren und Laugen in unserer Umwelt

1 Schutzkleidung, Schutzbrille, Schutzhandschuhe, vorsichtiges Arbeiten

2 Rotkohlsaft, Universalindikator

3

starke Säure | schwache | schwache | Lauge | starke

4 Die Zitronensäure aus der Zitrone reagiert mit der Aluminiumfolie und zersetzt das Metall.

5 Konzentrierte Schwefelsäure ist eine sehr starke und gefährliche Säure. Sie reagiert besonders zerstörend mit organischen Stoffen wie der Haut.

6 Der saure Regen schädigt die Bäume direkt über Stamm, Äste und Blätter. Aber auch das Grundwasser wird sauer, das der Baum zum Leben braucht. Über die Wurzeln nimmt er dieses Wasser auf und wird so auch von innen geschädigt.

7 Das Kohlenstoffdioxid der Luft reagiert mit der Luftfeuchtigkeit zu Kohlensäure. Diese Reaktion läuft zwar mit einem sehr kleinen Teil des Kohlenstoffdioxids ab. Sie führt aber dennoch dazu, dass Eisen schneller rostet. Säuren greifen Metalle an und fördern so die Korrosion.

8 Der bisher sauerste gemessene Regen in Schottland war etwa so sauer wie Zitronensaft. Der in Deutschland gemessene sauerste Regen war etwas saurer als Essig. Der normale Regen in Deutschland ist saurer als Mineralwasser.

9 Laugen sind alkalisch, das heißt, sie haben einen pH-Wert zwischen 7 und 14. Der Begriff ist von den Alkalimetallen wie Lithium, Natrium und Kalium abgeleitet, die besonders leicht Laugen bilden.

10 Kalium reagiert mit Wasser unter Bildung von Kalilauge. Dabei wird Wasserstoff frei.

Kalium + Wasser → Kalilauge + Wasserstoff

11 Natronlauge ist eine starke Lauge. Da sie organische Stoffe angreift, ist sie in der Lage, z. B. die Erreger der Maul- und Klauenseuche abzutöten.

Seite 193 Salze in unserer Umwelt

1 Kochsalz: im Haushalt, in der Küche zum Würzen, als Auftausalz

Steinsalz: in der Industrie zur Seifenherstellung, zum Gerben, zur Kunststoffherstellung, zur Produktion von Salzsäure, als Gewerbesalz zur Wiederaufbereitung von Wasserenthärtungsanlagen, als Streusalz

2 Natron, Hirschhornsalz, Pottasche

3 Salze sind bei Raumtemperatur fest. Salzkristalle sind hart und spröde. Feste Salze sind Nichtleiter. Salzlösungen und Salzschmelzen sind elektrische Leiter.

4 Kochsalzkristalle sind gleichmäßig aufgebaute Würfel oder Quader mit glatten Seitenflächen.

5 Kochsalz: weiße Kristalle, ungiftig

Chlor: giftiges Nichtmetall, gelblich, stechend-riechendes Gas

Natrium: sehr reaktionsfähiges, silbrigglänzendes Metall

6 a) Magnesium + Salzsäure →
Magnesiumchlorid + Wasserstoff
Name des Salzes: Magnesiumchlorid

b) Magnesium + Schwefelsäure →
Magnesiumsulfat + Wasserstoff
Name des Salzes: Magnesiumsulfat

c) Magnesium + Salpetersäure →
Magnesiumnitrat + Wasserstoff
Name des Salzes: Magnesiumnitrat

7 Der Nachweis des Metalls Natrium in seinem Salz erfolgt über die Flammenfärbung. Natrium färbt eine Flamme immer gelb.

8 Destilliertes Wasser enthält im Unterschied zu Grundwasser oder Leitungswasser keine gelösten Mineralien. Mineralien sind Salze und Salzlösungen leiten den elektrischen Strom.

9 Durch Elektrolyse lässt sich das Salz Zinkiodid in seine Elemente Zink und Iod zerlegen. Dies ist möglich, da die Zinkiodid-Lösung aus positiv geladene Zink-Ionen und negativ geladene Iod-Ionen besteht. Die Ionen können sich in der Lösung frei bewegen. Wird eine Gleichspannung angelegt, werden die Elektronen aus dem Stromkreis von den Zink-Ionen aufgenommen. Die Kathode überzieht sich mit einer metallisch-grauen Schicht, dem Zink. An der Anode geben die Iod-Ionen Elektronen ab, die in den Stromkreis weitergeleitet werden. Es bildet sich eine braune Lösung, die Iod-Lösung.

10 Bei der Elektrolyse von Natriumchlorid-Lösung bilden sich am Pluspol Gasblasen. Dabei handelt es sich um das giftige Gas Chlor. Am Minuspol ist ebenfalls eine heftige Gasentwicklung zu beobachten. Dabei handelt es sich um Wasserstoff. Gleichzeitig hat sich am Minuspol Natrium gebildet, das aber sofort mit dem Wasser zu Natronlauge reagiert.

11 Metall + Nichtmetall → Salz
Lauge + Säure → Salzlösung
Metall + Säure → Salzlösung + Wasserstoff
Metalloxid + Säure → Salzlösung

Seite 209 Wasser

1 B ist richtig; A und C sind falsch

2 Duschen und Baden (42 Liter); Toilettenspülung (41 Liter)

3 Toilettenspülung; Reinigungsarbeiten: Boden wischen, Auto waschen; Blumen gießen; Kühlen

4 durch die Landwirtschaft – Gegenmaßnahmen: begrenzte Mengen an Gülle auf die Felder bringen; keine Überdüngung durch Düngemittel.
durch Industrieanlagen – Gegenmaßnahmen: keine ungeklärten Abwässer in Gewässer einleiten; Kläranlagen der neuesten Generation einbauen.
durch Betriebsstörungen – Gegenmaßnahmen: Rohrsysteme, Pumpstationen und andere Einrichtungen ständig auf ihre Dichtheit und Funktionsfähigkeit überprüfen.
durch Unfälle – Gegenmaßnahmen: Tanklaster mit sicheren Tanks benutzen, die bei Unfällen nicht auslaufen; Heizöltanks so aufstellen, dass das Grundwasser nicht gefährdet wird.

5 In kaltem Wasser ist viel mehr Sauerstoff gelöst als in warmem Wasser.

6 gesättigte Lösung

7 Die gesättigte Lösung erwärmen oder den Anteil des Lösungsmittels erhöhen.

8 Im Kandiszucker liegen alle Teilchen fest nebeneinander. Die Wasserteilchen dagegen können sich umeinander bewegen. Wird Kandiszucker in das Wasser gegeben, so drängt der Zuckerkristall die Wasserteilchen zur Seite und sie umgeben ihn von allen Seiten. Die Wasserteilchen drängen sich nach und nach zwischen die Zuckerteilchen und lösen sie aus dem Zuckerkristall heraus. Sobald das Wasser den Kandiszucker vollständig aufgelöst hat, ist von ihm nichts mehr zu sehen. Die Zuckerteilchen haben sich zwischen den Wasserteilchen gleichmäßig verteilt.

9 Wasser ist eine chemische Verbindung aus den beiden Elementen Wasserstoff und Sauerstoff.

10 Die Elektroden eines Hofmannschen Wasserzersetzungsapparates werden mit dem Pluspol und dem Minuspol eines Stromversorgungsgerätes verbunden. Dem Wasser wird Schwefelsäure zugefügt, damit es elektrisch leitet. Beim Anlegen von 20 V-Gleichspannung entstehen zwei Gase. Am Pluspol entsteht Sauerstoff und am Minuspol entsteht eine doppelt so große Menge Wasserstoff.

11 Wasserstoff wird mit der Knallgasprobe nachgewiesen. Dazu wird das Reagenzglas mit dem Wasserstoff mit der Öffnung nach unten an eine Flamme gehalten. Ein Knall zeigt an, dass der Wasserstoff verbrannt ist.

12 Eine Analyse ist die Zerlegung der chemischen Verbindung Wasser in seine beiden Elemente Wasserstoff und Sauerstoff.
Eine Synthese ist die Bildung der chemischen Verbindung Wasser aus seinen Elementen Wasserstoff und Sauerstoff.

13 Saft besteht zum größten Teil aus Wasser. Beim Erstarren dehnt sich das Wasser aus und sprengt die Flasche. Das Volumen von Speiseöl wird beim Erstarren kleiner. Es besteht also keine Gefahr, dass die Flasche zerspringt.

14 Wasser dehnt sich zwischen 4 °C und 0 °C aus. Damit würde ein Thermometer, dass mit Wasser gefüllt wäre, zu hohe Temperaturwerte anzeigen. Bei 0 °C würde das Wasser im Steigrohr einfrieren.

15

1 Sauerstoffatom

2 Wasserstoffatome

16 3-wertig

Stichwortverzeichnis

Bildquellenverzeichnis:

8.1: FOCUS/Richard Martin; 9.1: Mauritius-Thonig; 11.A: Astrofoto/Van Ravenswaay, Leichlingen; 14.1: Hoenig/allOver Bildarchiv GmbH & Co. KG, Kleve; 15.3: Peter Hollenbach/Christoph & Friends, Essen; 16.2B: 3M Deutschland GmbH, Neuss; 21.1: PHYWE SYSTEME GmbH, Göttingen; 21.2: Olympus Optical CO, Hamburg; 25.1: ZENTRALVERBAND DER AUGENOPTIKER, Düsseldorf; 26.1: Deutsches Museum, München; 30.2–30.4: Rainer Tamme, Berlin; 31.5: Kodak AG, Stuttgart; 31.6A/B: Rainer Tamme, Berlin; 33.2: Canon Euro Photo GmbH, Willich; 35.1: Mikroskop Technik Rathenow GmbH, Rathenow; 36.3: M. Simper, Wennigsen; 37.1: Kreutzfeld; 37.5: Carl Zeiss, Oberkochen: Peter Windstoßer; 38.1: DB AG/Adtranz, Berlin; 38.3: IFA-Bilderteam/Fisler-Wohlert, Taufkirchen; 38.4: Deutsche Telekom AG, Bonn; 38.5: Messerschmidt Apparate GmbH, Langenhagen; 38.A: Siemens Solar GmbH, München; 43.1: IFA-Bilderteam/Chromosohm, Taufkirchen; 45.1: CONRAD ELECTRONIC GmbH, Hirschau; 46.1A, 47.3A: H. Tegen, Hambühren mit freundl. Unterstützung OPITEC-Handel GmbH; 48.1B: W. Gouasé, Speyer; 57.2–57.7: Deutsches Museum, München; 60.1: H. Tegen mit freundl. Unterstützung der PHYWE SYSTEME GMBH, Göttingen; 63.2A: M. Simper, Wennigsen; 67.2B, 67.3: CONRAD ELECTRONIC GmbH, Hirschau; 71.4B: SIBA Sicherungen-Bau GmbH, Lünen; 73.3: ZEFA-Rubbert; 73.4: DTI GmbH&Co. KG, Düsseldorf; 75.1A: Museum auf dem Burghof, Springe; 75.1B: Deutsches Museum, München; 75.1C: OSRAM GmbH, München; 79.2: Bavaria/Klaus Thiele; 79.3: van Eupen; 79.4: M. Simper, Wennigsen; 80.1: Mauritius – Arthur, Mittenwald; 83.A: Deutsches Museum, München; 88.3: Johannes Graupner, Kirchheim/Teck; 90.2: Central Electricity Generating Board: Tessloff Verlag, Hamburg; 93.2: Deutsches Museum, München; 95.1: RWE Power AG, Essen; 95.2: Siemens AG, Erlangen: Klimmer GmbH, Lingen-Ems; 97.2: OPITEC, Giebelstadt-Sulzdorf; 104.2: VARTA AG, Hannover; 105.1: CONRAD ELECTRONIC GmbH, Hirschau; 105.2: VARTA AG, Hannover; 108.1: Dr. Olaf Medenbach, Witten; 109.1: Silvestris-Brockhaus; 109.2: Deutsches Zentrum für Luft- und Raumfahrt e. V., Köln; 109.3: RWE Energie AG, Essen; 109.4: Schleswag, Rendsburg; 112.1: CONRAD ELECTRONIC GmbH, Hirschau; 114.1: Max Wagner Elektromotoren AG, Zürich; 114.2: Neckarwerke Stuttgart; 114.3: RWE Energie AG, Essen; 115.2: M. Simper, Wennigsen; 115.6: RWE Energie AG, Essen; 118.1: Astrofoto/NASA, Leichlingen; 120.2A/B: H. Tegen mit freundl. Unterstützung von PHYWE SYSTEME GmbH, Göttingen; 123.B: Messer Griesheim GmbH, Krefeld; 123.D: Silvestris, Kastl/Obb.; 123.E: IFA-Bilderteam/TPC, München; 126.2: Pictor Uniphoto, Hamburg; 126.3: ZEFA; 126.4: Mauritius-Arthur; 127.5: dpa, Frankfurt; 128.A: T. Menzel, Rohlsdorf mit freundl. Unterstützung der Versandhauses des deutschen Feuerwehrverbandes GmbH, Bonn; 128.B1: Minimax GmbH, Bad Oldesloe; 132.1: JOS. L. Meyer GmbH – Schiffswerft, Papenburg; 135.1: eye of science, Reutlingen; 136.1: Ossi Baumeister/Gesell. F. ökolog. Forschung e. V., München; 136.2: TÜV-Nord, Hannover; 137.3A: Bauknecht Hausgeräte, Schorndorf; 137.3B: Küppersbusch GmbH, Gelsenkirchen; 138.1: Rainer Binder/Helga Lade Bildagentur; 141.1: Friedr. V. Neumann GmbH, Marktl im Traisentale (Österreich); 141.2: VARTA AG, Hannover; 144.2A: Mauck, Hannover; 144.2B: b&m symphonic, Geretsried; 144.2C: Küppersbusch GmbH, Gelsenkirchen; 145.4: M. Simper, Wennigsen; 145.6: Fonds der chemischen Industrie, Frankfurt; 146.1: bildarchiv preußischer kulturbesitz, Kraft; 149.1: DB AG/Mann, Berlin; 150.1: ThyssenKrupp Stahl, Duisburg; 150.2A/B: Salzgitter AG, Salzgitter; 152.2: ThyssenKrupp Stahl, Duisburg; 152.3, 153.2: Salzgitter AG, Salzgitter; 153.3: Mauritius-age fotostock; 154.1: M. Simper, Wennigsen; 154.3: Bayer AG, Leverkusen; 155.2: Volkswagen AG, Wolfsburg; 159.2A: dmc2 – Degussa AG, Frankfurt; 159.2B: IBM Deutschland, Stuttgart; 160.1: Airbus-Dasa, Hamburg; 160.2: Aluminium-Zentrale e. V., Düsseldorf; 161.1: OKAPIA/Rainer Fetter, Frankfurt; 161.2: Salzgitter AG, Salzgitter; 162.1: Ravensburger Buchverlag, „Das große Ravensburger Werkbuch" – S. 161; 162.2, 162.3: OPITEC, Giebelstadt-Sulzdorf; 163.5: Ravensburger Buchverlag, „Das große Ravensburger Werkbuch" – S. 247; 163.6: OPITEC, Giebelstadt-Sulzdorf; 164.1: Mauritius-Age; 164.3, 164.4: Salzgitter AG, Salzgitter; 165.1: Mauritius-Weimann; 165.3, 165.4: ThyssenKrupp Stahl, Duisburg; 169.1A/B: Staatliche Lehr- und Forschungsanstalt für Landwirtschaft, Weinbau und Gartenbau, Neustadt a. d. W.; 169.3: Spinnrad GmbH, Gelsenkirchen; 173.1: Dombauarchiv, Köln/W. Kralisch; 176.1: Mauritius-Weststock, Mittenwald; 176.2: Mauritius-Rosenfeld; 177.1: HUOBER-BREZEL GmbH & Co., Erdmannhausen; 177.3: Draeger-Werke, Lübeck; 178.1: Schott-Geräte GmbH, Mainz; 178.2: BASF Aktiengesellschaft, Ludwigshafen; 181.4: Bayer AG, Leverkusen; 182.1: ZEFA-TH-FOTO; 190.1: Dr. J. Jaenicke, Rodenberg; 193.1: Solvay Deutschland, Hannover; 193.2: Dr. Olaf Medenbach, Witten; 194.1A: Okapia KG, Frankfurt: Udo Janssen; 194.1B1: creativ collection Verlag GmbH, Freiburg; 194.1B2, 195.2A: Heike Möller, Föritz; 195.2B: dpa, Frankfurt; 195.A: W. Gouasé, Speyer; 196/197, 198.1, 198.2: Heike Möller, Föritz; 200.1: IFA-Bilderteam/Siebig, Taufkirchen; 200.2: BASF, Ludwigshafen; 200.3: Landesamt für Wasserwirtschaft Rheinland-Pfalz, Mainz mit freundl. Unterstützung von Michael Wojczak; 200.A: Heike Möller, Föritz; 200.B: Landesamt für Wasserwirtschaft Rheinland-Pfalz, Mainz mit freundl. Unterstützung von Michael Wojczak; 201.4: IFA-Bilderteam/Michler, Taufkirchen; 201.5: KEYSTONE, Hamburg; 201.6: Landesamt für Wasserwitschaft Rheinland-Pfalz, Mainz; 207.1: Frank Lane Picture Agency LTD/Silvestris, Kastl; 207.2–207.4: W. Gouasé, Speyer; 207.5: Mathias Meinel, Hannover; 210.1: Werner H. Müller/Helga Lade Bildagentur; 210.2: Gebr. Knauf Westdeutsche Gipswerke, Iphofen; 210.3: Mauritius/E. Gebhardt; 211.5: Mauritius/Mehlig; 211.6: Mauritius/Rosenfeld; 212.8: Silvestris

Trotz entsprechender Bemühungen ist es nicht in allen Fällen gelungen, den Rechtsinhaber ausfindig zu machen. Gegen Nachweis der Rechte zahlt der Verlag für die Abdruckerlaubnis die gesetzlich geschuldete Vergütung.